議会政治の誕生と国会

——崩壊・再生への道——

平野貞夫

信山社

まえがき

平成二十一年（二〇〇九年）八月三十日に行われた第四十五回衆議院総選挙で、日本国民の圧倒的多数は民主党に政権を担当させることを選んだ。わが国の憲政史上画期的出来事であった。いな、わが国の歴史で初めて国民の意思＝投票で、政府という政治権力がつくられたといえる。

衆議院事務局から参議院議員など半世紀間、日本の議会政治のなかで私は生きてきた。宿願の本格的「政権交代」が実現した‼。ようやくわが国で本格的「議会民主政治」が始まったと、来し方をふり返り、涙を流したものであった。ところが一週間も過ぎると、政権交代した民主党が、議会民主政治を担える政党なのか大きな疑問を持つようになった。

それは、第一に政府与党の幹事長を「政策の協議を決定に関わらさない」ようにしたことだ。議院内閣制を採る議会政治国で、これでは国家統治は不可能である。当初は「幹事長は選挙だけ」という方針だった。国会対策も「官邸」ということだったようだが、これは憲法上の問題に気がついて、幹事長の担当ということに戻した。選挙でも国会対策でも「政策」と切り離すことはできない。小沢一郎という政治家を政権運営の中枢から排除することを、民主党政権スタートの最大課題としたことが、政権を迷走させ政治を劣化させた。

第二は、民主党政権幹部の感情的で非常識な「官僚攻撃」であった。官僚のあり方や不祥事に対する意見や批判は大いに結構だが、官僚の人格や職責を冒瀆する発言が相次いだ。多くの良識ある官僚に対して、不安感と政権に対する嫌悪感を感じさせたことである。行政を実行する官僚の協力なくして、適切な政治は不可能である。権力を握れば官僚は奴隷とばかり「官僚はバカだ」と叫んだ主要閣僚がいたが、これでは真っ当な政治ができるはずはない。

歴史的政権交代により民主党政権が成立して、日本の議会民主政治が著しく劣化する、という現象に直面して私は悩みつづけてきた。そして平成二十二年六月、鳩山政権が行き詰まり、菅政権が成立したとたんに、政権公約の基本を、次々とクーデターのように否定した。挙げ句の果てに、菅首相は「議会主義とは、ある意味で期間を限定した独裁政治だ」とまで暴言を吐いた。議会主義政治家でないことが露呈した菅政権の議会政治や憲法冒瀆のいちいちを批判するつもりはないが、東日本大震災・原発事故への対応は、政治家としてより、人間として許せないものがあった。

「政権交代による健全な議会民主政治の定着」を目指して、私は三十数年、生命のすべてをこれに賭けてきた。平成十九年から二年余、当時の小沢民主党代表に請われ、菅代表代行本人からも要請され相談相手をしていたこともあった。今日の政治の劣化に直面して、私は自責の念に苛まれている。

本書は、政治改革の重要目標である「国民の意思による政権交代」が実現したとたんに、日本政治の汚濁が吹き出すという「ポリティカル・パラドックス」を、どう解決するかという問題意識にもとづいて執筆したものである。今日の政治の劣化の最大の原因は、現在の国会議員のほとんどが、わが国で百二十年余にわたって展開された議会政治の実態を知らないこと、知ろうとしないことである。国会議員だけではない。国民も有識者もメディアも、審議ストップした国会を批判するに、「一日一億円の経費の無駄」と論評するレベルである。憲法でいう「国会は、国権の最高機関」を、その程度にしか考えない「日本の政治文化」に、問題の根本がある。与野党が国家国民のため真剣に議論して審議が止ることとは政治ではありえることである。もっとも、党利党略、私利私略のストップなら別問題である。要するに、最近の日本人は、議会政治に対する健全な感性を喪失していることが問題なのである。

それを呼び戻すことが喫緊の課題であるとの思いをもとに、わが国で議会政治を導入する動きが始まって今日に至るまで、約百五十年の通史を世に出すことにした。後期高齢を過ぎた私にできることはこの程度のことである。日本人、とりわけ国会議員が、自分たちの職責の歴史を知らないというか、関心がない、無視しているところに今日の政治の劣化があるという推認から執筆した。

本書は、私が昭和六十三年(一九八八年)に政党政治研究会の名で刊行した、『議会政治一〇〇年』(徳間書店)を参考とした。七〇〇頁を超える同書を整理・要約・補完したうえで、平成二十三年十二月までの日本議会政治を追加し通史とした。執筆時間が限られ、歴史上の評価・特色などが不十分であるが、民主党政権で事実上わが国の議会政治は崩壊したという私の怒りの心情を理解されたい。

ご多用の中で、本書の出版に格別のご理解とご協力をいただいた信山社代表取締役袖山貴氏と同社稲葉文子さんに感謝の意を表したい。

平成二十四年二月　　平野　貞夫

目　次

◆第一編　議会政治の誕生

◇第二編　帝国議会

第三編　国　会

議会政治の誕生と国会

本書中では登場人物の敬称は略させていただいた。
肩書きも基本的には当時のものを使用している。

◇第一編　議会政治の誕生

第一章　議会知識を知り見聞した日本人

① 日本で最初に議会を知った人たち

わが国の江戸時代は、奇跡的に平和な時代であった。永い間の泰平を支えていたのは、封建身分制と鎖国政策であった。時代の変化の中で、封建身分社会では支配層に腐敗を招き、庶民層からの人材は登用されない。鎖国政策では激変する資本主義と欧米諸国の圧力の中で国家の存立が危くなる。黒船の出現は、幕府の外交・軍備・財政の失政もあって国難といえる事態となる。そして幕府改革論や倒幕論が盛んとなる。議会政治の導入は、これら幕府改革論の具体策として、政治の舞台に登場する。議会政治の知識は、意外に早い時期から幕府内で知られていた。初めて議会のことを知った人物は誰だろうか。

一七〇八年（宝永五年）屋久島に渡来したローマの宣教師ヨワン・シローテを、幕府が江戸に召喚して、新井白石が取調べを行った。その時、ヨーロッパでの政治の模様を聴いている。これが日本で最初に議会について知った知識であった（吉野作造『新井白石とヨワン・シローテ』）。

「大凡《おおよそ》エウロパでの諸国、其君を立るに……、臣民各々其嗣とすべきものの名を記して出す。其しるせし所の数多きものを以て其君とす。」（新井白石『西洋紀聞』）

この記述は、議会の議員（臣民の君＝代表者）を選挙で選ぶときの様子である。

議会政治の知識は十九世紀になると、オランダの書物や漢書によって幕府の知識人の間に知られるようになる。初めて明確に欧米の議会政治を紹介したのは、一八二七年（文政十年）、青地林宗が幕命により蘭書を訳した『輿地《よち》誌略』の暗厄利亜（アンゲリア・英国）の部である。「政府を把爾列孟多《パリアメント》と謂《いい》、政臣会集の庁なり上下二庁に分つ云々　此輩を昆蒙斯《コモンズ》とす云々」と記述されている。

嘉永、安政時代になると欧米人による世界地理書が漢訳され輸入されるようになる。その代表的なものは、米国人ブリジメンの著作で、林則徐（阿片戦争の立役者）が漢訳した『海国図志』である。この書物は一八五四年（嘉永七年）に日本語に訳される。米国の議会の様子が要約されている。この時期、佐久間象山・吉田松陰・安井息軒・横井小楠・橋本左内などが競って読んだといわれている。

幕末の知識人たちが、欧米の政治や経済などについて、必死に海外の情報を得ようとしている時期に、米国で暮らし欧米のデモクラシー思想を持ち帰った日本人がいた。時代はいつまでも日本を封建身分社会や鎖国のままでは置かなかった。

② デモクラシーを持ち帰った日本人

一八五一年（嘉永四年）、中国の上海に行く米国の商船からボートで、琉球の摩文仁の浜に上陸した三人の日本人がいた。ジョン万次郎こと中浜万次郎等である。十年前、万次郎は十四歳で漁船で働いているとき、土佐の足摺岬沖で嵐に遭《あ》い漂流する。無人島の「鳥島」で餓死寸前のところを米国の捕鯨船に救助される。

船長のホイットフィールドは万次郎の人柄と能力を見込んで、船長の故郷・ボストン郊外のフェアーヘブンにつれ帰り教育を受けさせる。基礎教育から航海士となる高等教育だけではなかった。清教徒を先祖にもつ人たちから草の根デモクラシーを学び、タウン・ミーチングにも参加した。人類愛や隣人愛そして自由と理性と寛容を重んじるユニテリアン教会で人間教育を受けた。

捕鯨船の航海士となった万次郎は、世界の海で活躍するうちに、日本の鎖国が世界中の船乗りたちから抗議されていることを知る。遭難や病気で困っている船員たちの悩みを解決することは、日本の開国だと確心する。鎖国を続けると日本は外国から攻撃されると思う。漂流とはいえ「鎖国の禁」を犯した万次郎は、日本に帰り海外の事情を伝え開国を訴えるため、生命がけで帰国したのである。

万次郎らは形の上では犯罪人として、琉球・薩摩・長崎・土佐で取調べを受けるが、幕府も各藩も海外情報を知るため、万次郎の情報はきわめて貴重であった。土佐藩での取調べが終り、藩の「教授館」で英語を教える下級武士に就任するや、万次郎の運命は大きく展開する。一八五三年（嘉永六年）七月八日の米国ペリー艦隊の日本来航である。

幕府から江戸に招喚された万次郎は、幕閣で米国の政治・軍事・産業・人々の暮しなど詳細に説明し、開国の必要性を訴えた。万次郎の訴えは幕閣を動かし、翌年には日米和親条約が締結される。万次郎は幕府の直参となり、洋学者で砲術家の江川太郎左衛門の手付となって、日本の近代化に尽力していく。

万次郎の活躍は日本の開国を成功させただけではなかった。米国の草の根デモクラシーの基本である人間の平等・自由などが大切であることを、海外事情の話の中で説いた。その影響をもっとも強く受けたのが坂本龍馬であった。また、勝海舟や福沢諭吉らと咸臨丸で渡米したとき、船中で米国のデモクラシーの実際を説明し、二人を啓蒙している。

さらに、幕末から明治初期にかけて、多くの志をもつ若者が万次郎宅で英学を学んだ。そこでは西洋と東洋にわたる人間のあり方を教え、その中から明治時代になって「教育界」の指導者となった人々が多勢いる。日本に議会政治を誕生させる基盤づくりとなったといえる。

戦後最大の文明評論家大宅壮一は、万次郎について次のように述べている。

「土佐の藩論ともなった〝合議政体論〟をはじめ、明治初期の日本を風靡した自由民権思想は、万次郎のもたらしたアメリカ式デモクラシーとつながっている。つまり、漂流者万次郎が、アメリカからもってかえったデモクラシーの一粒のたねが、まず土佐でまかれ、それが日本的民主主義として成長し、明治二十二年の憲法発布、二十三年の国会召集となって、いちおう実を結んだということになる。さらに進んで、明治四十三年に〝大逆事件〟をおこした幸徳秋水にまでこれが尾をひいていると見られないこともない」（文藝春秋新社『炎は流れる』第二巻「欧米文化との初接触」昭和三十九年）。

③ 議会を見聞した日本人たち

安政の大獄など幕政が大混乱する中で、日米通商条約が天皇の勅許なく調印された。一九六〇年（安政七年）、幕府は批准書交換のため米国に使節団を派遣する。この遣米使節団がワシントンで米国上院を見聞・傍聴している。これが日本人で初めて欧米の議会を見聞したことであった。使節団の副使村垣淡路守範正の「航海日記」に、様子を書いている。

（一八六〇年）四月四日　晴　午後にコンゲレス館（議事堂也）に行の約なれば……（略）。正面高き所に副大統領（ワイスフレシテントといふ）前に少し高き台に書記官二人、其前円く椅子を並べ、各机書籍を夥しく設け凡そ四五十人も並居て、其中一人立て大音声に罵、手真似などして狂人の如し、何か云ひ終わりてまた一人立て前の如し、何事なるやとひければ、国事を衆議し、各意中をのこさず建白せしを、副大統領聞て決するよし、……（略）。二階に登りて又此桟敷にて一見せよとて椅子にかかりて見る、衆議最中なり、国政のやんごとなき評議なりと、例のもも引掛筒袖にて、大音に罵るさま副大統領の高き所に居る体抔、我日本橋の魚市のさまによく似たりと、ひそかに語合たり。

使節団一行が実に熱心に細かく観察を行っていることがわかる。それにしても「日本橋の魚市のさまによく似たり」とは傑作である。この使節団の上院訪問を報道したニューヨーク・フランクレスリー新聞が面白い。「彼らは見物の何の他の部分に於てよりも、立法手続をなすの方式に於て遥かに多くの興味を示したり」という記事である。(尾佐竹猛『維新前後に於ける立憲思想・前』)

日本人は初めて議会政治を見聞して、三十年後の一八九〇年(明治二十三年)には、議会政治を発足させることになる。その間の先人たちの血と汗と涙の努力と見識を、われわれは知らない。そのことが、いまの日本政治の劣化を招いているといえる。

一八六一年(文久元年)には、幕府は英仏他ヨーロッパに使節を派遣し、開港延期の交渉を行った。この一行に福沢諭吉・福地源一郎らが参加した。一行は訪問国の議会を見聞する。福沢諭吉はこの訪欧で精力的に政治制度や運営を研究した。このときの見聞と咸臨丸での万次郎の米国デモクラシーの洗礼をまとめたのが、『西洋事情』(一八六六~六八年にかけて出版)である。

幕府は、一八六二年(文久二年)に留学生をヨーロッパに派遣することになる。以後続々と幕臣を諸外国に出張させ、政治・経済・軍事などにわたる幕政改革について勉強させた。これらの幕臣達は、万次郎から英学を学んだ人たちが多く、短期間のうちに議会政治を理解していった。一方、各藩も幕政が混迷するにつれ、西欧の知識を重要視するようになる。西欧諸国と独自に交流を行う外様大名も現われ、西欧の政治・経済・軍事などの知識が急速にわが国に広まっていく。

第二章　議会政治導入論

① 最初の議会政治導入論は幕臣から

江戸幕府は一六〇三年（慶長八年）の開闢以来、ほぼ独占的に幕政を取り仕切ってきた。米国のペリー提督の開港要求（一八五三年・嘉永六年）をめぐって、老中阿部正弘が朝廷に報告し、大名諸侯に対策を諮問したのが、幕府始まって以来、初めて事実上の公議輿論政治であった。これは、外様《とざま》の雄藩をのけ者にしては、国論を統一できなくなった事態を示すとともに、幕府の正統性の根本である「朝廷」の存在を人々に自覚させた。

各藩でも学問と行動力をもつ下級武士が家格・身分制のヒエラルヒーを破って、発言力と影響力をもつようになり、外様雄藩など幕政に不満をもつ各藩では、幕府を倒して朝廷を中心とする国家体制をつくろうとする動きが次第に強くなる。

幕府を改革して新しい国際情勢に対応しようという主張にしても、朝廷を中心とする国家体制をつくろうという主張にしても、国論を統一するために「公議輿論《よろん》政治」が必要であるとの考え方は共通していた。議会政治についての知識はこの時期になると単なる西洋事情としてではなくて、わが国の政治制度の改革として、現実の政治問題となる。

最初の議会導入論は、幕臣の大久保一翁であった。一八六二年（文久二年）当時の政事総裁・松平慶永（春嶽）に提出した建白書である。

大小の公議会を設け、大公議会は全国に関する事件を議し、小公議会は一地方に止まる事件を議する所とし其議場は、前者は京都或は大坂に置き、後者は江戸其他各都会の地に置くべし、又大公議会の議員は諸大名を以て之に充て、内五名を選びて常議員とし、其他の議員は、諸大名自ら議場に出づるも、管内の臣民を選びて出場せしむるも、妨なきこととすべし、五年に一回之を開き臨時議すべき事件あらば臨時にも開くべし。小議会の議員及会期は、之に準じて適宜の制を定めん。

（尾佐竹猛『維新前後に於ける立憲思想・前』）

尾佐竹猛氏によれば、大久保一翁はこの建白に先立って、幕臣の会議で「幕府が政権を握りて内外の事務を処理せんとするは成功を期すべきにあらずして徒らに困路を加ふるに過ぎず今に及び朝命に先ちて上洛し断然自ら封土を削りて政権を解き退いて諸侯の列に就くに如かず」と発言し、幕臣一同から「一翁狂ったか」と糾弾されたという（同前書）。

大久保一翁の建白書の内容は、幕藩体制を前提としたもので近代議会とはいえない。しかし、幕臣会議での発言は相当に過激である。この時期、文久二年といえば、ジョン万次郎の海外情報と草の根デモクラシーに刺激された坂本龍馬が、尊皇懐夷派から尊皇開国派に変身し、土佐藩を脱藩した年である。

江戸に出た龍馬が最初に会った要人は、幕府の政事総裁松平慶永であった。脱藩の素浪人が幕府の超要人に会えるとは考えられない。背景には北辰一刀流の千葉道場の配慮があった。古代から北辰星信仰で生きてきた人々にとっては、「国土の守護と人々の福寿」を、この国で実現するのが念願であった。

松平春嶽は龍馬の眼光に感じるものがあり、勝海舟・横井小南に紹介状を書き、大久保一翁との縁をつくる。龍馬は勝海舟に師事し幕政改革――討幕の間で活躍することになる。大久保一翁の素朴な議会導入論は、勝海舟や龍馬の運動を経て「大政奉還論」となる。

幕臣の中で議会導入論を、もっとも現実的に理解していたのが、将軍・徳川慶喜の側近・西周であった。万次郎に英学を学び、幕府の留学生としてオランダのライデン大学で法律・政治・経済を学んだ（文久二年〜慶応元年）。西周は徳川慶喜の諮問に応じ、憲法草案に匹敵する『議題腹稿』を提示している。

その中の「議政院之権之事」に、①上院の構成を一万石以上の大名とし、法令などを評議の上決定し、天皇に奏上して天皇から政府に伝える、②下院は各藩が選出する藩士一名ずつからなり、上院同様に法令などを議定する――などがある。この構想を実現するに当って西周は、「会議のあり方等につき無知のまま外国の制度をまねてはだめで、国情にあったものにしなければならない。……」と述べている（河北展生『幕末の政争』）。

② 船中八策と大政奉還

幕末期のわが国の混乱は、安政の大獄（一八五八年）以来、桜田門外の変（一八六〇年）、吉田東洋暗殺（一八六二年）、天誅組挙兵・会津薩摩ら公武合体派のクーデター（一八六三年）、池田屋事件・第一次長州征伐（一八六四年）と続く。慶応年間になるとクライマックスとなる。

一八六六年（慶応二年）には百姓一揆、うちこわしが江戸時代を通じて最も多く発生している。また、国際的にもイギリスが薩摩や長州など反幕府側に接近し、フランスが対幕府援助を本格化させるなど緊迫し、幕藩体制の内部対立が激化してくる。長州征伐といわれる幕府と長州藩による二度目の戦い（一八六六年・慶応二年）が、幕府の敗北に終わるや、幕府はこのままの体制で政権を維持できる状態ではなかった。

ここに至るには、慶応二年一月（一八六六年）の坂本龍馬らの仲介による「薩長盟約」（薩摩藩と長州藩の同盟）が大きな役割を果した。事態は幕府を廃した後の政権をどうするかという問題。幕府を武力で倒すべしとの勢力と、幕府との話し合いで解決すべしとの勢力が激しい対立である。

事態収拾策は、一八六七年（慶応三年）六月に、土佐藩と薩摩藩で「徳川幕府が政権を朝廷に返還する」ことで合意したことを受けて、具体策として、坂本龍馬と後藤象二郎が合意した「船中八策」である。

一　天下の政権を朝廷に奉還せしめ、政令宜しく朝廷より出づべき事

一　上・下議政局を設け、議員を置きて万機を参賛せしめ、万機宜しく公議に決すべき事
一　有材の公卿・諸侯及び天下の人材を顧問に備へ、官爵を賜ひ、宜しく従来の有名無実の官を除くべき事
一　外国の交際、広く公議を採り、新たに至当の規約を立つべき事
一　古来の律令を折衷し、新たに無窮の大典を撰定すべき事
一　海軍宜しく拡張すべき事
一　御親兵を置き、帝都を守衛せしむべき事
一　金銀物貨《(価)》、宜しく外国と平均の法を設くべき事

以上八策は、方今天下の形勢を察し、これを宇内万国に徴するに、これを捨て他に済時の急務あるなし。苟しくも此の数策を断行せば、皇運を挽回し、国勢を拡張し、万国と平行するも、亦敢へて難しとせず。伏して願はくは、公明正大の道理に基き、一大英断を以て天下を更始一新せん

（北小路健『船中八策と漂巽紀略』）

「船中八策」は、一八六七年（慶応三年）六月九日、長崎を出帆した土佐の藩船「夕顔」に乗船していた龍馬が、時局の収拾策として八項目にわたる考え方を、同行の海援隊士長岡謙吉に記録させ、同乗していた土佐藩参政・後藤象二郎の賛同を得たといわれている。

この内容は秀れた憲法の骨格である。龍馬だけで立案したものではないと思う。文体からみても龍

馬の匂いがない。当時、最高の有識者たちの新しい日本建設構想が、龍馬を通じて表現されているのだ。龍馬の役割は日本を改革しようするさまざまな考え方を統合するものであった。第二項に「上・下議政局を設け、議員を置きて万機を参賛せしめ、万機宜しく公議に決すべき事」と、両院制の議会政治導入を提示している。

「船中八策」は土佐藩の藩論となり、薩摩藩との盟約に採用された後、土佐藩による「大政奉還」の建白書となる。

一 天下ノ大政ヲ議スル全権ハ朝廷ニアリ、乃我皇国ノ制度・法則、一切万機必ス京都ノ議政所ヨリ出ツヘシ。

一 議政所上下ヲ分チ、議事官ハ上公卿ヨリ下陪臣・庶民ニ至ル迄、正明純良ノ士ヲ撰挙スヘシ。

一 庠序学校ヲ都会ノ地ニ設ケ、長幼ノ序ヲ分チ、学術技芸ヲ教導セサルヘカラス。

一 一切外蕃トノ規約ハ、兵庫港ニ於テ、新ニ朝廷ノ大臣ト諸蕃ト相議シ、道理明確ノ新条約ヲ結ヒ、誠実ニ商法ヲ行ヒ、信義ヲ外蕃ニ失ハサルヲ以テ主要トスヘシ。

一 海陸軍備ハ一大至要トス。軍局ヲ京摂ノ間ニ築造シ、朝廷守護ノ親兵トシ、世界ニ比類ナキ兵隊ト為ンコトヲ要ス。

一 中古以来政刑武門ニ出ツ。洋艦来港以後、天下紛紜、国家多難、於是政権動稍ク、是自然ノ勢ナリ、今日ニ至リ古来ノ旧弊ヲ改新シ、枝葉ニ馳セス、小条理ニ止マラス、大根基ヲ建ツルヲ以テ主トス。

一　朝廷ノ制度・法則、従昔ノ律例アリト雖、方今ノ時勢ニ参合シ、間或当然ナラサルモノアラン、宜ク其弊風ヲ除キ、一新改革シテ、地球上ニ独立スルノ国本ヲ建ツヘシ。

一　議事ノ士大夫ハ私心ヲ去リ、公平ニ基キ、術策ヲ設ケス、又正直ヲ旨トシ、既往ノ是非曲直ヲ問ハス、一新更始、今後ノ事ヲ見ルヲ要ス。言論多ク実効少キ通弊ヲ踏ムヘカラス。

（『徳川慶喜公伝』）

一八六七年（慶応三年）十月十四日、将軍・徳川慶喜は朝廷に**大政奉還**を願い出る。翌十五日、朝廷はこれを勅許したものの、実は、十四日早朝、討幕派の謀略により「討幕の密勅」が天皇の意思とは別に討幕公家から出され、王政復古のクーデターに発展していった。

「大政奉還」の勅許が出た頃、新しい国家体制が協議されるようになる。**西郷隆盛**が坂本龍馬に政府の要職に就くよう説得したが、断わった時期である。ところが、わが国へ議会導入させた功労者の龍馬は、一カ月後の十一月十五日、暗殺される。

十二月九日には、薩摩・長州を中心とする武力討幕派はクーデターを成功させ、将軍制廃止、王政復古が宣言され、翌年一月三日（慶応四年・一八六八年）、**鳥羽伏見の戦**を契機に**戊辰戦争**へと内乱状態に入っていく。混迷する政治の中で「大政奉還の議会構想」は消えたかにみえたが、その基本的考え方は「**五箇条の御誓文**」に受け継がれていく。

第三章　公議政治への試行錯誤

①　五箇条の御誓文

慶応三年十二月九日（一八六八年一月三日）に王政復古が宣言され、有栖川宮熾仁親王《ありすがわのみやたるひと》を総裁とする新政府が樹立する。朝廷では、孝明天皇が慶応二年に崩御し、翌三年一月九日明治天皇が十四歳で践祚《せんそ》していた。

明治新政府は内戦の最中であったが、近畿以西を勢力下とした（慶応四年）三月十四日、天皇の名で「五箇条の御誓文」を発布した。この御誓文は、明治維新にあたって人心を新たにする必要が生じたためであり、次の政治的ねらいがあった。

①　土佐藩はじめとする議会導入（公議政治）派の主張を入れた新政府でなければ存立が危ぶまれる。
②　新政府の財政欠乏対策として、新方針を確立して新政府を信用させる必要がある。
③　関東討征のため諸侯を結束させるため。

などがあった。

御誓文は由利公正《ゆりきみまさ》や福岡孝弟《たかちか》らによって起草され、京都御所の紫宸殿で天皇が群臣を率いて天地神明に誓うという形式をとった。

五箇条の御誓文

一　広ク会議ヲ興シ万機公論ニ決ス可シ

一　上下心ヲ一ニシテ盛ニ経綸ヲ行フヘシ

一　官武一途庶民ニ至ルマテ各其志ヲ遂ケ人心ヲシテ倦マサラシメンコトヲ要ス

一　旧来ノ陋習ヲ破リ天地ノ公道ニ基ク可シ

一　知識ヲ世界ニ求メ大ニ　皇基ヲ振起ス可シ

「五箇条の御誓文」にはいろいろな議論がある。天皇が臣僚を率いて神々に誓約するという形式に、維新の精神はないという批判がある一方で、作成にあたった人物から開明さを評価する意見がある。発案者は木戸孝允《たかよし》（桂小五郎）で、起草したのが由利公正（福井藩）と福岡孝弟（土佐藩）であったことによる。

この三人は、議会導入論・坂本龍馬の影響を強く受けている。ジョン万次郎が持ち帰った米国の草の根デモクラシーを、日本の天皇親政のもとで実現しようとして暗殺された龍馬の夢を、文体から感じる。何より「船中八策」の内容を参考にしていることは明確だ。

御誓文は宣言文であり、具体的な制度化が必要であった。それが（慶応四年）四月二十一日（一八六八年）に公布された『政体書』である。公議輿論派の福岡孝弟と副島種臣《そえじまたねおみ》が起草している。

政体書

（冒頭に「五箇条の御誓文」と掲載）

右　御誓文ノ条件相行ハレ不悖ヲ以テ旨趣トセリ

一　天下ノ権力総テコレヲ太政官ニ帰ス則チ政令二途ニ出ルノ患無カラシム太政官ノ権力ヲ分ツテ立法行政司法ノ三権トス則偏重ノ患無カラシムルナリ

一　立法官ハ行政官ヲ兼ヌルヲ得ス但シ行政官ハ立法官ヲ兼ヌルヲ得ス臨時都府巡察ト外国応接トノ如き猶立法官得管之

一　親王公卿諸侯ニ非ルヨリハ其一等官ニ昇ルヲ得サル者ハ親敬大臣ノ所以ナリ藩士庶人ト雖トモ徴士ノ法ヲ設ケ猶其二等官ニ至ルヲ得ル者ハ貴賢ノ所以ナリ

一　各府各藩各県皆貢士ヲ出シ議員トス議事ノ制ヲ立ツルハ輿論公議ヲ執ル所以ナリ

一　官等ノ制ヲ立ツルハ各其職任ノ重キヲ知リ敢テ自ラ軽ンセシメサル所以ナリ

一　僕従ノ儀親王公卿諸侯ハ帯刀六人小者三人其以下ハ帯刀二人小者一人蓋シ尊重ノ風ヲ除テ上下隔絶ノ弊ナカラシムル所以ナリ

一　在官人私ニ自家ニ於テ他人ト政事ヲ議スル勿レ若シ抱議面謁ヲ乞者アラハ之ヲ官中ニ出シ公論ヲ経ヘシ

一　諸官四年ヲ以テ交代ス公選入札ノ法ヲ用フヘシ但今後初度交代ノ時其一部ノ半ヲ残シ二年ヲ延シテ交代ス断続宜シキヲ得セシムルナリ若其人衆望ノ所属アツテ難去者ハ猶数年ヲ延サヽルヲ

得ス

一　諸侯以下農工商各貢献ノ制ヲ立ツルハ政府ノ費ヲ補ヒ兵備ヲ厳ニシ民安ヲ保ツ所以ナリ故ニ位官ノ者亦其秩禄官給三十分ノ一ヲ貢スヘシ

一　各府各藩各県其政令ヲ施ス亦　御誓文ヲ体スヘシ唯其一方ノ制法ヲ以テ他方ヲ概スル勿レ私ニ爵位ヲ与フ勿レ私ニ通宝ヲ鋳ル勿レ私ニ外国人ヲ雇フ勿レ隣藩或ハ外国ト盟約ヲ立ツル勿レ是小権ヲ以テ大権ヲ犯シ政体ヲ紊ルヘカラサル所以ナリ

（以下略）　（『法令全書』）

これは公議政治体制の要綱であり、明治政府最初の憲法といえる。起草した福岡孝弟は、「アメリカ憲法の三権分立制を採用した」（『五箇条の御誓文と政体書』国家学会「明治憲政経済史論」）と述べている。また、副島種臣は米人の宣教師フェルベックの指導をうけたとのことである（筒井若水他『日本憲法史』）。

政体書は「大政官制」を復活させたもので、公議輿論の機関をして「立法官府—議政官」を設けた。図解すれば次のとおりである。

《立法官府》——議政官
- 上局
  - 議定《行政官たる輔相兼任》
  - 参与
  - 史官、筆生
- 下局
  - 議長《行政官たる辨事兼任》
  - 議員《貢士》

上局は維新に功労のあった公家や大名を議定として三条実美《さねとみ》や松平慶永（春嶽）ら二十一名が選ばれた。参与に功労のあった活動家、小松帯刀《たてわき》・由利公正・大久保利通・木戸孝允・西郷隆盛・大隈重信・板垣退助ら二十二名が就任した。

下局は、とりあえず議長に大木喬任《たかとう》を選んだが、権限や運営をめぐって論議が続出して貢士対策規則をつくることになった。下局の構成員である「貢士」の人選で問題が起った。「政体書」の第四項目には「各府各藩各県皆貢士ヲ出シ議員トス議事ノ制ヲ立ツルハ輿論公議ヲ執ル所以ナリ」とある。貢士が公議政治の中心となるはずであった。ところが、従来の江戸留守居役が貢士となることが適当だと人選を行ったが、ほとんどの藩などでその任に耐えないという状態であった。

② 公議所の設置

新政府は政体書の実行性を疑問視し、議政官を廃止、議定や参与を行政官とする一方、議事体裁取調所を設け、公議政治の機関として「公議所」を設置することになる。政治体制の整備の作業が進む中、一八六八年九月三日には江戸は東京と改称。十月二三日には明治と改元、明治元年十月十三日（旧暦）には天皇が東京に到着し、江戸城を皇居と定めた。

明治二年（一八六九年）三月七日、東京丸の内にある旧姫路藩邸に設けられた「公議所」が開所した。公議所法則が森有礼や神田孝平らの外国の議会制度を知る学者によってつくられた。貢士こと公議人は、大藩三人、中藩二人、小藩一人の割合で選出され、開所当日には二二七人が出席した。

公議所はいずれにせよわが国での議会政治の第一歩であった。公議所法則第一条には「会議ハ律法ヲ定ムルヲ以テ第一要務トス……」とあった。各公議人は議案を提出することができ、これを「評議」し、可とする者五分の三以上であれば可決として行政官に提出して裁可を受けることになっていた。

話題となったことは、開明官僚派から「切腹禁止の議」とか「帯刀廃止の議」などが提出されて否決されている。「田地勝手売買の議」や「人身売買禁止の議」などは可決された。種々雑多、新旧両思想が入り交って議案が提出されて審議が行われた。

新政府側では「公議所など無用の論多く、未だ今日の御国体には、適し申しまじく候」（大久保利通の書簡）との主張が出てくる。これが議会政治尚早論となり、数年後民撰議院設立論と対立し国論を二分する政治問題となる。

公議所が開所した頃の世論が面白い。紀昭正という人物が、「議院開局の日よめる歌」を詠んでいる。〝言挙せぬいにしへぶりを今日よりは、神はかりせし御代にかへしつ〟と。また、明治二年三月三十日発行の「横浜新報もしほ草」は、公議所について「庶民に政府を扶け、公明正大の政を施し行ふべき権を許されたり。此事は開化文化の一大改革というべく、世界中これまで庶民此権のありしは、独りアメリカ合衆国のみにして、その余の国には決してなかりし事なり。」と報道した。公議所に対する二つの異なった見方は、明治維新という変更の矛盾を浮き彫りにしている。

公議所は約四カ月で「**集議院**」に改められる。同年七月の太政官制の改革によるものであった。集議院の議員は、**各藩県の大参事**（家老クラス）から選出されることになる。議案は太政官からの下問となり、施政の諮問機関に後退する。人民からの建白を受理することで、下からの意見のはけ口となり、公議輿論の議会政治とはほど遠いものとなった。

③ 明治政府の専制化

明治二年七月の太政官制改正は、明治維新を象徴する戊辰戦争の終結との関係が考えられる。戊辰戦争に勝つために明治政府は、五箇条御誓文や公議輿論という政治行動が必要であった。戦争が終り各地での騒動が収まるや、新政府は権力を集中して新体制をつくるため、専制的に改革を断行することになる。

明治四年（一八七一年）七月、新政府は**廃藩置県**を断行、翌五年八月には**義務教育制**の実施、さらに翌六年には**徴兵令**の布告、**地租改正条例**の布告を断行した。これらの改革は封建領主制の解体だけでなく、古い秩序と思想の破壊でもあった。これらの問題は近代国家を創るため必要な改革であった。ところが、これらの改革が、公議所や集議院といった公議政治の機関を縮小あるいは廃止したうえで、専制的に行われたことから「上からの近代化」といわれた。明治四年七月の太政官制改正で政府の機構が大きく変わり、正院・左院・右院が設けられた。集議院は明治六年（一八七三年）六月に廃止となり、職務が左院に移される。左院は、国憲編纂（憲法の制定の研究）という職制であった。

これらの急激な改革が近代化、文明開化とはいえ、薩・長・土・肥藩官僚によって行われたため、旧武士層をはじめ発想の転換ができない農民層からも反発を受けることになる。この時期（明治四年〜同六年）、明治政府の首脳は、太政大臣三条実美（公家）、右大臣兼外務卿岩倉具視《ともみ》（公家）、参議木戸孝允（山口）・西郷隆盛（鹿児島）・板垣退助（高知）・大隈重信（佐賀）・後藤象二郎（高知）・大木喬任（佐賀）・江藤新平（佐賀）、大蔵卿大久保利通（鹿児島）等であった。

国民層からの反発は当然に支配層の内部矛盾となって現われた。そのクライマックスが征韓論争を直接の契機とする西南戦争であった。これが国会開設を切望する自由民権運動を興こし、火をつけていく。

明治四年（一八七一年）十月、岩倉具視を特命全権大使とする欧米使節団が出発した。一行は木戸孝允・大久保利通・伊藤博文らであった。新しい日本国を欧米諸国に説明するとともに、近代化のための新知識を身につけることがねらいであった。留守に残った首脳は三条実美・西郷隆盛・板垣退助・大隈重信らであった。

明治六年（一八七三年）に入るや太陽暦が実施される。一月には「徴兵令」が布告された。岩倉全権一行が海外出張中のことであった。士族は徴兵制による国民皆兵、秩禄処分に打撃を受け反政府運動へと進んでいく。反政府運動は進歩派と反動派に分かれ、進歩派は自由民権運動―国会開設へとなり、反動派は武力闘争―西南戦争と進んでいった。

士族の働きの場と活路を求めて西郷隆盛が主張したのが「征韓論」であった。西郷は木戸や大久保が官僚専制政治で士族を犠牲にすることに反対であった。征韓をめぐって明治政府内部の対立が起るや、海外出張中の木戸が帰国（明治六年七月）、八月十七日閣議は西郷隆盛の訪韓を内定する。九月十三日には岩倉遣米欧大使が、事態を憂慮して帰国する。閣議は十月十五日、西郷の遣韓を決定したが、同月二十四日に天皇は岩倉（右大臣兼外務卿）の上奏をいれ遣韓を中止させる。

西郷は即日、板垣・後藤・江藤・副島（十月十三日就任）は翌二十五日に参議を辞任し下野する。これが「明治六年十月の政変」である。

第四章　国会開設・自由民権運動

①　愛国公党の民撰議院設立建白書

征韓論に敗れて下野した参議たちの動きのなかに、士族の反乱と表裏一体となって、政府を震撼させたものに、国会開設・自由民権運動があった。板垣退助・後藤象二郎・副島種臣・江藤新平らは、維新の功労者が四散して、一体化せず、国内の治安が不測の情勢となったことを憂慮した。

彼らはこれらの原因を、政府の専制政治にあると考えた。国家と国民の発展と安全のためには、公議輿論の制度を確立する必要があるとして、『民撰議院設立』の建白を行うことになった。建白書の起草を英国留学から帰国した古沢滋と小室信夫が執筆することになる。起草作業のなかで、政党を設立することが必要だという話が出た。そのため同志が集るクラブ「幸福安全社」がつくられた。これが発展して『愛国公党』が、明治七年（一八七四年）一月十二日に結成された。

『愛国公党』はわが国で最初の政党であった。「愛国公党本誓」を決めるとともに、「民撰議院設立建白書」を了承して、一月十七日付で左院に提出し、翌十八日の新聞「日新真事誌」を通じて国民に訴えた。この二つの文書を貫く思想は、天賦人権論に立ち民衆の奪うべからざる権利と民衆のための政府が主張されていることであった。

民衆の結社が禁じられてきた日本で、公然と政党が組織されたのは重要な意義をもった。愛国公党と名づけた理由について、主宰者の板垣は「党派は徒党・私党とみなされる風潮の中で、ことさら公党と称して政党たる意義を強調した」と述べている。当然、民撰議院の設立をめぐって大論争が起きる。

政府部内では、建白書の提出の三日前に起った高知県士族武市熊吉らによる、右大臣岩倉具視襲撃事件などと関連させ、民撰議院設立運動は公議制度に名を措り、私心をもって政権を奪わんとする者たちの陰謀であると決めつけた。時期尚早論が大勢を占めた。

民間の反響は大きく、『自由党史』によれば「民撰議院の輿論今方さに湧興し、澎湃の勢や防ぐべからざらんとす」という状況であった。論争のクライマックスは、独法学者の加藤弘之が時期尚早論、仏法学者の大井憲太郎が早期開設論であった。

愛国公党の民撰議院設立建白書は、国会開設による国民の政治参加と自由民権の運動を全国的に呼び起こすことになった。しかし、政府はこれに弾圧を加えることになる。運動の中心板垣退助自身、政府から岩倉襲撃事件や佐賀の乱（江藤新平が主謀）に関わっていたとの嫌疑を受けた。板垣は「時勢未だ可ならざる」とし、同志に「予が双瞳の黒き間、誓って民撰議院を建てん」と告げ、運動の原点を故郷土佐に置くべく、同年三月に帰郷し、四月には政治結社「立志社」を設立した。

立法社設立趣意書には「自修自治ノ志ヲ達シ、逐ニ上ッテ天下ノ民会ヲ設立シ、国家定律ノ基本を立ン也」とあった。自由民権運動の人材養成機関として「立志学舎」を設置し、「法律研究所」を設けて代書の行務を引き受けるなど、官庁に対して人民の権利を伸張させる運動を展開し、全国的に注目され自由民権運動の指導的役割を果した。立志社の結成とともに愛国公党は自然消滅した。

政府側は立志社が結成される一カ月前、台湾出兵を決める。これに反対した木戸孝允が四月に参議を辞職した。政府は事実上大久保利通の専権するところとなる。同時に大久保は孤立していく。当時の状況を『自由党史』は、「西郷は薩摩に隠れ、板垣は土佐に臥し、木戸はまた長門に退き、政府は大久保の権力に帰するといえども、今や孤立援なく独り木立の上を歩くが如し」と語っている。

② 大阪会議の妥協と破綻

国会開設・自由民権を叫ぶ声は全国に轟き、全国的組織をつくる動きとなる。政府を専制していた大久保も民権拡大派との妥協が必要となった。さまざまな根回しが極秘に行われ、大久保・木戸・伊藤・板垣の四人が、大阪に会合して政治改革について会訣した。これが世にいう「大阪会議」である。大阪会議は明治八年（一八七五年）二月二十二日に、大阪で愛国社の結成大会出席のため、大阪に滞在する機会に、官職を退き大阪で会社経営をしていた井上馨の仲介で行われた。大久保を東京から、木戸を山口から呼び、維新の元老達で政治の難局を話し合うよう調停したわけだ。

三月十一日から始まった「大阪会議」は、板垣・木戸会談で板垣が直ちに国会を開設すべきであると持論を主張。木戸がこれを理解するも「制度の整備や施設が間に合わない」とし、まず地方官をして会議を経験させてからだと板垣を設得した。木戸・大久保会談で大久保は木戸に政権に復帰することを要請、木戸は板垣が納得したことを了承するなら政権に復帰する条件であるとし、大久保も納得。四項目の合意ができた。①国会を開く準備として元老院を設ける、②裁判の基礎を固めるため大審院を設ける、③立憲の礎えを定めるため地方官会議を設ける、④内閣を各省と分離する。であった。（大審院とは司法府のこと、地方官とは当時の官選（県令）のことである）

大阪会議の合意を受けて、三月八日に木戸が同月十二日に板垣が参議に復帰した。四月十四日、明治天皇は大久保・木戸・板垣・伊藤の四人の参議の名による「政体取調案」の奏上を受けて、「立憲政体樹立の詔」が発せられた。要旨は「五箇条の御誓文の意を拡充し、元老院を設け立法の源を広め、大審院を設けて審判の権を確立し、地方官を召集し、民情を通じ公益を図り漸次に国家立憲の政体を立てる」というものであった。

国会開設論者にとって、満足できる内容ではなかったが、国会開設を中心とする立憲政体の樹立が、国家として約束されたと評価し、国会開設・自由民権運動を一段と強力に展開していく。

政治の動きが徐々に立憲政体へと進んでいくなかで、板垣は参議に復帰するにあたり林有造を使者として、西郷隆盛に「新しい国家の建設に尽力するよう要請した。林が必死に西郷を説得したが、西郷は大久保利通以下薩摩出身の政府首脳三十五人を「腐芋連」と批判して、もはや元の鞘にもどすのは不可能だった。

明治八年六月二十日、地方官会議の開会式が催され、第一回の会議が開かれた。議事運営の法規が必要であったが時間的余裕がなく、明治六年四月に大蔵省関係の案件で地方長官の会議を開くため

「議事章程」ができていた。これは英国下院の議事典例を訳したものを参考にしたわが国最初の近代議事規則であった。この時期、英国下院の「議事典例」(Parliament Practice)が、わが国で訳されていたことは驚異的なことである。

多くの人々の期待にもかかわらず、地方官会議の審議の内容は政府の諮問会議の域を出なかった。とくに「地方民会の事」(地方議会)をめぐって、公選民会論を主張したのは中島信行だけだった。大阪会議での合意であった経過からみて、世論は失望した。

一方、上院にあたる元老院は、同年七月五日に開院式をあげたが、その権限をめぐって論争が起った。「元老院ハ議政官ニシテ新法ノ設立旧法ノ改正ヲ議定シ及ヒ諸建白ヲ受納スル所ナリ」という権限に、板垣が権限が狭いとし、これでは立法府としての面目をもてないと主張した。しかし、元老院議官として任命された二十数名が、いずれも老人ばかりで改革の意欲がなく、「元老院十を除けば元左院」と世間から揶揄された。

③ 国会開設運動に対する政府の弾圧

国会開設・自由民権の言論が大きな渦となって、新聞雑誌を舞台として賛否両論が沸騰するようになったのは大阪会議での合意であった。同時に政府は「地方官会議」の開設と前後して、「新聞紙条例」と「讒謗律《ざんぼうりつ》」を公布した。政府を批判する言論の取締りである。大久保は木戸の意見を入れて、国会開設の準備に取りかかる形をとりながら、同時に自由民権運動を取り締まる策に出たのである。

この大久保の策に板垣はわずか七カ月と十六日で参議を辞した。翌九年（一八七六年）三月には、木戸も大久保と意見が合わず再び参議を辞めた。大久保の独裁専制化に対して民間の論陣の批判は尖鋭化した。このため政府は同年七月五日をもって、国安を妨害すると認められる新聞雑誌などの発行を禁止することができる新聞紙条例の改正を行った。この措置に対して、自由民権論者はもとより、不平士族ら政府に不満をもつ者の鬱憤は頂点に達した。

事態を憂慮した明治天皇は、同年九月六日元老院議長有栖川宮熾仁《たるひと》親王を召し、元老院において国憲起草を指示した。元老院は、かねてから左院時代に検討していたものを中心に十月に、第一次草案「日本国憲按」等を作成した。しかし、現実の政治の流れを変えることはできなかった。時を同じくして熊本神風連の乱、山口萩の乱など不平士族の反乱をはじめ、農民の蜂起が続発した。

翌十年（一八七七年）一月、鹿児島私学校生徒が、草牟田村の火薬庫などを占領し、西南戦争となる。勃発して八カ月後、西郷隆盛や桐野利秋らの城山での自刃によって終わる。西南戦争は国会開設・自由民権運動にも深刻な影響を与えた。土佐の立志社の林有造・竹内綱らは武器を調達して、西郷救援に出発するところを捕われ、政府顚覆の罪に問われて入獄することになる。

いっそう専制を増した大久保利通は、翌十一年（一八七八年）五月十四日、紀尾井坂清水谷のほとりで、島田一良らによって斬殺されることになる。主謀の島田は自由民権運動家でもあった。暗殺という許されない手段を使ったことは、文明開化とはいえ、当時の日本の社会の不安定さを物語るものであった。斬奸《ざんかん》状には「公議を杜絶し民権を抑圧し以て政事を私す」とあった。大久保亡き後、伊藤博文が内務卿となり、大蔵卿・大隈重信とともに政府の実権をにぎることになる。

大久保暗殺事件は国会開設・自由民権運動に大きな影響を与えた。刺客に土佐出身者がいたという噂が流れたり、自由主義を唱える者は政府に反逆する者として、一般国民からも疎んじられるようになった。そのため自由民権運動の真の姿を、国民に理解してもらうことが必要となる。そこで活動を停止していた愛国社を再興し、自由で自主の権利の伸張が国家のためいかに重要であるかを啓蒙した。再興した愛国社の活動は、地方での政治結社の結成を促進した。この時期、第二回の地方官会議で地方議会を開設することが決まった。これを機に地方での自由民権運動が活発となる。地方における政治思想の啓発は、国民の政治意識を高めた。

政府は地方で政治結社の活動が激しくなることを憂慮して、規制措置の通達を発することになる。明治十一年七月十二日、太政官は「結社・集会を警察官に監視させ、民心煽動・国家安寧妨害と認める時は禁止させるよう」内務省・府県に命じた。

④ 国会期成同盟の請願運動

民権派の国会開設運動は、政府の厳しい弾圧にもかかわらず、日増しに激しくなった。明治十二年(一八七九年)七月には、福沢諭吉が「郵便報知新聞」に「国会論」を発表し、すみやかな国会開設を主張した。同年十一月には愛国社の第三回大会で、国会開設上奏の署名を集めることを決定した。同年十二月天皇は、各参議に立憲政体に関する意見書の提出を命じた。

明治十三年（一八八〇年）三月、大阪で開かれた愛国社の第四回会議は、画期的な展開を遂げることになる。二府二十二県の自由民権運動家が参集し、愛国社を「国会期成同盟」に発展させた。国会期成同盟の最初の活動は、すでに八万七千人にわたる署名済みの請願書を、天皇に棒呈《ほうてい》することであった。このことを知った政府は、同年四月五日集会条例を公布した。

集会条例は、政治結社、政治集会の許可や解散を警察の判断にまかせただけでなく、「政治に関する事項を講談論議する為其趣旨を広告し、又は委員若しくは文書を発して公衆を誘導し、又は他の社と連結し及び通信往復することを得ず」（第八条）と規定していた。これで全国的組織的な政治活動は合法的に不可能となった。集会条例の公布が、国会期成同盟の会議期間にあたったため取締りの対象となったが、四月九日に閉会したため検束には至らなかった。

同年四月十七日、国会期成同盟を代表して、片岡健吉と河野広中の二人は、二十三府県から集めた八万七千人の請願署名を添えて、太政官に行き天皇に棒呈するよう「国会を開設するの允可を上願する書」を提出した。太政官の官吏は「立法に関する上書は、之を元老院に呈すべし」として受理しなかった。元老院は「建白の外一切受理せず」という。片岡、河野は太政官と元老院をいったりきたりする。最後に、太政官から「未だ政治に関する人民の請願書を受理する成規あらず」と却下の決定が行われた。

片岡、河野は太政官や元老院との交渉のなかで、某書記官が「人民に請願の権利なし」と発言したことを問題視して、請願顛末書をつくり全国の同志に報告した。この顛末書が全国に配布されるや、国会開設運動は各地方に急速に発展していく。同年十一月十日、請願運動の限界を反省して、第二回国会期成同盟大会が東京で開かれた。この時点で登録された同盟員は、二府二十二県で十三万人を超え、わずか八カ月で二倍に近い賛同者を得ていた。この大会では、政府の弾圧に対応するため遭変者扶助法を設けた。

大会の焦点は国会開設運動の進め方であった。立志社の植木枝盛は「政府は既に人民に請願の権利なきを放言して上書を拒絶したり。再び前挙を繰返へすも、恐らくは徒労のみ」と主張し、これから広く全国人民に訴え国民と合体すべきとして、そのために政党を組織する必要があると論じた。植木は、名を「自由党」とする綱領規則の草案を提示し、同調者によって「自由党結成盟約」が合意される。自由党の結成準備が始まる。

⑤ 国会開設の詔勅と政党の活躍

国会開設運動の広がりを憂慮した政府は、明治十四年（一八八一年）一月、大隈重信・伊藤博文・井上馨・黒田清隆の諸参議が熱海で会合し、憲法の制定と国会開設について意見を交わした。問題になったのは、明治十二年十二月に天皇から各参議に「立憲政体に関する意見書」の提出を命ぜられていたにもかかわらず、参議主席の大隈だけが未提出であったということであった。有栖川宮左大臣の督促を受けて、三月、大隈は憲法意見を建議した。

この建議書の内容が他の参議の慎重論と違い、明治十四年末に国会開設の布告を行い、同十五年

(一八八二年)末に議員を選挙し、翌十六年(一八八三年)から国会を開くべしという急進論であった。イギリス型の議院内閣制を提議で、建議書を作成したのは『自由党史』によれば福沢諭吉ということである。

大隈の建議書の内容を知った政府内部は大騒ぎとなる。三条太政大臣・有栖川宮左大臣・岩倉右大臣は、参議主席の大隈の建議を退け、伊藤博文を憲法起草の責任者に決めるが断る。伊藤自身が大隈と直接に会見して「君権を人民に放棄するもの」と批難するも、大隈は応じず政府は動揺する。

政局が混迷を深める同年七月、北海道開拓使官物払下げ問題が起る。開拓使黒田清隆が太政大臣に申請したところ、閣議が大隈が反対し紛糾したが、払下げが決定した。この問題をめぐって、民権派は政府を厳しく攻撃した。政府は民権派の背後に大隈がいるとして、大隈追い落とし工作が画策された。**官物払下げ問題**は、明治の初期、約一千四百万円にのぼる開発費を投じた事業を、開拓使の廃止に際して民間(薩摩、長州出身者)に三十万円で払い下げ、無利息三十年賦とするというものであった。

政府内部でも反対意見が多く、民権派からは「情実比周は専制政治の常習」と批判され、国会開設により専制政治の打倒が叫ばれた。世論も政府批判を強め、大隈派の「報知新聞」だけでなく、政府系の「東京日日新聞」までも攻撃の矛先を政府に向けるようになった。政府が最も心配したのは、大隈派が板垣を中心とする自由党結成準備派と結びつくことであった。専制政府は追い込まれていった。

政局が激動する中で政府が打った手は、東北・北海道巡幸中の還幸をまって、国会開設の勅諭を発し、大隈参議を罷免し、併せて開拓使官物払い下げ決定を取り消す措置をとることであった。これが

「明治十四年の政変」といわれるものである。この政変を仕組んだのは伊藤博文といわれ、この措置で大隈を政府から追放し、薩長藩閥政権を完成させていく。

同年十月十一日、天皇が千住駅に到着するや、政治状況を説明し、同夜、御前会議が開かれた。集まったのは、太政大臣三条実美・左大臣有栖川宮・右大臣岩倉具視、参議寺島宗則・山県有朋・伊藤博文・黒田清隆・西郷従道・井上馨・山田顕義であった。ここで国会開設の廟議が行われた。御前会議に出席したのが、議会政治の導入に抵抗してきた公家と薩摩・長州出身者たちであったことに、歴史の皮肉を感じる。翌十二日、「国会開設の詔勅」が宣布された。

勅諭

朕《ちん》祖宗二千五百有余年の鴻緒《こうちょ》を嗣《つ》ぎ中古紐《ひも》を解《と》くの乾綱《けんこう》を振張《しんちょう》し大政の統一を総攬《そうらん》し又夙《つと》に立憲の政体を建て後世子孫継《つ》ぐべきの業を為さんことを期す。嚮《さき》に明治八年に元老院を設け、十一年に府県会を開かしむ。此れ皆漸次基《もとい》を創《はじ》め序に循《したがっ》て歩を進むるの道に由るに非ざるは莫《な》し。爾有《なんじゆう》衆《しゅう》亦　朕《ちん》が心を瞭《りょう》とせん。

顧みるに立国の体、国各宜《よろし》きを殊にす。非常の事業実に軽挙に便ならず。我祖我宗照臨《しょうりん》して上《かみ》に在り、遺烈を揚げ洪謨《こうぼ》を弘め、古今を変通し断じて之を行ふ、責《せめ》　朕《ちん》が躬《み》に在り。将《まさ》に明治二十三年を期し議員を召し国会を開き以て　朕が初志を成さんとす。今在廷臣僚に命じ仮《か》すに時日を以てし、経画《けいかく》の責に当らしむ。其組織権限に至ては、　朕親《みずか》ら衷を裁し、時に及で公布する所あらんとす。

朕惟《おも》ふに人心進むに偏して時会《じかい》速なるを競ふ、浮言相動かし、竟《つい》に大計を遺《わす》る。是れ宜《よろ》しく今に及で瞙訓《ぼくん》を明徴し以て朝野臣民に公示すべし。若し仍《な》ほ故《こと》さらに躁急《そうきゅう》を争ひ、事変を煽《せん》し、国安を害する者あらば、処するに国典を以てすべし。特に茲《ここ》に言明し、爾有衆《なんじゆうしゅう》に諭《さと》す。

奉

勅

太政大臣　三条実美

明治十四年十月十二日

（『法令全書』明治十四年）

板垣を中心とする民権派が「国会開設の詔勅」が宣布されたことを知ったのは、自由党の結成について会合をもっていたときであった。満座意気いよいよ高まり、同月十八日浅草井生楼で結成大会を開き、盟約と規則を決定し、板垣退助総理以下役員を選んだ。

自由党盟約

第一章　吾党は自由を拡充し、権利を保全し、幸福を増進し、社会の改良を図るべし。

第二章　吾党は善良なる立憲政体を確立する〈こと〉に尽力すべし。

第三章　吾党は日本国に於て吾党と主義を共にし目的を同くする者と一致協合して、以て吾党の目的を達すべし。

自由党の結成を皮切りに全国で政党が続々と結成される。野に下った大隈重信は、同志の河野敏鎌・前島密・小野梓らと「立憲改進党」を、翌十五年（一八八二年）四月十六日結成し、総理に就任する。立党の趣意書には「我党は実に順正の手段に依て我政治を改良し、著実の方便を以て之を前進するにあらんことを冀望《きぼう》す」とし、次の基本方針を決めた。

我党は帝国の臣民にして左の冀望《きぼう》を有する者を以て之を団結す。
一　王室の尊栄を保ち人民の幸福を全ふする事。
二　内治の改良を主とし国権の拡張に及ぼす事。
三　中央干渉の政略を省き地方自治の基礎を建つる事。
四　社会進歩の度に随ひ選挙権を伸濶《しんかつ》する事。
五　外国に対し勉めて政略上の交渉を薄くし通商の関係を厚くする事。
六　貨幣の制は硬貨の主義を持する事。
（「郵便報知新聞」明一五・三・一四）

自由党と立憲改進党の結成は、薩長藩閥政府に大きな脅威となった。そのため政府の息のかかった政党を結成することになり、同年三月十八日、福地源一郎・佐々木高行らを中心に「立憲帝政党」が結成された。綱領は国家主義、漸進主義を標榜し、政府の憲法制定作業を側面から支持する立場をとり、背後には伊藤博文・井上馨らがいた。

結成当時の自由党は、富農、資本家、士族出身の急進的知識人が指導権をもち、農民層を主な基盤とした。立憲改進党は「英国型の立憲君主制」を主張し、新進ブルジョアや都市部の商工業者を主な地盤とし、西洋の教養を身につけた穏健な知識人が指導者となった。

自由党と立憲改進党は、明治十五・十六年にかけて華々しい活動を行い、自由民権運動は最高潮に達する。重税に対する反対運動や経済的要求をはじめ、地域民衆闘争がくり広げられた。変わったところでは、東京の自由党員・奥宮健之らが人力車夫を「車会党」に組織するなど、都市無産者にまで手を延ばそうとしたことである。

特に地方議会における民権派の活動には目覚しいものがあった。同十五年四月六日、岐阜遊説中の板垣自由党総理が刺客に襲われるという事件が発生、「板垣死すとも自由は死せず」と名セリフを残したことは、当時の政党政治家の姿勢を物語るものである。

自由党と立憲改進党を中心とする政党の活動は、この時期が第一回の隆盛期であった。その後、両党の対立、それぞれの党内での内部抗争が始まる。また、自由党は福島事件等過激事件を続発し、国民から批判を受け明治十七年（一八八四年）十月に解党する。立憲改進党も大隈総理らが党内抗争に嫌気をさして辞め、次第に党勢を衰退させていく。

民権派諸政党の活動が衰退した根本原因は、明治十四年の「国会開設の詔勅」により、自由民権運動の最大目標であった「国会の開設」という国家の方針が、決定していたことにあった。

第五章　明治憲法と帝国議会の誕生

①　明治初期の政治と知識人の活躍

明治十四年の政変による「国会開設の詔勅」によって、国家として国会を開設が決った。国会の開設とは議会制度による政治を行うことである。封建身分国家から議会主義国家に変わることであり、それは近代憲法を制定することである。

明治十五年三月三日、伊藤博文らは「憲法取り調べの勅語」を賜り、欧州に派遣され憲法とそれに関連する事項を調査することになる。議会政治を導入するということは、単純に先進国の議会制度を形式的に写し代えることではない。明治初期の日本の政治、社会、文化などの状況に適合するものでなければならない。その意味で明治初期の政治の特徴やその背後にいた知識人の活躍を知る必要がある。

明治新政府は矛盾した要因で成立した。慶応三年十月十五日、朝廷は幕府側の「大政奉還」を勅許している。これは新国家で公議政治を行うことを前提としたものである。ところが一方で、討幕派の公家と薩長勢力等の謀略により「討幕の密勅」が天皇の意思とは別に出され、王政復古のクーデターが行われた。

平和的方法による政権の移行という方法が、武力による討幕によって国家権力を奪うという方法に変わり、「王政復古（天皇専制）」が宣言された。明治新政府が成立し、戊辰戦争という内乱状態になると、討幕派が内乱に勝利するためには、武力制圧だけで政権を確立して継続できなかった。公議政治派の協力が必要となり、そのために考え出されたのが、「五箇条の御誓文」であった。これは、冒頭に「広ク会議ヲ興シ万機公論ニ決ス可シ」との議会政治への移行を宣言したもので、ジョン万次郎や坂本龍馬を通じた米国の民主政治の影響を受けていた。

明治新政府は、矛盾した二重の性格をもって発足したのである。薩長の権力闘争による「専制政治」と「公議政治」という対立である。この矛盾が明治以降も続き、その時代によってどちらかがイニシヤチブを握るという形で、わが国の政治が行われてきた。議会政治を導入した後もこの構造は変っていない。二十一世紀の現在でも、わが国の政治は議会政治という形の中で、**専制的政治派と公議政治派の闘い**が続いている。

明治時代が始まって、明治十四年の「国会開設の詔勅」が宣布される間、明治近代国家体制のつくり方をめぐって両派は激突する。あらゆる政治混乱は両派の対立が原因であり、議会制度をつくるための闘いであったといえる。この対立の背景にある明治初期の社会や文化の特質を、理解しておくことが、わが国の議会政治の本質を知る基本的問題である。

明治維新は二つの側面を持っていた。一つは、王政復古すなわち「太政官制」への復帰であった。もう一つは、開国・文明開化による近代国家への改革であった。これらは矛盾するものであったが、西欧列強には王制による絶対主義体制で資本主義国家として成功している国もあった。わが国の王制復古はそれをイメージすることになる。

慶応四年三月、「五箇条の御誓文」が宣布された直後、「神仏判然令」が発布される。国家神道による国家体制確立のためである。廃仏毀釈運動となり仏教だけでなく関連する古代からの民間信仰が抑圧される。これらの中には、草の根デモクラシーにつながる民衆の福寿増進の信仰もあった。公議政治すなはち議会政治は、思想や信仰の自由がなければ成り立たないことを、当時の為政者は知らなかった。真の議会政治はその国の良き伝統に基づかなければ物まねとなる。

明治六年（一八七三年）二月、明治政府は「キリスト教禁制高札の除去」を決める。慶長十七年（一六一二年）の徳川家康による「禁教会」から二六〇年ぶりのことであった。キリスト教を禁止しての文明開化や近代国家実現はできないことがわかったのである。これを機会に宣教師が押し寄せてくる。明治政府側でも、近代国家として議会政治を導入するにしても、キリスト教文化を理解する必要があり、宣教師から教えてもらうことになる。ところが正統派の宣教師たちは、日本の文化や伝統をまったく評価せず西欧文化の優位に固執した。日本の政府要人や知識人は困惑する。それを解決したのが、**矢野文雄・森有礼・金子堅太郎・福沢諭吉**等であった。

キリスト教には、正統派から異端といわれる「ユニテリアン」という宗派がある。人類愛や隣人愛を主張し、異宗教や異文化の交流に積極的で、自由と理性と寛容を重んじ権威への盲従を嫌い、万人救済を教義としている。この思想を、日本の近代国家づくりに活用した人たちから、二人を紹介しておこう。

まず、憲法起草や議会制度の導入で、伊藤博文の側近となった金子堅太郎である。金子は明治九年（一八七六年）から三年間、米国のハーバード・ロー・スクールに在学中にユニテリアンの思想を知り、日本への導入を考える。同窓のフェノロサが明治十一年（一八七八年）に、東大で哲学・論理学・財政学を教えるようになる。金子も同時期、東大で教鞭をとり親しくなる。

フェノロサ教授は、エマソンの「東西文化の融合」を研究テーマとし、東洋の高い文化を西洋に伝え、エマソンやホイットマン（二人ともユニテリアン）の世界主義による夢を実現しようとする。フェノロサ教授は、その後、仏教に改宗するがユニテリアンの支援を続け、日本の近代化に思想の面で貢献した。

金子は、明治十三年（一八八〇年）元老院に出仕し、各国憲法の調査に当った。翌十四年にはエドモンド・バーク（英国）の『政治論略』を翻訳する。明治十七年（一八八四年）宮中に制度調査局が設立されるや伊藤博文制度局長官のもとで、憲法起草や国会開設の調査を行う。その後、首相となった伊藤博文の秘書官や憲法起草の側近として活躍する。

明治二十二年（一八八九年）、金子は発布された「大日本帝国憲法」について、欧米各国の専門家から意見を聞くとともに、翌二十三年から開設する国会（帝国議会）の参考とするため、調査に行く。その時、米国ボストンのユニテリアン協会本部で講演し、「現在の仏教は腐敗していて望みはないが、最高形態の仏教とユニテリアン主義は変らない。ユニテリアン教はどの国よりも日本で未来がある」

と述べている（土屋博政『ユニテリアンと福沢諭吉』）。

次に福沢諭吉だが、文明開化・日本の近代化のあり方に、「和魂洋才」で臨むべしと指導したことはよく知られている。福沢のユニテリアン思想にかける思いは普通ではなかった。ボストン在住の長男・一太郎の要望を受け、日本に派遣されるユニテリアンのナップ宣教師に協力することになる。福沢のユニテリアンについての感想は「教えの目的は人類の位を高尚にして、努力の働きを自由にし、博愛を主とし、一個人一家族の関係に至るまでも、之を網羅して善に向はしむる」というものであった（『ゆにてりあん』明治二三年三月発行）。

ナップ宣教師は福沢の好意で賛同者を増やしていく。訪日直後の明治二十一年（一八八八年）四月には、交詢社で講演している。当時、ユニテリアンに協力した知識人は東大総長・外山正一、東大教授・中村正直、副島種臣、杉浦重剛、幸田露伴、北村透谷らであった。これらの知識人たちは、明治初期の混迷する政治の中で、急激に文明開化する日本で、思想精神の適切なあり方を考え啓蒙していった。

明治初期、国会開設や憲法起草にユニテリアン思想の影響を受けていた金子堅太郎が関わっていたことは、憲法や国会の開設に良い影響を与えたといえる。一方、幕末長崎で坂本龍馬の指導をうけた中江兆民は、明治となってフランスに官費留学し、元老院書記官等に就く。官僚の地位を捨て自由平等を説くため野に下り、仏語塾を開き、ルソーの『民約論』を訳し、自由民権運動の思想的指導者となった。

明治初期という時代は、藩閥政治の復活や急進派の過激な行動など激しい政治闘争が続いた。その背景では、国家を思う知識人たちで、強烈な思想や信仰の葛藤があった。それが明治国家を創り発展させた。

② 伊藤博文による憲法の起草

明治十五年(一八八二年)三月三日、伊藤博文らは「憲法取り調べの勅語」を賜り、欧州に派遣され、憲法とそれに関連する事項を調査することになる。その勅語に調査項目が列挙されていて、その内容が面白い。全体で三十項目あり、議会制度に関係するものが十六項目にのぼっていることだ。

薩長の藩閥政府が、やむをえず国会開設を決断し、そのため憲法の制定が必要となる。その調査項目の過半数が国会についてのことであるとは、藩閥政府にとって国会開設しどのような性格の議会制度を設けるかは、彼らにとって重大な問題であった。伊藤が勅命により憲法制度のため訪欧するまでに、わが国で憲法についてさまざまな構想が提示されていた。幕末の「大政奉還の建白」、明治維新の「五箇条の御誓文」及び「政体書」は、事実上の憲法であったといえる。

明治元年から同十五年三月、伊藤が憲法制度調査のため訪欧する前後までに、私が調べたところ、四十を超える憲法構想が発表されている。憲法史の文献から拾いあげたものであるが、実際にはもっと多くの憲法構想があったと思う。これらの中で明治十三年と十四年に集中していることは、国会開設・自由民権運動の盛り上りによるものである。

これらの憲法構想の中で、一つだけ紹介しておく。それは小野梓の『国憲汎論』である。この中に天皇の機能を国家権力の実体としないとの論があった。明治の末年に美濃部達吉東大教授が論じた「天皇機関説」は、小野の憲法構想を発展させたものである。

明治初期、わが国で国会の開設、憲法の制定が最大の政治問題となった原因は、幕末から明治初年にかけて、わが国が各国と締結した条約がきわめて不平等なものであった。これを改善するのが国家的課題となっていた。諸外国は**条約改正の条件**として、わが国が近代国家として憲法や議会制度の整備を要求していた。藩閥政府としても放置できない問題であった。

伊藤博文は明治十五年三月十四日、欧州に出発した。公式随行員には伊東巳代治、西園寺公望などがいた。伊藤は、明治初期の憲法制定論や国会開設論について、それなりの知識をもっていた。井上毅《こわし》の意見にもとづいてドイツ（当時のプロシア）を中心に調査を行った。ベルリンで公法学者がナイストとモッセ、ウィーンで公法学者のスタインらにプロシア憲法を学んだ。同時に日本の憲法制度のあり方についてアドバイスを受けた。

ドイツでの調査が、伊藤に決定的影響を与える。明治十五年八月二十七日付で、山田顕義に宛てた伊藤の書簡にそれが現われている。

孛国の憲法には、政社は法を以て制限し、且時に於て之を中止することを書載せたり。此法と云は警察法にして、勿論充分に立入り之を監督することを得るなり。政党は議会あれば自から現るゝ者なれども、今日我国の現状の如き者には非ず。我国の現状は政党に非ずして徒党を結び、衆力を以て君主権を削弱又は破却せんとするの意を含蓄する者なり。之を明言すれば反逆党の外に出でず。……

独逸学者の主と知る所は、君主国は君権を明瞭完全するに在り。此権の完全ならざる者は、其名君主国と雖、協和主義を混同する者にして、理に悖《もと》ること少からずと為せり。故に憲法を立て国会を開くも、君権を分割するに非ず、君主は憲法の上に在りと云。

明治政府がこれまで自由民権運動に寛大であったことを反省し、ドイツ流の憲法と天皇制の強化について強い信念をもっていることがわかる。

明治十六年（一八八三年）八月四日、伊藤は一年余りの調査を終え帰国する。これに先立つ七月二十日、右大臣岩倉具視は死去し、政府の実権は伊藤と山県の二人に移っていく。

憲法の起草は、翌十七年（一八八四年）三月十七日、宮中に制度取調局を設置し、伊藤博文が長官に任命された。伊藤は憲法制度、国会制度に先立って天皇を中心とした国家体制固めに着手する。まず、同年七月七日華族令を発布した。これまでの華族は旧公卿、大名とその子孫の身分の呼び名であったが、新制度では公・侯・伯・子・男の五等の爵位を設けて、これを旧華族には家柄に応じて、また明治維新以来の「功臣」には功労に応じてランクづけをした。この制度の狙いは国家開設にあたって国民から選挙される衆議院に対抗する貴族院をつくる準備であった。

明治十八年（一八八五年）十二月二十二日、太政官を廃止し内閣制度をつくった。内閣制度とは内閣総理大臣をもって、天皇に直属する「内閣」を設け、各大臣が行政各部門を分担する制度である。現在の内閣制度もこのときつくられた制度を継承している。さらに、国政を行う内閣から「宮内省」を独立させ、内大臣や宮中顧問官などの制度を整備した。

初代の内閣総理大臣に就任した伊藤博文は憲法の起草にあたって、制度取調局のような機関で議論百出させるのを避け、信頼できる井上毅・伊東巳代治・金子堅太郎の三名を指名した。井上が皇室典範と憲法、伊東が議院法、金子が衆議院議員選挙法と貴族院令を担当した。これらの作業を行うために、ドイツからロエスレルとモッセを顧問として招いた。

伊藤内閣によって、着々と憲法制定の準備が進んでいる明治二十年（一八八七年）になって、自由民権運動が息を吹きかえしてくる。そのきっかけになったのは、井上馨《かおる》外相による条約改正問題であった。不平等条約の改正は国家的課題であり、各国との長年の交渉の結果、明治二十年春に交渉がまとまり調印を待つばかりとなった。条約改正の内容が民間に知られるや、治外法権廃止は名ばかりで、日本の裁判権を外国の支配に置くだけだとの批判が起きた。

民権派は条約改正の背後に、大政商が外国資本と結んで巨利を得ようとするもので、政府は「鹿鳴館」を中心に外形だけの欧化政策をとろうとするものだと批判した。政府内部でも、内閣法律顧問のボアソナードが「亡国条約で日本の高官に愛国心はないか」と廃棄を勧告した。また国粋主義者の農商務大臣谷干城《たにかんじょう》が、秘密専制外交を批判し、内政の根本的改革を主張し辞職した。自由民権派と国粋主義者が、ともに政府攻撃を始めたため、同年七月末に条約改正交渉を中止した。

八月に入って、板垣退助は伯爵の特権を利用して長文の意見書を天皇に上奏した。そこには「真に対等条約をかちとるには、早く〝国約憲法〟を定め、専制政治をやめねばならない」とあった。谷の主張や板垣の意見書は、星亭らによって地下出版され全国に流された。旧自由党系の「壮士」と「書生」が続々と東京に集まり、国約憲法と対等条約を要求した。

十月になると片岡健吉らが「言論の自由」、「地租軽減」、「外交の挽回」の三大事を要求した意見書を政府に提出した。中江兆民の指導によるこれらの運動は、植木枝盛の起草によるもので、「言論の自由」とは国約憲法、すなわち天皇欽定でなく国民の意志による憲法制定論であった。この「三大事」建白運動は全国に及び、二府十八県の総代が元老院に建白の裁決を迫るなど運動は燃え盛った。

政府は十二月二十六日夜、突如として「保安条例」を公布施行した。自由民権運動家を二十四時間ないし三日以内を限り、皇居から三里（約十二キロメートル）以外の地に退去を命じた。この対象者は二十四府県出身者数百名に及んだ。これにより自由民権運動は大衆運動的性格を変え、後藤象二郎らによる「大同団結」、すなわち旧自由党、立憲改進党を問わず自由主義勢力を結集させ、来るべき憲法制度、国会開設に対処する政党活動へと進んでいく。

政府は明治二十年の政治危機を保安条例による弾圧で乗り越えた。明治二十一年（一八八八年）四月三十日、憲法と関係法令の草案が出来たのを機に、伊藤内閣は総辞職し黒田清隆内閣が成立する。枢密院官制が公布され、伊藤博文が議長に就任する。憲法草案を「御諮詢案」（天皇の諮問案）として整備し、その審議を枢密院による憲法会議によって行うためであった。枢密院は皇族、内閣総理大臣、閣僚のほか朝野から勲功練達の士が選ばれ顧問官となった。

枢密院は、憲法と関係法令を次の順序で審議した。

① 皇室典範　五月二十五日～六月十五日

② 憲法　六月十八日～七月十三日

③ 議院法　九月十七日～十月三十一日

④ 衆議院議員選挙法　十一月五～同月十二日

⑤ 貴族院令　十二月十三日～同月十七日。

さらに翌二十二年（一八八九年）一月十六日から十回にわたり、修正部分の整理を行い確定した。この間、枢密院本会議は八十五回に及んだ。明治天皇が臨席しなかったのはわずかに二回だけであった。

③ 大日本帝国憲法の主な特徴

第一に、君主親裁の大権を中心とした。すなわち、天皇は独立命令権を有し、憲法改正発議権も専ら勅命により行われ、立法権も議会の協賛で行われた。行政権は国務大臣の輔弼《ほひつ》により天皇が総攬し、司法権も天皇の名で裁判所が行うことを原則とした。

第二に、皇室に関する事項を憲法外に置いた。すなわち、皇位継承法、摂政法、皇室典範について内閣及び議会が関与できないこととした。

第三に、大権内閣制を採用した。すなわち、政党内閣を前提とせず、また大臣連帯責任制も認めず、国務大臣は各々その職務に関して個別的に天皇に対して責任を負担することであり、議会に対して大臣は責任をもたないものとした。

第四に、枢密院が天皇の最高顧問府として議会の外に存在することとした。

第五に、議会は貴族院と衆議院の二院制であったが、権限は大臣弾劾権も憲法改正発議権もなく、議院法の制定を議会の発足前に勅令で定めたことであった。

④ 帝国議会の特徴

幕末の激動、明治維新の激突さらに専制政府の自由民権運動等への弾圧等々、わが国が近代国家として自立するために流された先人たちの血や涙や汗は、議会政治をこの国に導入するためであった。その労苦によって創られたのが「大日本帝国憲法」にもとづく「帝国議会」である。主な特徴を挙げておく。

まず、構成は貴族院と衆議院の二院制であった。貴族院議員については勅令によって資格が定められていた。これを法律にすると将来、衆議院の介入を受けるので、それを避けるためであった。しかも、政府からの介入も貴族院でチェックできるよう、改正には貴族院の同意を要する仕組みになっていた。貴族院議員は華族五爵からの有爵議員、国会に勲功のあるもの、または学識経験者から勅任される勅選議員と、各府県の多額の国税納入者十五人より一人を選ぶ多額納税議員から構成した。

衆議院議員は憲法とともに公布された衆議院議員選挙法によって、選挙権は二十五歳以上の男子で一年以上（所得税の場合は三年以上）その府県で直接国税十五円以上を納め、かつ、一年以上その府県に住居していることを要件とした。被選挙権は、年齢満三十歳以上の男子で、選挙権と同じ納税要件が必要であった。選挙区は小選挙区制で、投票方法は記名投票主義、すなわち選挙人の住所、姓名を記載することになっていた。

貴族院の議長、副議長は選挙で選ばれるのではなく、天皇が直接任命することになっていた。衆議院では、まず選挙で議長候補者、副議長候補者をそれぞれ三人選び、そのなかから天皇が任命することになっていた。

議会の会期は天皇の勅命で定められる開会の日、すなわち開院式の日から始まり、常会が憲法で三カ月と定められたほか、会期の幅や会期延長の幅、臨時会、特別会も勅命によることになっていた。さらに議会が紛糾した際には、勅命による停会という制度があった。

議会の権限である「立法権への協賛」とは、自ら立法権を行使するのではなく、天皇の立法に協力するというものであった。また、両議院を通しただけでは法律とならず、天皇の裁可によってはじめて法律となった。さらに、天皇は緊急の必要がある場合、議会に諮《はか》らないで法律に代わる緊急勅令を発することができた。条約は議会に諮る必要がなく、予算は議会の協賛を必要とした。

法律案の審議は、提出されるとまず本会議の第一議会で提案理由の説明を聞き、質疑応答を行い、次にその法律案を審議する特別委員会を設けた。（当初の帝国議会では常任委員会は、予算・請願・懲罰の三委員会で、貴族院ではこれに資格審査が加えられ、それぞれ議院規則で定められていた）

特別委員会の法律案審査が終わると、本会議で報告を求め、その法律案の大体について討論を行い、第二読会を開くかどうかを決め、第二読会が開かれると原則として条文ごとの審議を行い、修正案が提出されるのもこの段階である。第三読会で法律案に対する議院の意思が最終的に確定されるという三読会制であった。

予算案は先に衆議院に提出する、と憲法第六十五条が規定していた。提出されると直ちに予算委員会に付託された。議院法で両院とも審議期間を二十一日と定められていた。予算委員会の審議が終われば、本会議に報告し議決された。議会が予算を議決せずまたは成立に至らないときは、政府は前年度の予算を施行することができた（憲法第七十一条）。

また、各議院は審査のために国民を議院に喚問したり、議員を官公庁等に派遣することは禁止されていた。

帝国議会の主な特徴を挙げたが、議会の権限をめぐって枢密院の内部では激論があったと伝えられている。また、現在の国会の権限と比較して、民主主義にほど遠いと批判することもできる。しかし、当時の歴史的状況を考えた場合、日本国家にとって民族をあげて成し遂げた近代国家として体制であった。

⑤ 開明官僚たちの見識

明治二十二年二月十一日、西暦一八八九年・紀元二千五百四十九年の紀元節の日、「大日本帝国憲法」は発布された。前夜からの雪で皇居は清らかな白一色であった。宮中賢所での憲法発布の式典が行われた。同日、皇室典範、議院法、貴族院令、衆議院議員選挙法、会計法の公布があった。憲法の施行は、明治二十三年をもって召集される帝国議会の開会のときとすることになった。

翌十二日、**黒田内閣総理大臣**は、各地方長官（官選知事）を鹿鳴館に集め、次のような趣旨の演説を行った。

憲法はあえて臣民の文句をゆるさないことはもちろんである。ただ施政上の意見は人によって説を異にし、意見を同じくするものが団結し、いわゆる政党が社会に存立するようになるのは情勢の免れないところである。けれども、政府はつねに一定の方向をとり、超然として政党の外に立ち、至公至正の道にいかなければならぬ。各員よろしく意をここにとどめ、不偏不党の心をもって人民にのぞみ、操縦をうまくし、もって国家隆盛の治を助けるように努力しなければならぬ。

二月十五日、**伊藤枢密院議長**も浜離宮に地方長官を集め、次のような演説を行った。

議会または一社会において党派がおこるのは免れがたいけれども、一政府の党派は甚だよくない。……君主は臣民の上に位し、政党の外に立つものである。したがって、一つの党派のために利をあたえ他の党派のために害をあたえるような政治をほどこしてはならない。すなわち不偏不党でなければならない。また宰相は可否を献言して天皇の職務を輔佐するものであるから、政府がつねに党派に左右されるなどは甚だ容易ではない。

この黒田首相と伊藤枢密院議長の演説に、怒りをぶつける官僚たちがいた。伊藤博文の下で憲法の草案づくりに苦労した井上毅・金子堅太郎・伊東巳代治の三人であった。三人は、伊藤枢密院議長の演説が済むや、客が散るのを待って、三人が伊藤を問いつめたといわれる。その様子を、信夫清三郎博士は『明治政治史』で、次のように紹介している。

井上――閣下の御演説を承ると全くビスマルク流の専制政治を日本にほどこそうとするものである。それは果して閣下の御真意でしょうか？　私どもは閣下としばしば責任大臣論をたたかわせましたが、今日の演説は平素の御主張とすこし趣を異にしているように存ぜられます。

伊藤――どこがちがうのだ。

伊東――全く相違しています。きのう黒田総理大臣の訓諭を拝して不安の念をいだいた私どもは、閣下が同じことをくりかえされるのを意外千万におもいます。

伊藤――決して平素の持論に相違してはいない。

金子――閣下は五カ条の御誓文「万機公論に決す」というのを引いて帝国憲法の根本義だとつねにわれわれに訓示されたではありませんか。にもかかわらず、今日、国務大臣は輿論に没交渉で、ただ天皇にたいしてだけ責を任ずべきものと声明なさったのは何ごとです！

伊藤――しからば君たちは国務大臣は議会にたいして責をになうべきものであると主張するのか？

井上――決してそうではありません。天皇は国民の輿論をになわない内閣を信任なさる道理がないのですから、国務大臣の責任は法理上は天皇にたいして負うとしても、実際上は議会を通じ国民にたいして負わなければならないと信じます。にもかかわらず、輿論とは没交渉で議会から不信任の決議をうけても天皇の信任があるあいだ進退すべきではないというのは、万機公論に決すという聖旨を裏切るものと存じます。

伊藤――君たちは幼弱だ。政治の実際などは分らぬ。まだ若い。

井上・金子・伊東三人の意見には、憲法起草作業での激論をかいまみることができる。さすが明治の開明官僚である彼らの努力があったからこそ、わが国は明治という近代国家を創ることができたのだ。三人の主張は決して「幼弱」な書生論でなかったことは歴史が証明している。

金子堅太郎は、憲法発布を受けて明治二十二年（一八八九年）七月二十一日、憲法実施に関連して欧米各国の議会制度と運営を調査するため欧米に出発する。その際、日本国が発布した憲法の英訳文、伊藤博文による『憲法義解』（英訳）を持参して、欧米七カ国（米・英・仏・独・伊・露・オーストリア）

を訪問した。各国で憲法、国家学等の専門家に会い、意見を聴いた。各国の専門家から率直で厳しい意見とともに、金子自身も高い評価を得ている。その詳細は、『欧米議院制度取調巡回記』（金子堅太郎著・大淵和憲校注、信山社・日本憲法史叢書）に記録されている。

万延元年（一八六〇年）、咸臨丸で訪米した遣米使節団一行が、初めて欧米の議会を見聞し「日本橋の魚市のさまに似たり……」との印象を語ってから三十年目に、わが国は近代憲法を施行し議会制度を発足させることができた。

さまざまな議論があったが、この憲法の柔軟性はその後のわが国の憲政史のなかで、いろいろな解釈や運用がなされた。明治の末期には「天皇機関説」とそれに対抗する「国体論」が激しい論争を行った。政党を中心とする内閣などもつくられ、大正デモクラシーを経て、議院内閣制が確立し議会中心の政治運営へと発展した。しかし、一方において事実上の軍事独裁政治体制がつくられ、敗戦という悲劇も経験することになる。これらの原因がこの憲法にあったのではない。すべては運用に当った為政者の責任である。

第二編　帝国議会

第一章　藩閥政府と議会の衝突

① わが国最初の衆議院議員総選挙

明治二十三年（一八九〇年）七月一日、初めての衆議院議員総選挙（定例の選挙の呼称）が行われた。当時の有権者数は四十五万三百六十五人で、全人口の一・二四%、投票率は九三・七%、棄権がきわめて少なかった。いかに議会開設に国民の関心が高かったがわかる。

議会開設にあたって、後藤象二郎が民権派の大同団結を呼びかけたが、政府の切り崩しで後藤が山県内閣に入閣し、「大同団結」は四分五裂となった。定員三百名で選挙は原則小選挙区制で（一人区二一四、二区四三）、立候補制でなく推薦制で、投票は記名式で投票人は投票用紙に自分の氏名・住所を書いて捺印して投票した。候補者は総数千二百四十三名、定数に対して四倍強の激戦であった。

総選挙の党派別当選結果は、次の表の通りだが、議会召集日にかけて合同が行われる。

党派別当選議員数

党派別	議員数
大同倶楽部	五五
立憲改進党	四六
愛国公党	三五
保守党	二二
九州同志会	二一
自由党	一七
自治党	一七
官吏派	一八
中立派	六七
無所属	二

第一回議会召集日現在（明二三・一一・二五）

党派別	議席数
弥生倶楽部（立憲自由党）	一三〇
大成会	七九
議員集会所（立憲改進党）	四一
国民自由党	五
無所属その他	四五
計	三〇〇

（注）弥生倶楽部及び議員集会所は、それぞれ立憲自由党及び立憲改進党の議院内における届出名称である。

職業別構成は次のとおりであった。

職業	第一回（二三年七月）
農業	一二九
商業	一九
鉱業	一
会社員	七
銀行業	四
弁護士	二〇
新聞雑誌記者	八
医業	三
議席数	三〇〇

（これらの表は信夫清三郎『明治政治史』より）

総選挙の状況は、候補者の選定や選挙活動の母体を、各地で結成した地方の政治団体が荷《にな》った。大同団結運動の進展で、中央の党派の影響が強くなっていたが、地方に任せられていたので乱立があった。選挙活動は個人が中心で、政策より人格に投票した有権者が多く、まずは平穏に行われた。

有権者数は一選挙区平均約一七五〇人で、一〇〇〇票ぐらいの得票で当選した。有権者の大部分が地租納入者で、都市部と農村部でのアンバランスがひどく、京都府第一区（上京区）では二七票、東京第三区（京橋区）では五六票で当選している。逆に滋賀県第三区では三〇八五票で落選した候補者がいた（『日本議会史録Ⅰ』第一法規、参照）。当選者の年齢は、最年長が六十八歳で最年少が三十一歳で、平均四十二歳八カ月であった。

この総選挙が納税額による制限選挙であるとの批判がある。西欧と比べると、フランスでは一八三〇年七月に復古した立憲君主制のもとで、選挙権が一年に国税二〇〇フラン以上を納める成年男子に拡張された。有権者数は人口の約〇・五%程度だった。イギリスでは一八三二年の第一次選挙法改正で、年一〇ポンド以上の資産を占有する成年男子に選挙権を認めた。有権者数は人口の約三％強であった。

日本人が初めて米国上院を見聞して「わが日本橋の魚市場に似たり」と驚いて三十年にして、フランスやイギリスに劣らない、有権者の対人口比が一・一四％という制度は評価されてよい。問題は議会政治の内容であった。

貴族院は、明治二十三年六月十日、貴族院令による多額納税者議員の互選が行われ、四十五名の当選者が選ばれ、九月二十九日に勅任された。次いで七月十日、上野華族会館で伯子男爵議員を互選し、伯爵十五名、子爵七十名、男爵二十名を選んだ。さらに九月二十九日勅選議員六十一名を選定した。皇族議員と公爵議員と合わせて二百五十二名が決まった。十月二十四日、伯爵伊藤博文が議長に、伯爵東久世通禧が副議長に勅任された。

明治二十三年（一八九〇年）七月十日に、貴族院、衆議院事務官制が公布され、貴族院書記官長に金子堅太郎、衆議院書記官長に曾禰荒助が勅任され、貴衆両院事務局の書記官がそれぞれ奏任された。身分はいずれも政府が任命する国の官吏であった。十月九日、第一回帝国議会召集の詔書が公布された。

② 第一回議会の混乱と珍事

明治二十三年十一月二十五日、第一回帝国議会は召集された。絶好の秋晴れで、日比谷の一角、内幸町に新築したばかりの木造仮議事堂をめざし、新議員は続々と登院した。ほとんどの議員は新調のフロックコートか紋付羽織袴を着て、馬車や人力車に乗っての登院であった。

自由民権運動の理論家として知られている植木枝盛は、太い杖をついて悠々と歩いて登院した。登院のしんがりはフランス自由思想の紹介者で、民権運動の指導者であった兆民こと中江篤介で、辻待ちの人力車で登院した。異彩は頭にチョン髷をした元東京府議会副議長芳野世経であった。午前十時までに登院した衆議院議員は二百九十二名で、八名が欠席であった。

召集日の衆議院での議事は、議席の指定と正副議長候補の選挙である。曾禰書記官長が仮議長役となって選挙が行われた。「本日の景状を速記者に筆記させます」と報告。議会のスタートから速記をつけたことは世界で始めてであった。しかし、なにぶん初めての議会だけに、いろいろなとまどいがあり、選挙の手続きをのみこめない議員もいて混乱した。

午前十時に本会議が始まって、休憩なし飲まず食わずで、午後十時五十分に正副議長候補者の選挙が終った。仮議長席の曾禰書記官長が「十五分も休憩したら、諸君の頭も冷えるだろう」と失言し、陳謝する場面もあった。翌二十六日、初代議長に自由党の中島信行、副議長に大成会の津田真道らを選挙し、天皇から任命された。

十一月二十九日に天皇を迎えて開院式が行われた。帝国議会ではこの日から会期となり、議会活動が始まる制度であった。議会にのぞんだ山県内閣は、民権派（自由党と改進党）が百七十一名と過半数を超え、政府派が少数という状況であった。軍人出身の山県有朋は、本来、伊藤博文が就くべき総理職を伊藤が逃げたため就任したいきさつもあって、最初の議会にのぞむ自信はなかった。山県は伊藤が書いた『憲法義解』を毎晩くりかえし読んだが、むずかしくて頭痛を起したという話が残っている。

両院の議事は、まずそれぞれ議院規則を定める必要があった。臨時帝国議会事務局で作成した草案をもとに審議し、十一月二十九日衆議院で、十二月一日貴族院で議決した。また、山県首相は議会対策のため自由党土佐派に面識の多い龍馬の弟子・陸奥宗光を駐米公使から呼び戻し、農商務大臣に就任させた。

帝国議会最初の論戦は、山県首相の施政方針演説から始まった。要旨は「国家の独立と国勢の伸張のため、軍事費特に陸軍の経費を拡充する」ことであった。民党派（自由党と改進党）は、「民力休養」と「経費の節減」をスローガンに政府に抵抗した。

問題は政府が提出した明治二十四年度総予算案の審議であった。民党派は軍事費の削減を中心に、予算総額の約一割にあたる七百八十八万円の減額を査定することに決した。民党派は衆議院において多数派である。査定とは修正のことだ。山県首相は「これでは行政の大権は事実上予算議決者の手にうつる」とまくしたてたが、民党派多数の議会は耳をかさない。伊藤博文に至っては「憲法や議院法を度外視した挙動だ」批判したが、妥協は絶望的となった。

それでも政府側は、民党派では予算の査定案（修正案）など作成できないと読んでいた。ところが、改進党の阿部興人代議士が、その査定案をつくってしまったので、世間は驚いた。阿部は大蔵省の役人で専門的知識をもっていた。阿部代議士を中心に、民党派の有志は向島で遊んだ後、町内の「汁紛屋」で査定案をつくった。

その七百八十八万円減の査定案が、世間からすこぶる評判がよく、汁紛屋は「さてい庵」という名がついた。「味はたいしてうまくなかった」というのが、実際に食した尾崎行雄の話である。本書執筆のため向島の「さてい庵」を探したが、脱稿までに見つかっていない。

予算修正問題はぎりぎりのところで、自由党の土佐派の二十九名が政府の説得に応じて、六百五十万円の削減で妥協することになる。これが「土佐派の裏切り」と呼ばれ、現在でも議会史の汚点といわれている。陸奥農商務相とか後藤逓信相の議会対策であろう。同じ土佐出身の自由党左派中江兆民は、早くも議会政治に愛想をつかし、アルコール中毒を口実に議員を辞めた。

この土佐派の二十九名が妥協に至る経過に、批判される行動があったかも知れない。しかし、妥協がなく政府と議会の激突が続けば、議会が崩壊する可能性があった。第一回議会は明治二十四年三月七日に閉会した。山県首相は、議会対策に懲りて辞任する。後任に伊藤博文を推したが、伊藤は逃げに逃げ、ようやく五月に松方正義が首相に就任し、第一次松方内閣を組閣した。

③ 初めての衆議院解散と選挙大干渉

松方新内閣が成立してまもなく、厄介な事件が発生する。大津事件である。国賓として来日したロシアの皇太子が大津市を旅行中、警察官・津田三蔵がサーベルで皇太子を切りつけ、傷を負わせた事件である。政府は津田被告を死刑とするよう大審院（司法最高機関）に圧力をかけたが、児島惟謙《こじまこれかた》大審院長は、刑法に該当する規定がないとして、普通の謀殺未遂罪を適用して無期懲役を主張した。猛烈な論争が行われ、大審院が勝ち罪刑法定主義という「司法の独立」が、日本で確立した。

政府は政治責任をとる意味で、西郷従道内務大臣らが辞職し、そこで登場したのが品川弥次郎内務大臣であった。戊辰戦争の功労者で硬骨漢・品川内務大臣が、次の衆議院選挙で選挙大干渉を行って、議会政治を震撼させることになる。大津事件のツケが出てきたのだ。

第一回議会を顧みて、民党派は政府に対抗していくためには、より協力を強化する必要があるとして、中江兆民の働きかけで、板垣退助と大隈重信が会談する。自由党と改進党の首領である。「時局の非なることを慨し、後輩を指導して憲政に貢献せしめん」と約束する。かくして、明治二十四年十一月二十五日から開かれた第二回議会は、民党派の団結という政府にとってはきわめて都合の悪い状況でスタートすることになる。

松方首相は施政方針演説で、海軍予算の拡大を中心に八千三百五十万円の予算案を議会に提出した。民党派は衆議院で、海軍の整備費を中心に七百九十四万円余を削除する議決を行ったほか、重要法案を否決した。海軍大臣・樺山資紀は衆議院本会議で、「薩長政府とか何政府とか言うて（批判して）も、今日国家の安寧を保ち四千万生霊の安全を保ったと言う事は誰の功であるか……」と、「藩閥政府擁護論」を演説した。これが樺山海相の「蛮勇演説」といわれ、議会から糾弾される。

同年十二月二十五日、松方首相は「議会が憲法を勢力競争の具と為し、其国運を発達するに於て殆んど慎重の顧念を欠くものの如し」と奏請を行い、衆議院は解散となる。

第二回目の衆議院臨時選挙（当時解散の後の選挙の呼称）は、翌年の明治二十五年（一八九二年）二月十五日に行われることになる。品川内務大臣は衆議院臨時選挙で選挙干渉を行い、政府に反対する議員の当選を阻むことを決断する。衆議院に政府支持の議員を増すためである。品川内相と同じ長州出身の内務次官・白根専一を総指揮とし、地方長官（官選知事）に次の趣旨の訓示を行った。

一　第一議会以来、政府に反対してきた議員の選挙区では、これに対抗しうる有力者で、政府に賛成するものを候補者として選定し、地方官は極力これを応援する。

二　政府反対の議員の立候補に対しては、できる限り当選を妨害し、とくにその有力者は極力当選を阻止する。

このときの選挙干渉の方法の特徴は、

① 議会の解散は陛下の譴責であるから、旧議員の再選は陛下の思召に背くとひそかに地方長官に指令。

② 投票の前日に民党派の候補者を告発し、その情報を選挙区に流布。

③ 投票の買収。

④ 選挙の当日、民党派の選挙人が投票所へ行くのを妨害する。警察官はこの妨害を取り締まらず、それを援助。
⑤ 取り締まり営業者に対する警察官の勧誘。質屋、料理店などの営業者に政府党候補者に投票するように勧誘。
⑥ 巡査の戸別訪問。
⑦ 国費の配布を口実にした勧誘。土木費などの支出に手加減を加える利害誘導。
⑧ 法律を乱用して有権者を告発。民党候補者の選挙文書の印刷・配布を出版条例違反として告発。
⑨ 新聞の発行停止。

などであった。これがわが国での腐敗選挙の原型となる。

明治二十五年一月二十八日、政府は選挙運動取り締まりのため勅令で「予戒令」を制定。民党派の手足となる「壮士」（政治を志す青壮年）を取り締まるもので、彼らの集会への出入りを制限したり禁止したりした。

品川内務大臣が選挙干渉に使った資金は、明治維新以来積み立ててきた内閣機密費で、憲政施行以後宙に浮いていたもの百万円を中心に、御用商人に命じた調達金を加えて、政府党候補に配布したといわれる。民党派の強い地方では警察官と政府党系壮士が武力干渉まで起こし、全国に流血の惨を引き起こした。

最も惨状をきわめたのは、自由党の発祥地・高知県であった。警察官や送りこんだ政府党系の壮士による悪質な選挙干渉に対して、民党の壮士や住民が抵抗し、高知県下の各地で刀や槍、鍬や鎌で実力行使に出たため内戦状態となった。あげくの果てに軍隊が大砲を放ち民家を焼き払うという惨事となり、死者十名に及んだ。全国で死者二十五名、負傷者三百八十八名に及んだ。この数字は政府の発表であり実数は恐るべきものがあった。

選挙の結果は民党に痛手を与え、有力者が落選した。しかし、民党は厳しい選挙干渉にもかかわらず、百六十三名の過半数を制した。自由党九十四、改進党三十八、独立倶楽部三十一であった。残り百三十七名は中央交渉部九十五、近畿倶楽部及び無所属四十二で、政府与党と中立系が交っていた。

選挙が終わるや、干渉に対する批判は民間のみならず政府内部からも起こった。枢密院議長・伊藤博文さえ政府を糾明した。選挙後の第三回特別議会は明治二十五年五月二日に召集され、衆議院議長に星亨が選ばれた。議会開会冒頭、両院で徹底して糾明の議論が行われた。

④ 議長裁定のルーツは天皇の詔勅

第三回議会で松方内閣を満身創痍にしたのは、選挙大干渉問題だけではなかった。明治二十五年度予算が解散のため不成立となり、憲法にもとづいて前年度予算を執行していた。選挙後の議会で追加予算を提出したが、衆議院で軍艦製造費などを削減し、貴族院で復活し両院協議会を開いたが、軍艦製造費は削られ、震災予防費だけが残るという、政府にとってさんざんの結果となった。

どうにか第三回議会を切り抜けた松方内閣は、閉会後、内閣改造により政権の強化を図ったが、選挙干渉問題に関連した県知事（地方長官）の人事問題で閣内不統一を招き、明治二十五年七月三十日総辞職した。後任はもめにもめて、同年八月八日に伊藤博文を首班とする第二次伊藤内閣が成立した。

第四回議会は同年十一月二十五日に召集され、衆議院における反政府の民党派の議員数は、百六十七名（自由党九十一、改進党四十一、同盟倶楽部二十、民党派無所属十五）に対し、政府系は百八名（議員倶楽部六十八、吏党派無所属四十）であり、中立議員二十五名を加えても百三十三名にすぎなかった。

民党派の政府に対する攻勢のクライマックスは、衆議院での予算審議であった。当時、朝鮮問題をめぐって日本と清国の対立は尖鋭の度を増しつつあった。政府は海軍の拡張は時局の要請であるとして、第二回議会以来の懸案であった軍艦の製造費を明治二十六年度予算に計上した。金額は継続総額千九百五十五万円のうち初年度分三百三十二万円であった。

民党派は、財政を整理し行政の事務を合理化し、国家の富を培養し民力の発達を促すべきとの方針のもと、歳出経常部の中で官吏の俸給等の削減、農事試験場費などの節減を含む修正案を議決した。さらに、歳出臨時部で甲鉄艦、巡洋艦、報知艦の製造費を削除する修正案を議決した。この査定の結果、歳入で四十六万六千九百九十九円の増額、歳出で八百八十四万六千五百一円の減額となった。減額は政府原案の約十一％だった。

衆議院本会議で若干の手直しをし、政府原案を削減すること「八百七十一万八千二百七十二円」の修正議決を行った。そして憲法第六十七条により政府の同意を求める手続をとった。追いつめられた政府は、全大臣がそろって衆議院本会議にのぞみ、馬車から落ちて大怪我をして入院中の伊藤首相に代わり、首相臨時代理の井上馨が政府の意見を述べた。その発言の中に「一銭一厘といえども衆議院の要求に応じることはできない」というものがあった。この井上首相臨時代理の演説は〝一銭一厘問答〟として当時の流行語になった。

衆議院と政府は全面衝突となり、「同意を求める動議の議決」と「不同意の回答」が繰りかえされた。また、衆議院の「休会議決」「政府の停会」合戦が行われた。年が明け、明治二十六年（一八九三年）一月二十三日、総数百四十六名の衆議院議員の連署をもって「内閣弾劾上奏案」が提出された。本会議審議中に停会の詔勅が伝えられるなど大混乱のすえ、同年二月七日の本会議で上奏案は可決される。

内閣弾劾上奏文は、議決の翌八日、衆議院議長・星亨が参内して天皇に捧呈した。天皇は「朕熟覧し置く」と述べられたといわれる。明治天皇は、二月十日、宮中に内閣総理大臣、国務大臣、枢密顧問、帝国議会貴衆両院議長を召し、時局に関して『在廷の臣僚及帝国議会の各員に告ぐ』という詔勅を示した。

この詔勅の要点は、「朕茲に内廷の費を省き六年の間毎歳三十万円を下付し又文武の官僚に命じ特別の情状ある者を除く外同年月間其の俸給十分の一を納れ以て製艦費の補足に充てしむ」というところにあった。政府と衆議院の予算をめぐる意見の対立を、天皇の詔勅による裁定で解決しようというわけである。

衆議院では、詔勅遵守について政府と協議することを議決し、九名の特別委員を選び政府側と交渉を行った。次の第五回議会で行政府の整理と経費の節約及び海軍の改革を行うことを公約した。かくして、政府から明治二十六年度予算を修正した案が提出され、予算案が再び付託された。予算委員会で再び審議が行われ、政府との合意のものが議決された。

天皇の内廷費と官僚の俸給一割をもって、軍艦の製造費の一部にあてるということは、当時の制度の枠を超えたものである。明治という時代の特徴を表わす出来事だといえる。天皇の権威を利用して、政治的紛糾の収拾に使うということは、今日ではありえない。

ところが、現在の新憲法下の国会運営で、与野党が激突してどうしようもなくなったとき、「議長裁定」とか「議長斡旋」などを提示して、事態の収拾を行うことがある。最近は議長の権威が低いので、ほとんど見かけないが、昭和五十年（一九七五年）代まで権威ある議長の元では、「議長・時の氏神論」が生きていた。先進各国の議会では考えられないことで、わが国議会政治の特徴のひとつである。このノウハウは、第四回議会の天皇の詔勅による予算の成立がルーツである。

本章「藩閥政府と議会の衝突」を終るに当り、この時代を代表する政治家についてふれておきたい。第三回議会から第五回議会にかけて衆議院議長に就任した星亨を、明治時代に議会政治を熟知していた唯一の政治家と言いたい。

星亨は、強引な政治手法で明治二十六年十二月に、衆議院議長でわが国議会史の懲罰第一号（登院停止）となった政治家だ。しかもその議決にも従わなかったため、議長で除名の懲罰を受けた唯一の人物である。また、金権腐敗の元凶とみなされ、歴史的にマイナスの評価が強い。さらに、東京市会議長（当時衆議院議員と兼務できた）のとき、市長室で刺殺される凄絶な運命の政治家であった。

封建制の崩壊から明治という近代日本への道程から言えば、彼は不屈の民権家であった。星亨の出自は不明である。一般大衆の生いたちであるといわれる星が、明治政府の高官（大蔵省官僚、英国留学、司法省御用代言人等）となったのは謎であり、最初の例であった。さらに、民権派の指導者となり政府の要職に就いたこと自体が、政治の国民一般への開放の道であった。

政治家としての星亨は、敗戦後のわが国で解放の地割れの中から飛び出してきた「田中角栄」と似たところが多い。明治時代の同時期に活躍した伊藤博文や大隈重信、原敬といった偉人とは別扱いされ、政治史研究の対象になる機会の少ない政治家である。星亨の民権思想は理論だけでなく運動の実践者、指導者として政治的啓蒙に果した役割は重要である。政治的智恵も抜群なものがあり、第四回議会の「天皇の詔勅による予算の修正問題」にも、星議長が裏で智恵を出したのではないかと、私は推測している。

第二章　政党と藩閥政府の合従連衡

① 日清戦争と議会

星亨の除名

衆議院議長・星亨が、除名という懲罰で議会から追放されるという異常な問題の背景には、民党派の分裂があった。星は知識とくに法律に強く、性格も外交性、迫力、度胸、直感力、弁舌、行動力等々あらゆる分野で抜きん出た政治家であった。同時に権謀術数、強引さ、横暴さは自由党内部でも嫉妬も含め批判が多かった。民党派の中には「星退治」という言葉が出るくらいであった。

「議長星亨除名問題」は民党派を分裂させ、反自由党の六派は「官紀振粛」を追求し、内閣の弾劾を行うようになる。また、「現行条約励行建議案」をめぐって民党派内部でも対政府でも紛糾し、明治二十六年（一八九三年）十二月三十日、二度目の解散が断行された。議会開設当初の藩閥政府と民党が激突する政治が続くなかで、政府と政党が連携の道を求めようという時期となる。翌明治二十七年（一八九四年）三月一日に衆議院総選挙が行われた。

選挙の結果は、自由党百十九、改進党四十八、国民協会二十六、革新党三十七、中国進歩党五、中立倶楽部五、旧大日本協会九、無所属五十一であった。形の上では民党派が圧倒的多数であったが、

第六回議会の始まる直前、改進・国民・革新・中国進歩が「非自由党連合」を結成した。「条約励行（対外硬）」と「責任内閣樹立」を要求し、藩閥政府に対抗していくことを決定した。

自由党は条約励行反対、行政整理、経費節減の公約実現を主張し、政府を応援していく立場をとった。自由党主流はこの時点で政府側とのかかわりを深めていた。明治二十七年五月十五日の第六回議会の開会冒頭から、自由党と他の民党の間で「条約改正問題」をめぐって紛糾する。また、政府弾劾の上奏案でも足並みが乱れた。政府は衆議院での政党間の意思の不統一を突いて、選挙後の議会が始まってわずか十九日目の同年六月二日、解散を断行した。前の臨時選挙から半年後の解散であった。

日清戦争

解散につぐ解散という政局の運営に、国民は政府に対する批判を一段と強くした。民党は選挙資金に枯渇しながら国民の支持を受け選挙戦に入った矢先、朝鮮で起こった東学党の乱に清国が出兵するという事件が発生した。「東学党の乱」とは、朝鮮の民族宗教団体が外国の侵略と政府の虐政に対して農民とともに、明治二十七年朝鮮各地で反乱を起した事件である。

朝鮮政府が清国に反乱鎮圧のため出兵を求めた同年五月三十一日は、日本では第六回議会で内閣弾劾の上奏案が可決された日であった。自由党と他の民党の対立で、弾劾理由を自由党が骨抜きにしたものの、政府は追いつめられていた。

清国出兵の情報を受けた伊藤首相は、飛び上って喜んだという。議会や国民から政府追求の目をそらすことができるからである。伊藤首相と山県枢密院議長は密談を重ね、奇策として同年六月二日、衆議院の解散を行ったうえで、朝鮮出兵を決めた。これは山県の意見を受けたものといわれている。日本政府は六月二日に衆議院を解散、同五日に大本営を設置、同十六日には約七千人の部隊を朝鮮に上陸させた。天津条約に基づくもので、その後、八月一日に日本は清国に宣戦を布告した。

衆議院総選挙は、日清戦争のさなか明治二十七年九月一日に行われた。四千万人の日本人全員が明治維新後、初めての対外戦争に神経をとがらせているときであり、政争はほとんどなかった。最高潮に達していた政府・野党の対立は淡雪のように消えていった。選挙の結果は、自由党百六、改進党四十五、国民協会三十、革新党四十、財政革新党四、中国進歩党三、大手倶楽部二十五、無所属四十七であった。

同年九月十五日には大本営を広島に移転、政府も広島に移った。同月二十八日には広島市に帝国議会仮議事堂の建築が始まり、完成を待って、同年十月十五日第七回議会が広島に召集された。東京以外の場所に議会が召集されたのは、後にも先にもこのときだけである。衆議院では議長に楠本正隆、副議長に島田三郎が選ばれた。

政府はこの議会に、臨時軍事費予算案及びこれに関連する法律案と緊急勅令承諾案四件を提出して、議会の協賛を求めた。臨時軍事費予算案は、歳入歳出とも一億五千万円で、歳入のうち二千六百万円は国庫剰余金、残りは公債に求めていた。提出された議案を衆議院では十月二十日、貴族院では翌二十一日に、いずれも原案のとおり可決した。

日清戦争の推移は、日本軍の優勢のうちに展開し、同年十一月六日には金州城を占領、連合艦隊は同月八日に大連湾を占領、同月二十一日には旅順を陥れた。清国は戦意を失い、列国をたよって講和を試みようとしたが功を奏さなかった。こういう戦況のもとで、第八回議会が明治二十七年十二月二十二日に東京に召集された。同月二十四日開院式が行われたが、明治天皇が広島の大本営で軍務を統師されていたため、伊藤首相が勅命を奉じて勅語を奉読した。

第八回議会は政府と議会の紛糾もなく、明治二十八年度予算案も、衆議院予算委員会で時局にかんがみた経費削減の修正が行われた。この議会で特筆しておくことは、両院とも初めて決算を議了したことである。これまで衆議院の解散のため未了となっていた。衆議院で議院規則を改正して、常任委員会として「決算委員会」を設けた。決算の審査は衆議院本会議で「法案や予算案と同じように議決後貴族院に送付すべきである」との動議が否決された。以後、決算は各院で議決することになった。

明治二十八年（一八九五年）三月二十日、下関で清国側の和平要望を受けて交渉が始まった。同年四月十七日に日清講和条約等が調印され、同月二十一日に発効した。主な内容は①朝鮮の独立を清国が承認すること②遼島半島、台湾及び澎湖島を日本に割譲すること③軍事賠償金二億両（当時の円価で約三億五千万円）を支払うことであった。

日清講和条約調印直後から、ロシア・ドイツ・フランスの三国が遼東半島の日本への割譲に反対して干渉を行ってきた。政府は大いに狼狽し、「三国干渉」を受け入れ遼東半島も返還することになる。改進党をはじめ「対外硬」八派を中心に、猛然と政府の責任を問う政治運動が起った。政府は「臥薪嘗胆」というキャッチフレーズで国民の不満をなだめると同時に、論功行賞を乱発した。

自由党は、初めは「対外硬」派に義理の付合いをしていたが、次第に政府の肩をもつようになる。同年七月には陸奥宗光と星亨の指導で「挙国一致」で政府の責任を不問とした。

日清戦争に要した臨時軍事費予算は、約二億五千万円であった。清国からの賠償金は約三億五千万円といわれた。これは戦費の処理と軍備の拡張に使用されただけではなく、「災害準備基金」や「教育基金」として使われた。帝国主義戦争の形を残していた。

この戦争は、わが国の経済、社会の各分野に大きな変化をもたらした。わが国の資本主義を一段と増進させた。都市では労働運動、農村では農民運動を生み出した。

明治二十三年（一八九〇年）の議会開設から日清戦争まで、政府は政党に対して「超然主義」をとり、議会からの攻撃に「停会と解散」をもって対抗してきた。日清戦争を経てこの方式は使えなくなった。政党の力が資本家の力の伸張とともに強くなったからである。政府は政党と「妥協と提携」することが必要となった。政党側も党勢を拡大するため支持者である資本家や地主の利益を増大させるため、政府と妥協し協力することが必要となる。

② 政党内閣の混迷と政友会の結成

明治二十八年（一八九五年）十一月二十二日、自由党は伊藤内閣との提携宣言を行った。これは日清戦争中から自由党の河野広中と伊藤首相が、戦後の国家経営がこれまでの政府の「超然主義」ではやっていけないことで意見が一致し、自由党が政府と提携する条件を非公式に相談していたことから始まる。主な内容は、予算案や重要法案はあらかじめ自由党に内示して同意を求める等のものであった。

この提携宣言により、翌二十九年（一八九六年）四月の内閣改造で、自由党の板垣退助が内務大臣に入閣した。伊藤首相はさらに民党との提携を拡大するため改進党を中心に結集した進歩党の大隈重信を、病気で辞職した陸奥外務大臣のあとがまに入閣させようとした。板垣内相はかねての政敵である大隈の入閣に反対した。伊藤首相は松方正義と大隈の入閣にこだわったが、閣内の調整ができず、同年八月三十一日伊藤内閣は総辞職した。

同年九月十八日、松方内閣が大隈重信ひきいる進歩党の協力で成立する。「松隈内閣」と呼ばれ、第十回議会は無事こなしたものの、議会が終るとともに内紛が表面化した。理由は、松隈内閣の実態が藩閥政治家によって掌握されており、進歩党の政策がほとんど採り入れられなかったためである。明治三十年（一八九七年）十月三十一日、進歩党は政府との提携を断絶した。大隈外務大臣は閣外に去り、「松隈内閣」は「松方内閣」となった。第十一回議会では、進歩党を加えた反対党の攻撃にさらされ、松方内閣は同年十二月二十五日衆議院解散で対抗したが、選挙も行わないまま同月二十八日総辞職した。

第三次伊藤内閣が、明治三十一年（一八九八年）一月十二日成立し、政党との提携を必要と感じ対策を講じるが、進歩党と自由党の間をさまようようになる。理由は閣内での対立で、進歩党と井上馨蔵相が、自由党と伊東巳代治農相が提携することで意見を対立させたことにあった。

解散されたままになっていた衆議院総選挙は、同年三月十五日に行われた。結果は、自由党九十八、進歩党九十一、国民協会二十六、山下倶楽部四十八、同志倶楽部十四、無所属二十三であった。選挙後には自由党も進歩党も反政府で一致し、同年五月十四日に第十二回議会が召集された。

この議会では、中国をめぐる列強各国の圧力にどう対応するかという外交対策が問題であった。また、歳入不足を補うための「地租条例中改正法律案外件」の審議が紛糾し、増税は時期尚早との自由・進歩の連合軍によって、衆議院で否決された。伊藤内閣は、先の選挙から数えること三カ月にして衆議院を解散し、選挙戦に突入した。

衆議院解散中であったが、政府と絶縁した板垣自由党と松方内閣で苦汁をなめた大隈進歩党は、いよいよ合従して藩閥政府に対抗すべしとして、合同の話が進められた。同年六月二十二日、新党名を「憲政党」として、元新富座で結党式を行った。板垣・大隈両人も入党し、中立の民党もはせ参じ、議会始まって以来の大勢力となった。その綱領には、政党内閣の樹立、地方自治の発達、通商貿易の拡大、産業の振興、軍備は国勢に適した設備とすることなどであった。

解散中のことでもあり、政府は狼狽した。同月二十四日、元老による御前会議が開かれ、伊藤首相は「政府与党にあたる政党結成」の意向を表明。山県有朋は「それは明治政府の歴史と精神に反する」と反論、激論となった。山県は「議会と政府との紛議は常に予算に因るもの、予算を勅令で定め、予算に対する議会の協賛権を奪うべし」と、憲法改正の暴論まで出したといわれる。

隈板内閣

伊藤首相は翌日、内閣総理大臣として輔弼の任を辞するとともに、勲位顕爵を返上すると天皇に申し出て、第三次伊藤内閣は瓦解する。そして後継首相に、憲政党領袖の大隈・板垣を推した。その夜、伊藤は二人を官邸に招き、大命が下されることを告げた。驚いたのは大隈重信と板垣退助の二人である。同年六月二十七日、板垣と大隈の二人に組閣の大命が下った。これも異例のことであり、憲政党自身も狼狽した。明治時代の激動とはこういうものであった。急拠相談した結果、大隈を総理大臣、に板垣を内務大臣に、という骨格で次の内閣が成立した。

内閣総理大臣兼外務大臣・大隈重信、内務大臣・板垣退助、農商務大臣・大石正巳、文部大臣・尾崎行雄、大蔵大臣・松田正久、司法大臣・大東義徹、逓信大臣・林有造、海軍大臣・西郷従道、陸軍大臣・桂太郎

この政権は「隈板内閣《わいはん》」と呼ばれ、旧進歩党系四名、旧自由党派が三名で、陸海軍については、それぞれ留任した。最初の政党内閣であったこともあって、世論の評判はきわめて良かったが、突然として現われた内閣であり、準備不足や旧進歩党と旧自由党の不和合とか、政党人の猟官運動などにより世間の失望を買うことになる。また、歳入不足が四千万円以上も見込まれるなど、新政府にとっては難問が山積していた。

衆議院解散中に成立した内閣とあって、まず選挙を行わなければならない。大隈内閣は選挙取り締まりを公正にする緊急勅令を公布し、同年八月十日に第六回衆議院議員選挙が行われた。結果は、憲

政会二百六十、国民協会二十、無所属二十であった。

この選挙には米国に公使として派遣されていた星亨が、米国から立候補して当選した。当時は、衆議院議員の兼職禁止の考え方が薄く、市長、市会議員、公使などでも立候補できた。星が帰国するや、自由党系と進歩党系の反目は本格してきた。閣僚の割り当てなどの不満から、話がだんだんややこしくなり、両派のいざこざが続いた。

両派の対立を決定的にしたのは、文部大臣・尾崎行雄の「共和演説事件」であった。選挙が終った直後の八月二十日、全国小学校教員講習会で尾崎文相は、最近の日本の社会的風潮が拝金主義になり過ぎていることについて、「日本にては共和政治を行う気づかいはないが、かりに共和政治ありという夢をみたと仮定せられよ。おそらく三井、三菱は大統領の候補者となるであろう」と演説した。「共和政治」とは何事だと、尾崎文相の不敬を責める世論が起こった。そのころ板垣内相が監獄の教誨師にキリスト教徒を任命したことから「仏敵問題」が起る。「万朝報」が板垣内相を「偽勤王偽忠臣」という批判の社説を出したことから、自由党は尾崎文相の差し金と反発して辞職を迫った。

結局、板垣内相が「尾崎とは両立できない」と天皇に上奏、大隈首相も尾崎を説得、尾崎は後任に犬養毅を推薦し一件落着かと思われたが、これが「隈板内閣」が崩れる引金となった。板垣内相が星亨を文部大臣の後任に推したが、大隈首相が首を縦にふらず犬養毅を推挙して御裁可を得てしまった。

怒った自由党系は、犬養が文部大臣に就任した翌日(十月二十八日)、憲政党を解党させるべく進歩党派に働きかけたが、これに応じないため、自由党系だけで大会を開き解党を決定した。翌十月二十九日、警察に憲政党解党届と同時に、新党としての「憲政党」の届を行った。警察は板垣内相の輩下であり、これを受理した。勢いに乗った自由党系は芝山内の憲政党本部を占拠して、進歩党系を締め出した。進歩党系は同年十一月一日、神田の青年会館で大会を開き、憲政党の正統性を争ったが、翌二日、内務大臣・板垣退助の名で存立を禁止された。しかたなく「憲政本党」を結成した。

かくして「隈板内閣」は、自由党系の閣僚が辞任し、大隈首相は進歩党派だけの組閣を図ったが、時は利せず、進歩党系の閣僚も辞表を提出した。国民世論を担って生まれた最初の政党内閣も、成立わずか五カ月足らずで、一度も議会を開くことなくして瓦解した。

伊藤博文はこのとき清国を旅行中であった。「隈板内閣」が崩壊した後、組閣の大命は山県有朋に下った。伊藤は急拠帰国したが、山県は伊藤の上京を待たず官僚を中心とする「超然内閣」を組織した。第二次山県内閣は明治三十一年十一月八日に発足したが、前日の七日には第十三回議会が召集されていた。新政府にとって、最大最重要事項は議会対策であった。しかし、時代は「超然内閣」で政治ができる状況ではなかった。

山県内閣

山県首相の議会対策は、第一回議会以来議院内に政党の存在は認められていなかったが、第十三回議会から各会派は院内役員を設けて、党派相互の話し合いや議院との交渉事務ができるようにした。同時に各党派の所属議員及び幹部の氏名を議院事務局に届け出るようにした。また、議員に鉄道の無賃乗車券を発行するなどの対応を行ったが効果がなかった。

第二次山県内閣は、政党の協力なしに政権継続はできないことを知る。憲政会や国民協会と内々の協議を進め、試行錯誤を続け、第十三回議会と第十四回議会をどうにか乗り切った。第十四回議会では、衆議院議員法の大改正が行われた。要点は、①議員総数を三七九名とする、②原則として一府県一選挙区の大選挙区とする、③選挙人の納税資格を十円以上とする、④単記・無名投票とする、等々。明治三十三年（一九〇〇年）四月、憲政党は星亨を中心に、山県首相に連立政権等について要請、山県首相との交渉が行き詰まった同年五月十五日、清国で義和団事件が起った。山県首相は同月二十七日辞意を表明、伊藤博文に組閣の大命が下ったが伊藤は拝辞した。義和団事件への対応のため山県内閣は続き、同年九月二十六日に総辞職する。

山県首相が辞意を表明して総辞職する約四カ月の間に、わが国の議会政治で画期的なことが起っていた。それは、伊藤博文を総裁とする「立憲政友会」の結成である。明治三十三年九月十五日であった。山県首相は九月二十六日に辞表を提出し、椿山荘に隠退した。

伊藤博文と政友会

第二次山県内閣との提携を断念した憲政党（自由党）は、党勢を維持するために、星亨を中心に伊藤博文を党首に迎える構想を考えた。非公式に伊藤に伝えられ、同年七月八日、伊藤は憲政党の星亨ら五人の幹部を招き、丁重にことわりながら、「政党改善のため新党結成」の意向をもらした。これが政友会結成のスタートである。さまざまな交渉・話し合いが行われたうえの政友会結成であった。これには当時大阪毎日新聞主筆の原敬が重要な役割を果していた。

自由民権運動の旗手、明治前期の政治運動の反動力であった「自由党」を継承した憲政党を解党して、元勲伊藤博文を頭として政友会を結成するという時代の流れに、世論は歓迎した。結党式に祝電六千通全国から寄せられた。一方、冷たく見ていた人たちもいた。旧自由党左派・秋水こと幸徳伝次郎であった。八月三十日の万朝報に「自由党の死を弔し、霊を祭る」との一文を載せた。政友会結成を機に板垣退助は政界を引退した。

第四次伊藤内閣は、明治三十三年十月十九日成立した。本格的な政党内閣のスタートである。外務大臣と陸・海軍大臣を除いて政友会の党員であった。第十五回議会は同年十二月二十二日に召集され、政党の活動を中心に運営されるようになる。各派の代表による話し合いが行われるようになった。

第十五回議会での政友会所属議員は、衆議院で百五十六名となり、憲政本党の百三名、帝国党の十四名、中立の二十七名を併せた数よりも多く、絶対多数を占めた。しかし、貴族院では山県系の議員が多く、伊藤首相はさんざん手を焼く。党内抗争もくりかえされた。また、「超然官僚内閣」の復活もある。伊藤が期待した健全な政党政治は一期一夕にしてはできなかった。しかし、それでも政友会は昭和十五年（一九四〇年）の第二次近衛内閣成立と同時に解党するまで、四十年間にわたって、政治の主役を演じたのである。

③　明治議会の義人・田中正造

立憲政友会が結成され、それに基づいた第四次伊藤内閣が成立し、議会政治が新しい展開となった

第十五回議会、ひとりの孤独な政治家が明治の議会政治の限界を知り、自己の政治信念を生かすため病んだ体で血涙の演説を最後に、議員を辞めていく。足尾銅山鉱毒問題に生命を賭けた義人政治家・田中正造である。

立憲政治がわが国でスタートして十年、ようやく藩閥官僚と民党の確執が解消され、資本主義の新興国としてわが国が政治、経済、社会、文化などの各分野で発展が始まったときであった。民衆の怨念を議会の壇上で叫び、人間のあり方を権力に訴える田中正造の姿は狂人とまでいわれたが、これも明治の議会政治を特色づけるものにほかならない。明治の議会人を代表する人物として、あえて田中正造の実像をとりあげておく。

田中正造は天保十二年（一八一四年）、現在の栃木県佐野市の名主の家に生まれる。領主・六角家の改革に参加して投獄され、明治十三年に栃木県会議員に当選し、明治十五年に改進党に入党、明治十七年には三島通庸県令反対運動で再び投獄される。第一回衆議院議員選挙で栃木県第三区から当選以後、連続六回当選した。第二回議会で足尾銅山鉱毒問題で質問して以来、被害を受けた農民や民衆を守るため、議会の内外で死闘をつづけたのである。

足尾銅山鉱毒問題とは、明治初期足尾銅山の鉱石処理に関連してその鉱毒が下流沿岸地域に浸透し、農業、漁業のほか住民の生活に被害をおよぼし、政治的社会的に注目された問題であった。明治十三年（一八八〇年）頃から渡良瀬川の魚類死滅でその害があらわれ始め、同二十年頃から沿岸の農作が不作に陥り、その後の数回の大水で被害が増大した。被害地域は利根川水域の府県二十万町歩に達し、住民の生業だけでなく、健康にも重大な影響をおよぼすようになった。

田中正造は、第二回議会以来議会が開かれるたびに、声涙下り熱血ほとばしる正義人道の叫びをあげたが、政府の対策は田中の期待に応えるものではなかった。問題企業の古河鉱業と強制的な調停を進めることが政府にとって最大の施策であった。被害地の民衆が大挙して上京し、請願運動を起こすや軍隊が出動して鎮圧するという事件にまで発展した。

議会のなかで、田中正造は稚気愛すべき変人としてあつかわれ、民党も田中の運動を黙殺していた。田中は憲政本党を脱党し、第十五回議会の明治三十四年（一九〇一年）三月二十二日、衆議院本会議場の演壇で病魔に冒された小さな体に、重大なる決意を秘めて、時の内閣総理大臣・伊藤博文に迫ったのである。その演説を世間は「鉱山師の奴隷政府」と名づけた。その要点を紹介しておく。

鉱山師の奴隷政府

皆さん、なるべく要領だけ申し上げます。……。現内閣の伊藤総理大臣にこれまで攻撃もしてきたが、鉱毒問題ではまだ一回も質問していない。

政府の答弁文書の中に、此足尾銅山の附近を救済している。被災地を救済していると書いているが、何を救済しているというのか。予防工事でも起し免租したことを救済というのならそれは間違いだ。人の地面を悪くしておいて、免租になって可かろうとは何事だ。軽蔑、侮辱だ。そんなものは「救済」ではない。……。

鉱毒の害というものは、地面が亡くなってしまう。元金が亡くなってしまう。同時に人類も亡くなってしまう。これをこのままにしてしまうと、人民は死に国家は亡くなってしまう。……。

足尾銅山の鉱業主は古河市兵衛である。古河市兵衛の奴隷の働だけは止めて呉れろ――お聴き下さい。自分の兄弟は乳の足らぬために死ぬ。耕すべき地は無い。悲しいと言って出て来る請願人には、大臣が面会しない。それを苦労して出て来る者は、捕へて牢に打ち込む。其留弁に何をした！山を何万町払下げて、伐木することを古河市兵衛に約束した。……。

来る十六議会に於て田中正造は出ませぬでも、是は国家問題でございますから、……、伊藤内閣は古河市兵衛の奴隷なり、と言う辞を発せられない様に私は望んで置く。

一個の御用商人に、やれ請願を妨げろと指図を受けたり、被害民をひっ捕へて牢に打ち込め、ということをおやりにならないよう、……。宣しく公平なる眼を以って御覧ならんことを願います。

この田中の質問演説に対し、翌三月二十三日政府は「質問と認めず故に答弁せず」との答弁書を回答した。田中は二十五日再度演壇に立ち、議会と訣別の絶叫をあげた。

田中正造は、同年十月に衆議院議員を辞職する。十二月十日、第十六回議会の開院式から還幸する明治天皇の御車が、桜田門にさしかかったところで、黒紋付の老人が走り出て奉状を捧げ、警官に捕えられた。これが衆議院議員という身分を捨てた田中正造の姿であった。生命を賭けて天皇に直訴したのだ。その奉状は前夜、田中が幸徳秋水に相談してつくったものだった。

封建領主制が廃止されてわずか三十数年、専制官僚政治から立憲政治に代ってわずか十年、試練を重ねている明治の議会政治のなかで、民衆の怨念を権力側にたたきつけることができる制度があったのである。これは日本人として誇るべきことである。明治の議会制度に限界はあったが、田中正造の精神は現代も含め議会政治家が学ぶべきものである。

④ 日露戦争と議会

明治三十四年（一九〇一年）五月十日、第四次伊藤内閣は総辞職する。敗政運営をめぐる閣内不統一が理由であった。六月二日第一次桂内閣が成立した。桂首相は山県有朋の輩下で、山県の支持で成立した内閣であった。伊藤政友会内閣に反発しつづけた貴族院の勢力を基礎にしたもので、山県系少壮官僚を集めた内閣であったため「二流内閣」といわれたが、なかなかしたたかであった。

日清戦争の終了時、東アジアの利益配分をロシア、フランス、ドイツが日本に干渉した「三国干渉」の状況がそのまま、日露戦争の構図であった。ロシア側にはフランスとドイツが立ち、日本側にはイギリスとアメリカが立っていた。日本をバックアップしたイギリスは、明治三十五年（一九〇二年）一月三〇日、日英同盟協定を結んでいた。アメリカは門戸開放主義を宣言して以来、ロシアの満州侵略に反対していた。

すでに数年前から二十世紀に入っており、資本主義は地球を包み込むように発展していた。日露戦争を日本からの侵略戦争という角度からだけみると歴史の事実を誤って見ることになる。もちろん、日本に領土や植民地拡大の意思がなかったとはいわないが、問題の基本は世界の列国のさまざまな利害打算のなかで、日本が適当に利用されたのが真相であった。後進資本主義国日本としては、列国の植民地支配政策のはざまのなかで、他に選択肢はなかったと思う。

桂内閣成立後まもなく、政友会の巨頭星亨が刺殺された。また、政友会の中で旧自由党系と伊藤直系が反目し始めた。桂内閣は衆議院の反官僚勢力に手を焼くと予想されたが、たくみに対応した。桂首相にとって目ざわりは、伊藤博文が政友会の党首と内閣に影響を与える元老を兼ねていることであった。山県や松方と相談のうえ桂首相は辞表さわぎまで起こし、ついに伊藤を枢密院議長に祭り上げたのである。二代目政友会総裁には西園寺公望が就任した。

第十八回議会が終了した明治三十六年（一九〇三年）六月頃から、ロシアは露清条約に反して満州に駐兵をつづけた。さまざまな問題をかかえ八月から日露交渉が始まったが、進展せず、政府の弱腰を追求する主戦論が全国に沸き起った。第十九回議会が同年十二月五日に召集され議会からも主戦論が活発になる。

政友会から出ていた衆議院議長片岡健吉が死去したため、後任に河野広中が選ばれた。この河野議長が問題を起す。衆議院での天皇への奉答文を、慣例にない自参した原稿を朗読し、いきなり異議の有無を諮って議決してしまった。内容は政府の外交政策の弾劾上奏案になっていたため紛糾し、同年十二月十一日、桂首相は衆議院解散を奏上し解散の詔勅が下った。桂首相の策略であった。

日露交渉のクライマックスは、衆議院解散中に迎えた。日本は明治三十七年（一九〇四年）一月十二日の御前会議で最終案を決定し、ロシアに伝えた。ロシアから回答はなく、同年二月十日に宣戦の詔勅が発せられた。戦局は日本に有利に展開していく中、同年三月一日、第九回衆議院総選挙が明治三十三年に改正された大選挙区制によって行われた。

国運を賭けた戦争であったため、選挙は平穏裏に行われた。この選挙から未施行の北海道の三つの区から三名が選挙された。なお、衆議院議員の定数は明治三十三年の改正で、法定数三百八十一名とし、沖縄県一区二名が未施行であったため、この選挙は百八選挙区、三百七十九名の定数で行われた。

第二十回議会の召集日現在の各会派議員数は、政友会百三十四、憲政本党百四、甲辰倶楽部三十、自由党二十二、無名倶楽部二十、帝国党十九、無所属五十であった。この第二十回議会と次の第二十一回議会は、日露戦争に必要な予算や法律案が大部分だったため、政府が事前に内容を貴族院と衆議院の議員に内示し、各党の領袖と協議をしていたため問題なく成立した。

第二十一回議会で画期的な議会運営の改善が行われた。衆議院規則が改正され、従来、議員の議席は抽選をもって定めることになっていたが、議長の権限として議長が党派別に指定することになった。いよいよ議会のなかで政党が主人公となったのである。この規則改正にともなって、衆議院での議事の運営を円滑ならしめるため、各派協議会を設け、議長が必要と認めるとき、各派代表者の参集を求め、議事及び発言の順序、儀礼に関する件、その他諸般の事項にわたってあらかじめ打ち合わせたり、協議をすることになった。現在の議院運営委員会の前身である。

このように議会運営を会派＝政党を中心に行うようになった背景には、この時代にもはや藩閥意識をむき出しにして政治はできなくなっていたこと、党派意識もかつての被害者の立場から、権力の配分にどうかかわるかということに変化してきたこと、そして、経済、社会の発展にともない効率的な議会運営が必要となったことである。さらにそれをスムーズに進めたのは、日露戦争という非常時と世代の交代という時の流れがあった。

日露戦争のその後の戦局はわが国にさらに有利に展開した。明治三十八年（一九〇五年）三月十日には陸軍が奉天の会戦で大勝利した。五月二十七日には東郷元帥の率いる連合艦隊が、バルチック艦隊を撃滅し、さらに樺太全島を陸軍が占領した。

講和の機運はこのころから動き始めた。わが国でも第二十回議会に約三億八千万円の臨時軍事費を議決していたが、それをまかなうための外債に依存することが限界に達していた。同年九月五日、日露両国で講和条約が調印された。難行した交渉の最大問題は、賠償金の放棄であった。米国の圧力もあり、全権委員の外務大臣・小村寿太郎は、歴史的総合判断で涙をのんで応じた。合意したのは、樺太の南半分を日本へ割譲すること、遼東半島の租借権を日本に認めること、朝鮮の自由処権を日本にもたらすことなどであった。この講和の内容が日本の民衆を憤激させた。

講和条約調印の九月五日、日比谷公園に集まった民衆は制止する警官と衝突をくりかえした。二重橋を経て首相私邸や警視庁、政府系新聞社などを襲った。翌六日には東京市内の市電や百五十の交番を焼き打ちし、戒厳令がしかれた。帝都騒擾事件と呼ばれた。

さらなる悲劇は、同年十一月十七日日韓協約が調印され、韓国は完全にわが国の保護下となり、初代の統監に伊藤博文が就任した。四年後の明治四十二年（一九〇九年）十月二十六日、伊藤はハルピン駅頭で韓国人安重根によって狙撃され暗殺されることになったことだ。

桂内閣は、四年七カ月という内閣制度創立以来の新記録をつくった。政党に対するたくみな妥協策と日露戦争という国難のおかげであった。明治三十八年十二月十九日、桂首相は政友会総裁の西園寺公望と会い、後継内閣について懇談する。翌二十日、閣僚全員の辞表をまとめ二十一日総辞職を決める。明けて明治三十九年一月六日、西園寺公望に組閣の大命が下り、翌七日第一次西園寺内閣が成立する。

日露戦争後の政局は、政府と議会の抗争という姿ではなかった。戦後一段と飛躍した日本の資本主義が要求する新しい事業への協力か競争か、経済的要求を調整するという機能に変化していく。

第一次西園寺内閣は、西園寺の病気のため明治四十一年（一九〇八年）七月、第二次桂内閣に変わる。明治四十三年（一九一〇年）三月には憲政本党を中心に「立憲国民党」が結成される。明治四十四年八月には、第二次桂内閣は第二次西園寺内閣に交代していく。

⑤　壮絶なる時代・明治の終り

「明治」という時代はまことに壮絶な時代であった。戊辰戦争・明治維新で成立した明治政府は、幕藩体制を解体してわずか二十年の間に天皇を中心とする立憲政治、憲法の制定と議会の開設という大事業をなし遂げたのである。この大変革は明治政府の独力でなしたものではない。

封建身分制の解体や廃藩置県さらに地租改正等に反対する勢力も強く、また、一方で自由民権を叫び国会の開設を中心とする運動との狭間で新政府は苦慮する。攻める方も守る方も必死であった。明治二十二年の憲法制定と翌二十三年の議会の開設は、これらの勢力との妥協が一応でき、国内支配体制を確立させたといえる。列強帝国主義の群れが日本列島を虎視耽々《こしたんたん》とねらうなかで、国内の調整をひとつ誤れば、わが国は間違いなく中国と同じ運命をたどったであろう。

議会開設直後は、政治闘争は議会の中にもちこまれ、藩閥官僚政府と民党の闘争、あるいは政党間の争いも必死であった。日清戦争はこれらの政治闘争を和らげるだけではなかった。新しい資本主義の国を東洋に出現させたのである。日露戦争は賠償金を得ることはできなかったが、その後の日本経済、社会に大きな発展と変化をもたらした。

日清戦争後の明治二十九年~三十三年を一〇〇とする工業会社払込資本の指数は、日露戦争後の明治三十九年~四十三年には二九八で約三倍に発展した。貿易指数は、明治三十年を一〇〇として、同四十年には輸出が二六三、輸入が二二二と驚異的な発展で、しかも輸出が輸入を超えたのである。

これだけの経済の発展は政治にも社会にも大きな影響を与えた。日露戦争の講和をめぐる帝都騒擾事件に刺激されて、青森県大湊の海軍修理工場(明治三十九年一月)、東京石川島造船所(同年二月)ほか官営軍需工場で、給料を増額せよと大規模なストライキが発生した。明治四十年の恐慌の際には、造船、炭坑、鉱山などで大きな争議が発生した。同年二月の足尾銅山争議は暴動となり、軍隊三個中隊が出動して鎮圧した。また、小作争議も続発し、明治四十三年頃には全国の水田の五〇%以上が小作地となり、農民の惨状は社会問題となった。

労働者や農民の闘争が激化するにつれて社会主義運動が活発になった。もともと自由民権運動の左派に属する中江兆民や幸徳秋水らの指導によってわが国に導入されたものである。民党が議会内で藩閥官僚と妥協を重ね、近代政党として脱皮していく過程で、彼らは議会から飛び出したのである。日露戦争後のロシア革命（一九〇五年十月）の影響もあって、明治三十九年には堺利彦を中心に「日本社会党」が結成される。こうしたなかでアメリカで無政府主義の影響を受けて帰国した幸徳秋水は、労働者の直接行動による革命を主張し、大逆（天皇暗殺）を謀議したとして明治四十四年（一九一一年）一月十八日、死刑となった。大逆事件は、その後政治的陰謀であったことがわかり、近代日本の裁判史上最大の暗黒裁判であった。本年（二〇一一年）で百年が過ぎた。

一方、キリスト教人道主義者を中心に、社会運動や資本主義の発展とともに育った中産階級による民主主義改良主義も盛んとなる。彼らは言論の自由や議会政治の拡大を主張して、男子普通選挙運動や官僚・軍閥の横暴に反対していくことになる。さらに明治中期に、わが国の有識者に大きな影響を与えた「ユニテリアン」思想は、その後、鈴木文治らによって労働者を救済する友愛運動へと展開していく。

このような国内情勢を背景に、わが国は列国の仲間入りをしていく。それは同時に既存の列国帝国主義との新しい対立の始まりであった。東アジアにおける日本とロシアの対立緩和にともない、日本と米英との対立が南満州をめぐって深刻となる。「満州経営」をめぐって日本の支配層の中に意見の対立が生じ、軍部が徐々に力をつけるようになる。

明治四十四年（一九一一年）八月三〇日、第二次西園寺内閣が成立し、第二十八回議会で、明治四十五年度予算をめぐって陸軍と衝突することになる。政治の中に軍事が大きな影を投げ始める。任期満了による衆議院議員の選挙が明治四十五年（一九一二年）五月十五日に行われた。第二十九回議会召集の準備に入った同年七月二十日、宮内省は明治天皇の重態を発表した。全国民あげての祈願もむなしく同月三十日、崩御され、明治は終った。

明治という時代は、わが国の歴史のなかであらゆる日本人がそれぞれの運命に従って、全身全霊で生きぬいた時代であった。日本人が日本人であることを初めて自覚し、燃焼しきった時代でもあった。そして近代国家として世界の舞台に踊り出たものの、同時に近代国家のもつあらゆる問題・矛盾に直面することになる。

第三章　大正の議会政治と護憲運動

①　藩閥官僚政治の復活と第一次護憲運動

明治四十五年（一九一二年）七月三十日、明治天皇崩御、大正天皇践祚《せんそ》（天皇の位を承け継ぐ）、大正と改元された。ロシアを旅行中の桂太郎が急拠帰国し、元老の推薦で新天皇のもと、内大臣兼侍従長として宮中に入った。この職は政治的野心のない人物が就任するのが例であったので、世間は眉をひそめた。大正元年（一九一二年）八月二十一日、第二十九回議会が召集され、御大喪費《たいそう》協賛の案件などを処理して同月二十五日に閉会となる。九月十三日、御大喪儀はとどこうりなく終った。

十月の予算編成期になって、西園寺内閣は難問に直面する。「陸軍二個師団増設問題」である。第二次西園寺内閣は「財政整理」を看板としていた。陸軍大臣は硬骨漢で知られている上原勇作で、陸軍の大御所山県有朋が後にいた。閣議で激論となり西園寺首相と上原陸相の意見が対立した。同年十二月二日、上原陸相は西園寺首相を経由せず天皇に辞表を提出した。この行為は帷幄《いあく》上奏といわれるもので違法の手続であった。西園寺首相は同年十二月五日、辞表を提出し、第二次西園寺内閣は軍部の前に崩れた。

元老会議は後継首班に藩閥と官僚を求め、国民が藩閥官僚政治の再現に反対するなか、同年十二月十七日、桂太郎を首班に推薦した。桂は同年八月に内大臣兼侍従長として宮中に入ったばかりである。在京の新聞雑誌記者や弁護士、交詢社の有志たちが憲政を擁護すべしとの運動を始め、「憲政擁護会」が結成された。桂が組閣に着手して二日目の十二月十九日、第一回憲政擁護大会が歌舞伎座で開かれた。板垣退助、尾崎行雄、犬養毅はじめ貴・衆両院議員、新聞記者、実業など三千余名が出席した。

同年十二月二十一日、第三次桂内閣が発足する。藩閥実務官僚内閣というところである。同月二十四日、第三十回議会が召集されるや、憲政擁護運動は一段と活発になる。十二月二十七日、憲政擁護大懇親会が筑地の精養軒で開かれ、各党の代表者、新聞記者、学者ら二百四十余名が集まり、護憲運動を地方に広げて議会で多数を占めていく具体的目標が示された。年が明け大正二年（一九一三年）一月には、全国に憲政擁護運動が拡がった。

これらの動きに、桂首相や山県有朋らは楽観的であった。「国を救うのは中央突破ほかない」との方針で臨んだ。国民党や政友会を切り崩せると考えていたのだ。桂首相は山県の了承を得たうえで、一月二十日、新党結成計画を発表した。その準備のため議会を停会にするという暴挙までして、「立憲同志会」を発足させた。衆議院で九十三名という第二党にとどまり、憲政擁護連合派は二百九十九名であった。

停会明けの同年二月五日、議事堂の正門に殺到した民衆は白バラを胸につけ、登院する護憲派の議員を拍手で院内に送った。貴衆両院では桂首相の施政方針演説と代表質問が行われた。衆議院本会議で政友会の元田肇が「優詔（天皇のみことのり―命令）を拝して首相になったと公言したが、その時の内大臣兼侍従長は貴方であった。貴方が自分のことを奏請したのではないか……」という趣旨で、「優詔問題」を中心に厳しく追及した。

桂首相は「陛下の御直さに仰せ聞かされた」等、開き直った。答弁を不満とする憲政擁護連合派は「桂内閣不信任に関する決議案」を提出した。議事日程が変更され、衆議院本会議で提案者を代表して、政友会の尾崎行雄が趣旨の弁明を行った。この演説で桂首相の政治姿勢を、「口を開《ひろ》げ直ちに〝忠愛〟を唱え、あたかも「忠君愛国は自分の一手専売の如く唱へて居ますが、その為す所を見れば、常に、王座の蔭に隠れて政敵を狙撃するが如き挙動を執って居るのである。（拍手起る）彼等は、王座を以て胸壁と為し詔勅を以て弾丸に代へて、敵を倒さんとするものではないか」と追及した。

この演説は国民から「王座を以て胸壁となす」と名づけられ、護憲運動を象徴する名演説として議会史を飾るものであった。追いつめられた桂首相は、五日間の停会を断行して議会の多数派工作を行うも失敗。最後には天皇から西園寺政友会総裁に参内を求め、「朕の意を体して賛襄するところあれ」と事態の収拾を命じた。これは桂首相の画策であった。

政友会は大騒ぎとなる。西園寺総裁が事態の収拾に乗り出さなければ、違勅の罪人になるということで激論が続いた。ところが一月十日になって事態は急転直下に変ることになる。その日の朝、時局を憤外した海軍大将・山本権兵衛は、外套・帽子・ステッキをもったまま三田の桂邸に上りこんだ。「山県と君は新帝を擁し、威福を弄し、ついに天下の禍機をひきおこした」と、詰問して辞職を勧告した。逆上した桂首相は「威福を弄したとは何事か、自分は首相の地位に恋々としていないことは西園寺に明言している。西園寺さえその気になればいつでも辞職する」と、いってしまった。

立ち話で桂首相から辞職の言質をとった山本権兵衛は、その足で芝公園の政友会本部に西園寺を訪ねた。政友会本部では議員総会が開会中で、山本から桂首相の辞意のあることが伝えられた。この日は議会の停会期限が切れる日で、護憲派と藩閥軍閥官僚内閣の対決の日で、桂内閣不信任案が採決される日であった。桂首相は西園寺総裁が政友会を説得してくれると思っていたが、西園寺は政友会の反桂勢力を説得しなかった。桂首相は大岡育造衆議院議長に辞職の決意を伝え、閣議で総辞退を決めた。

議事堂の周辺を数万の民衆が詰めかけ、警察官二千五百人と憲兵が三小隊動員されていた。総辞職と決めた桂首相が、三回目の停会を行い、全国的に群衆と警察官の衝突事件が発生した。後任首班は西園寺が断わり、山本権兵衛が政友会の協力を条件に受けることになる。かくして、大正二年二月二十日、山本内閣が成立する。

そして、政友会は二つに割れ国民党と政友会の提携は破れ、憲政擁護運動の戦線も分裂した。徳富蘇峰は護憲運動を総括して、「要するに憲政擁護運動の総勘定は、久しく政界の正面に跋扈していた長閥を退治して政界の一隅に雌伏していた薩閥を歓迎したにすぎない」と厳しく指摘している。

② 第一次世界大戦と議会

山本権兵衛首相は海軍の大功労者であった。この山本内閣が海軍問題で瓦解することになるのだから歴史は皮肉である。第三十回議会中に成立した山本内閣は、政友会のバックアップにより順調にスタートする。大正二年十月十日、桂太郎が死去した。桂がつくった「立憲同志会」も変質し、三菱の娘婿・加藤高明（元外相）が党首となった。政界での政友会対同志会の対立は、三井対三菱という財閥の対立といわれるようになる。

山本内閣との提携に反対して政友会を脱党していた連中も、次第に復党し、政友会二百五と衆議院の過半数を占め山本内閣の前途は洋々たるものと思われていた。第三十一回議会が同年十二月二十四日に召集され、翌三年（一九一四年）一月二十一日再開され、突如起ったのが「シーメンス事件」であった。ロイター電として「日本海軍の高級将校が軍艦用電気機器類の注文に関しドイツ・シーメンス社より莫大なコンミッションを取っている」等が、各新聞に報道された。

シーメンス事件は、おりから海軍予算の拡大する議会を直撃した。司直の追及により海軍内部の腐敗が拡大し、大正三年度予算が不成立となった。同年三月二十四日、山本内閣は総辞職した。藩閥官僚派は後継首班に清浦奎吾《きようらけいご》（桂系官僚で内務大臣等）を推すことになり、内々に組閣にとりかかったが、海軍が反対し難行する。元老の井上馨が「このままでは先帝（明治天皇）に対して相すまぬ……」と、七十七歳の大隈重信を口説き落した。藩閥と政党の妥協である。

第二次大隈内閣は同年四月十六日成立した。同志会と中正会を与党とし、①財政と軍備の調和、②政友会の撲滅、③新しい国際情勢に対応する外交政策を課題とした。大隈は明治四十一年に政界を引退し、早稲田大学の経営や社会文化事業に専念していた。野党の中心は政友会であったが、同年六月には西園寺総裁が辞め原敬が就任していた。

第三十二回議会、第三十三回議会も特別な波乱はなかった。大隈の政界再登場を国民大衆は歓迎し、国内政局が一息ついたころ、ヨーロッパで大変な事件が発生した。大正三年六月二十八日、ボスニアの首都サラエボで、オーストリアの皇太子夫妻がセルビアの一青年に暗殺された。この事件がきっかけとなって第一次世界大戦になる。

この戦争の原因は、バルカン半島をめぐるロシアとドイツ・オーストリアの対立。さらに中東をめぐるイギリスとフランスがドイツと対立していたことにあった。植民民支配をめぐる帝国主義戦争であった。日本は同年八月二十三日に、ドイツに宣戦布告した。同盟国のイギリスは「極東での権益防衛を支援されたい」と要望していたが、日本の参戦を望んでいなかった。

日本の強引な参戦のねらいは、イギリス・フランス・ロシア側が勝利を得ることを見越して、参戦によって中国・太平洋にあるドイツ植民地の利権を奪うという打算があった。また、参戦を推進した元老や軍部の中には、満蒙や、中国への進出を強化することがねらいで、対ドイツ戦線は対中国侵略の宣言でもあった。

同年九月三日に召集された第三十四回議会は、対ドイツ戦に要する軍事費の協賛を得るためで、波乱なく終った。しかし、同年十二月五日に召集された第三十五回議会は、「陸軍二個師団増設問題」が再燃した。同月二十五日、衆議院本会議は大正三年度予算追加案のうち陸軍二個師増設費を削除した。同日大隈首相は衆議院の解散を奏上し、解散となった。第十二回衆議院総選挙は、年が明けてた大正四年（一九一九年）三月二十五日に行われた。大隈首相は与党が多数を占める絶好の機会とみて、農商務相の大浦兼武を内務大臣に起用する。

大浦内相は警察機構を駆使して選挙干渉を行い、石川県では投票に規格外の用紙を使用したことから知事が責任をとって辞職した。この選挙から閣僚が自派の立候補者応援のため地方遊説を行うようになった。また、政党から公認候補に公認料を支給するようになる。選挙の結果は、同志会百五十三、中正会三十三、大隈伯後援会十二（以上与党百九十八）、政友会百八、国民党二十七、無所属四十八で、政府側の大勝利となった。この大勝利は次の議会には、大浦内相弾劾問題に転化し、政治的に追い込まれていく。

第一次世界大戦は、四年半にわたり、大正七年（一九一八年）十一月にドイツ側の敗戦で終る。翌八年（一九一九年）六月、パリ郊外のヴェルサイユで、講和条約が調印される。当時の日本の内閣は原敬が率いる政友会内閣であった。講和会議には西園寺公望を首席とする代表団を送った。会議では日本も、英・米・仏・伊の五大国となり、国際連盟を設置し常任理事国となる。政府も国民も〝五大強国〟となった驕りが、日本を国際的孤立へと向わしめた。この間の主な問題を挙げておく。

衆議院の解散中、大隈内閣はわが国の外交史上汚点とされる「対華二十一カ条要求」を行った。中国にあるドイツの権益を日本に譲渡する要求をはじめ、中国への屈辱的経済利権要求であった。列強各国は抗議し、中国では排日運動が燃え上った。日本国内でも強い批判が起った。

選挙後の第三十六回議会では、与党の圧倒的多数で「二個師団増設問題」をはじめ、軍艦建費の追加予算も多数で押し切って成立した。しかし、「対華二十一カ条問題」と「大浦内相の選挙干渉」は大きな政治問題となった。大正四年六月三日、衆議院本会議は「対華外交に関する内閣弾劾決議案」を議題とし、政友会の原敬総裁が提案理由の説明、国民党党首の犬養毅が賛成討論で政府を追及した。これに対し同志会党首で外務大臣の加藤高明が反論するという三大政党による論戦となった。結果は否決となったが、大隈内閣は国民からしだいに見放されていく。

大浦内相の選挙干渉問題は、政友会や国民党ら野党が厳しく追及。大浦内相に選挙違反兼収賄事件があるとして、政友会側が告発することになる。選挙干渉問題決議案を衆議院本会議で否決して、第三十六回議会を終る。ところが、事実無根と判明した選挙違反事件の裁判で、大浦内相が第三十五回議会で野党議員を買収したことが判明した。高松地方裁判所で判明したもので、「二個師団増設案」などで、大浦内相が林田衆議院書記官長を通じて、政友会の増師派に四万円の買収費を提供して、政友会を脱党させたという事件である。七月二十八日林田書記官長は収監され、大浦内相は辞表を提出した。

大隈首相は辞意を内奏するものの、結局留任することになる。そのため閣内は大論争となり、加藤外相、若槻蔵相らは閣外に去る。八月十日内閣改造を行ったが、世論から居座りと非難され、議会に多数を擁しながら国民から孤立していく。大正四年十一月二十九日に召集された第三十七回議会の冒頭から野党は厳しく攻撃に出た。十二月十八日には「大隈内閣弾劾決議案」が提出され、否決するも非難の的となった。大正五年度予算は、貴族院で猛攻撃をうけ、大隈首相は元老・山県有朋に辞めることを暗示して切り抜けた。翌五年（一九一六年）一月十二日、宮中から帰途の大隈首相は、大陸浪人たちに爆弾を投げつけられ重傷を負うという事件が発生する。

大隈内閣の余命に先がみえ始めると、与党の態度は冷たくなる。総裁の加藤が閣外に去った同志会では、与党としてより、次期政権工作に熱心になる。大正五年五月から六月にわたって、影の実力者・三浦梧楼の斡旋で政友会総裁・原敬、同志会総裁・加藤高明、国民党総理・犬養毅の三党首が三回にわたって会談した。そこで外交と国防の二つの問題について、一致協力していくとの申し合わせができた。この会談は、元老・藩閥の勢力に対抗して、政党が結束して政党政治の確立をめざしたことに意義があった。

大正五年十月四日、大隈内閣は元老、貴族院、野党のすべてから攻撃され、与党の支持も不熱心となり、ついに総辞職した。大隈は辞表のなかで後継首班に加藤高明を推すという異例の挙に出た。加藤をきらう山県は、大隈のやり方を批判し、長州閥の陸軍元師・寺内正毅を後継首相に推した。大隈は元老たちに押し切られ、山県二世の寺内内閣が成立することになる。護憲運動のあと一応政党に足場をおく内閣が続いたが、逆戻りすることになる。結束をみせはじめた政党も一致して、この軍人内閣に反対することはしなかった。戦争中でもあり、挙国一致が合言葉であった。

寺内内閣は、同年十月九日に発足する。組閣にあたって同志会に入閣を呼びかけたが、拒否された。政友会は是々非々で対応した。寺内首相は後藤新平を柱として、いずれの党派とも敵対せずとして「超然的内閣」をつくることになった。顔ぶれは、藩閥官僚出身で国民は「非立憲《ビリケン》内閣」と呼んだ。

翌十月十日、同志会・中正会・公友倶楽部の三派は「憲政会」を結成した。憲政会は衆議院において、百九十七名の絶対多数の会派となった。加藤高明が総裁となり浜口雄幸や若槻礼次郎らが中心となった。

第三十八回議会は同年十二月二五日に召集され翌六年（一九一七年）一月二十二日に再開した。同日、憲政会と国民党が寺内内閣は「立憲の正道や憲政の常軌にそむく」として反対していくことを声明。政友会は超然内閣ではあるが、戦時のため中立の方針を決めた。同年一月二十五日、国民党が仕掛けて憲政党が乗って「寺内内閣不信任決議案」が提出された。本会議で審議され可決が確実であった。寺内首相は「憲法の規定にない違憲行為」と反論し、解散となった。選挙の結果は、政友会百五十九、憲政会百二十一、国民党三十五、無所属二十八であった。

選挙中の三月十五日、ロシアで大革命が発生し、臨時政府が樹立され、日本も承認する。四月六日には米国が対ドイツ宣戦を宣告する。選挙が終わると、寺内内閣は議会対策もあって、外交について国論を統一するため「臨時外交調査会」を設置する。国際情勢の激変に対応するためということで、寺内首相と原・加藤・犬養の三党首が会談したが、加藤は参加を断わった。

第三十九回議会から政友会と国民党が、寺内内閣に中立の立場で協力するようになり、内閣は安定したかのようにみえたが、外交と内政で政策的行き詰りを来たすことになる。一つは「シベリア出兵問題」で、もう一つは「米騒動問題」である。

「シベリア出兵問題」は、ロシアでレーニンが指導するボルシェビキ派が、再び革命を起し臨時政府を倒す。その十月革命で出来たソ連政権が、ドイツの立場を強化することを恐れ、連合国軍事会議で決ったものだ。大正七年（一九一八年）一月、イギリスが日本とアメリカに出兵を要請したのが始まりである。

日本政府は当初消極的であったが、軍部などの大陸進出の絶好の機会だとの意見に押され、また国際政治の駆け引きに不馴れのこともあって、同年八月二日政府はシベリア出兵を宣言した。その結果、次の問題を残した。①宣戦布告のない戦争の始まりとなり、チェコ軍の救出という名目で事実上占領地を拡大させ、厳しい国際的非難をあびた。②この出兵は各国から日本の行動が疑惑の目でみられるようになり、日本のあせりの外交は完全に失敗したのである。

その後、大正九年（一九二〇年）にはソ連の反革命政権も消滅し、アメリカはじめ各国は撤兵した。日本だけが大正十一年（一九二一年）まで続けるという愚かな外交展開となり、満州事変、日中戦争、そして太平洋戦争の遠因となり、わが国破局の序章ともいえる。

日本がシベリア出兵を始めたころ、国内は米騒動で大混乱し、大正七年八月、全国三府一道四十三県の三十六市、二百七十五カ町村にわたって、未曾有の民衆暴動が発生した。欧州大戦はわが国に空前の経済的活況をもたらした。しかし、経済的活況は物価の高騰を呼び、貧富の差が社会問題化する。

大正七年になって物価、特に米価が高騰に高騰を続けた。

その時期、米どころの富山県では米価の高値を見こして、商社や米商人の買いつけが行われていた。騒動の始まりは富山県の魚津港で、八月三日生活に困窮した漁民達が、北海道への米の積み出し中の汽船に押し寄せ、実力行使で積み出して阻止した。この騒動がまたたくの間に全国に拡がった。「非《ビ》立憲《リケン》」内閣の対応が遅れ、国民は「立憲内閣」で富国貧民政策を変えるよう主張するようになる。

米騒動は八月中旬、天皇から三百万円の寄附がなされ、財閥や富豪による義援金が出され、鎮静していく。この出来事は、大正時代を象徴するものであった。明治十年代の自由民権運動以降、民衆が大がかりな闘争を展開した最初の事件であった。米騒動に参加した民衆は七十万人にのぼった。この事件は、前年ロシアの十月革命という世界史的事件に影響されていたといえる。

寺内内閣は、大正七年八月には「シベリア出兵問題」と「米騒動問題」という外交・内政の両面から責められ、四面楚歌となった。さまざまな動きを経て九月十三日、寺内首相は閣議で正式に辞意を表明した。

③ 平民宰相・原敬の登場

大正七年九月十三日に、寺内首相は閣議で総辞職を決めたものの、後継が決まるまで総辞職できなかった。それは元老山県有朋の存在であった。山県は本格的な政党内閣ができることを最も恐れていた。同時に「米騒動」にもっとも驚いていた。西園寺を後継に推したが、健康を理由に固辞された。

西園寺は政友会総裁の原敬を推したが、山県は反対した。しかし、時代の流れに山県は抵抗できなかった。後継首班の推薦を西園寺にまかせた。かくして、九月二十六日、政友会総裁・衆議院議員・原敬は、組閣の大命を受けることになる。同月二十九日、原敬は**政友会による本格的政党内閣を成立**させた。衆議院議員が、初めて内閣総理大臣に就任したのだ。国民は〝平民宰相〟としてこぞって歓迎した。

明治から大正に至る議会政治の展開は原敬という政治家に凝縮される。彼の生き方の中に、わが国の近代化の矛盾と功績を知ることができる。安政三年（一八五六年）二月九日、原敬は岩手県盛岡に生まれる。世間は原敬を「平民宰相」と名づけたが、これは検証が必要である。前田蓮山は名著『原敬伝』で、「実は歴史の首相中、旧時代の家柄を見れば、ひとり西園寺を除き、他のたれよりも原敬のそれが高かったのである」と記している。

原敬が政権の座につくまでの歴代の首相の家柄をみると、伊藤博文が足軽、黒田清隆・山県有朋・松方正義・大隈重信・桂太郎・山本権兵衛・寺内正毅はすべて平藩士の家柄であった。公家の出である西園寺公望を除けば、祖先が南部藩の家老加判の職にあった原敬は、他のだれよりも高い家柄の出であった。

南部藩は明治維新の激動期に運命の荒波を大きくかぶった藩である。朝敵となり「賊軍」の汚名を着せられ、戦犯三人を差し出した。盛岡三十万石から白石十三万石に減封され、明治二年の版籍奉還の際、七十万両の献金を条件に旧盛岡領に還るのを許されたが、南部利恭は七十万両が支払えないため廃藩置県に先がけて、自ら廃藩を願った経緯があった。南部藩没落という歴史の悲劇を少年時代に体験した原敬の心のなかに、政治に対する特殊な考えが育っていたと思う。

明治四年（一八七一年）、原敬は十六歳で上京、旧藩主が経営する共慣義塾に学ぶ。苦学してフランス語を勉強し、明治七年にはキリスト教を信仰し、洗礼を受けダビデ＝ハラとなる。二十一歳で司法省法律学校に入学したが、ストライキに参加して退学となる。その後三年間新聞記者をやり、明治十五年に外務省御用掛として官吏の道を選んだ。

官職の主なものは、在フランス大使館書記官、陸奥農商務大臣秘書官、外務省通商局長、外務次官、在朝鮮公使となる。明治三十年再び新聞界に入り、大阪毎日新聞主筆、社長となり、明治三十三年九月立憲政友会に入党し、政界に入る。政友会は、自由民権運動の中核として活動した自由党が、さまざまな現実と妥協、変質してできた政党であった。その看板は伊藤博文であったが、演出者は星亨であった。明治三十四年六月星亨が殺され、明治三十五年八月の衆議院総選挙（岩手県第一区）で当選し、帝国議会に姿を現わす。伊藤博文が引退し西園寺時代となる明治三十九年ごろから、原敬が政友会の舵を取った。

原敬は、政治に対してどのような考え方と手法をもっていたのか。それは「政府の権力と対立すること」と「政府の権力と無原則に妥協する」という、「政治的リアリズム」を駆使したことであった。

その原敬の「政治的リアリズム」とはどんなものか。第一は政治的価値の自律性を主張することであった。伊藤博文らが、その政治的指導力を天皇の詔勅や位階勲等などに依存していたのに対して、原敬はそういった権威を異常なほど拒否していたこと。第二は、政治における力の要素の重視であった。原敬にとって政治的「力」とは、硬直した権力主義といった単純なものでなく、高度の打算と柔軟な駆け引きによる政治的策略であった。彼ほど議会内において多数決原理による問題処理を果敢に行った政治家はいなかった。第三は、政治を常に「内」からみていた。原敬にとって政治とは、元老との取引であり、議会内の政党の駆引きであり、政友会での党員の操作と統制であった。

かくして、原敬はその「辣腕」というべき「政治的リアリズム」を遺憾なく発揮して、わが国の政党に課せられた問題——藩閥官僚勢力を打破して政党内閣を成立させ、新しい政策を断行したのである。原敬は政権にあること三年二カ月、政党の自律を完成させ、「国防の充実」「教育の振興」「産業の奨励」「交通機関の整備」という四大政綱を次々と実行して、日本の資本主義の発展に尽力した。

原内閣の活動の概要を議会順に紹介する。第四十一回議会に「高等教育機関増設六カ年計画」を発足させた。官立の高等学校十校、実業専門学校十七校、専門学校二校を増設等の予算を成立させた。帝国大学令や大学令を制定して、公私立大学の設置を認めた。衆議院議員の選挙制度の改正で、大選挙区制を小選挙区制に戻した。選挙権の納税条件を三円以上と引き下げ、定員を四百六十四名とした。普選問題が政治課題のときで、先送りの批判があった。

大正八年六月二十八日、パリ講和条約の調印が行われ、国際連盟と国際労働機関に加盟する。国際社会での役割が大きくなる。そのため原首相は、明治以来つづけてきた法制度や財政経済全般にわたる抜本的な再検討を行うことを決断した。食糧充実の方策、製鉄業の振興、造船業の発展、税制の整理の諸問題が取り上げられた。

第四十二回議会では、新規事業として国防の充実が、大正九年予算の中心課題であった。陸軍の航空機の増設、兵器の充実改良、海軍の八八艦隊の編成等が行われた。波乱を呼んだのは「普通選挙法案」の審議で、大正九年(一九二〇年)二月二十六日、憲政会案が衆議院本会議に上程され討論中に、原首相が発言を求め野党案に同意することはできないと言明し、解散となった。この解散はきわめて国民に評判が悪く、多数党に有利な小選挙区制で政友会が絶対多数を獲ることになる。選挙の結果は政友会二百七十八、憲政会百十、国民党二十九、無所属四十七。憲政会は党首の加藤高明が落選した。

第十四回衆議院総選挙(大正九年五月十日)で、政友会が大勝利して皮肉にも原首相の「政治的リアリズム」に限界が出る。「普通選挙法」や「貴族院改革」を贈らせたりする。当時、政治の外にあった小作・労働争議を弾圧したり、右翼団体などに強い態度でのぞむ。そして悲劇は、大正十年(一九二一年)十一月四日、東京駅で発生した。十八歳の青年に刺殺された。

第四章　大正デモクラシーの功績と限界

①　三つの「超然内閣」と第二次護憲運動

原首相が刺殺された大正十年十一月四日夜、臨時閣議が開かれ、外務大臣の内田康哉が内閣総理大臣臨時代理となり、翌五日内閣は総辞職した。後継は大蔵大臣の高橋是清に組閣の命が下った。高橋は若いころ米国で苦学し、帰国後日本銀行などで活躍し、学校や民間銀行を経営した当代一流の財政家であった。

同年十一月二十五日、病身の大正天皇に代って、皇太子裕仁親王殿下が摂政となった。十二月二十四日に召集された第四十五回議会は、摂政殿下が召集された初めての議会であった。翌十一年（一九二二年）一月二十九日から再開された予算の審議は混乱しなかったが、普通選挙法案では紛糾し、二月二十三日の衆議院本会議は、連続四日間にわたる異例の討論が行われ、記名投票で否決となった。この間、議事堂に押し寄せた民衆が取り締まりの警官と衝突する事態が発生した。なお、この議会中に大隈重信が、二月には山県有朋が逝去した。前年の七月には板垣退助が逝去、明治の元勲もほとんど姿を消した。この時期、政党政治確立のチャンスであったが、高橋内閣は六月六日、内閣不統一を理由に総辞職する。政友会内の自由主義派と保守長老派の対立が原因であった。

後継内閣は、海軍大臣で男爵の加藤友三郎に大命が下った。加藤は政友会に協力を求めながら、貴族院の官僚出身議員と提携し、衆議院に議席をもつ者が一人もいない貴族院・超然内閣をつくった。加藤内閣はワシントン軍縮条約の締結、シベリア撤兵を処理する。

同年十一月八日には、国民党を中心に憲政会の脱党者七名と無所属倶楽部十二名が「革新倶楽部」を結成した。尾崎行雄、犬養毅、浜田国松、中野正剛ら四十五名の衆議院議員が参加し、議会内では最も進歩的な政策をかかげた。なお、大正十一年七月には、日本共産党が非合法に結成される。

大正十二年（一九二三年）八月二十四日、かねてから健康のすぐれなかった加藤首相が逝去した。翌々日の二十六日加藤内閣は総辞職し、後継首班に山本権兵衛に大命が下りた。山本首相は挙国一致内閣を望んだが、政友会も憲政会ともかかわりのない組閣となった。しかし、革新倶楽部の犬養毅は、普通選挙法の成立を条件に入閣した。

山本と後藤新平で、組閣の準備に時間がかかっている最中の九月一日、東京に大災害が発生した。午前十一時五十八分、突如として起った関東大震災である。政府は、内田臨時首相代理（加藤内閣で新内閣が発足するまで就任）が臨時閣議を開き、非常徴発令と戒厳令を公布した。非常事態に組閣を急ぎ、九月二日夜、赤坂離宮の天幕の中で親任式を挙行した。

第二次山本内閣は非常事態対策を講じ、各党は震災対策のため政争を休戦とする。後藤新平内相を中心に帝都復興院官制度を公布する。十一月十五日には戒厳令も撤廃するが、いろいろと混乱し、流言を因とする朝鮮人殺傷事件、無政府主義者大杉栄ら殺害事件などが起きた。震災復興議会（第四十七回議会）が十二月十日召集され、震災関係の議案は成立し同月二十四日閉会となる。第四十八回議会が、同月二十五日に召集され、二十七日に開院式が行われた。これに行幸途中の摂政殿下が虎ノ門付近で、難波大助によって狙撃される事件が発生する。幸い難は免れたが、山本首相は政治責任を感じ全閣僚とも辞表を提出した。摂政殿下から優諚（慰留）を賜わったが、山本首相はこれを拝辞して、同月二十九日総辞職した。

後継首班に元老が推したのは、枢密院議長の清浦奎吾であった。西園寺公望は「政争を避け政局の安定のため超然内閣のほかない」と新聞記者に語っている（東京日日新聞大正十三年一月三日）。清浦は大正十三年（一九二四年）元旦に参内して大命を受けるが、三日には拝辞するため宮中に入ったところを、宮中の官僚たちに説得され組閣を決意する。そして一月七日にでき上ったのが、陸海軍を除いて全部貴族院議員という前例のない内閣であった。この内閣を世間では貴族院内閣または特権内閣と呼び、激しい批判が起った。

「清浦内閣を打倒して憲政を常道に復すべし」という国民運動は、第二次護憲運動と呼ばれた。この運動を成功に導いたのは、護憲三派といわれる政友会、憲政会、革新倶楽部が手を結んだことにある。憲政会や革新倶楽部は護憲倒閣運動にただちに参画した。悩んだのは政友会であった。

かねてから政友会には進歩派と保守派の対立があった。清浦内閣に対する護憲運動をめぐって分裂することになる。総裁の高橋是清は進歩派で貴族院議員を辞めて、次期衆議院選挙に出馬する決意を示し、全党員に護憲運動に参加するよう要望した。これに対して元田肇ら四名の総務は自重論を主張して、政友会を脱会した。

清浦内閣の成立による政局の紛糾が、皇室に影響を与えかねないことを心配した、政界の黒幕こと三浦梧桜は、同年一月十五日枢密顧問官の辞表を提出し、加藤憲政会総裁、犬養革新倶楽部盟主、高橋政友会総裁の三党首を自宅に招き懇談した。「憲政の本義にのっとり、政党内閣の確立を期する」と合意した。

政友会を脱会した元田総務らは、一月二十九日「政友本党」を結成した。参加したのは百四十九名で、政友会に残留したのは百二十九名であった。政友会の分裂で、衆議院の勢力は政府与党が政友本党の百四十九名に対するに、反政府勢力は二百七十五名で、中立勢力として庚申倶楽部二十三名、無所属十四名であった。

護憲三派は議会休会中、全国各地で運動を展開する。問題となったのが一月三十日の憲政擁護関西大会であった。中之島中央公会堂には、参加者一万人を超え、場外に四千人の民衆がとりかこんだといわれる。この大会に出席した衆議院議員三十六名が、夜行列車で帰京中、尾張一宮駅附近を通過の際、列車転覆を企てた事件が発生した。一行は無事であったが、護憲三派はこの事件を政治的陰謀と疑った。

議会休会開けの一月三十一日、清浦首相の施政方針演説が予定されていたが、革新倶楽部の浜田国松が緊急質問として取り上げた。小松謙次郎鉄道大臣が答弁のため登壇したが、議場は騒然となり、三名の暴漢が議場に乱入することなどがあって、ますます議場が混乱し粕谷義三議長が休憩を宣告した。

清浦首相は、本会議休憩中閣議を開き、解散を奏請することを決定し、同日午後三時五十分衆議院を解散した。清浦内閣は解散の理由を、議院外での護憲三派の行動と議場における暴漢の行動としたため、国民の批判が頂点に達し「清浦クーデター」といわれ、解散史上かつてない乱暴なものといわれた。

第十五回衆議院総選挙は、大正十三年二月八日公布の詔書で、五月十日に行われた。解散から選挙まで百日間をおくのは、関東大震災の被災地の準備のためであった。選挙の結果は次のとおり。

	選挙前	選挙の結果	増（＋）減（－）
憲政会	一〇三	一五一	（＋）四八
政友会	一二九	一〇〇	（－）二九
革新倶楽部	四三	三〇	（－）一三
政友本党	一四九	一一六	（－）三三
中正倶楽部	二三（庚申倶楽部）	四二	（＋）一九
実業同志会	―	八	（＋）八
無所属	一四	一七	（＋）三
計	四六一	四六四	

護憲三派は二百八十一名を当選させ絶対多数を獲得した。清浦内閣と政友本党は惨敗にもかかわらず政権にしがみつく方法をめぐらした。さまざまな謀略を排して、五月十八日護憲三派の幹部連合会で、「清浦内閣の退陣と、護憲三派が協力して政局に善処する」旨の申し合せができた。

清浦首相も国民の批判の前に延命を断念し、六月七日総辞職を決定した。元老会議も選挙の結果を尊重し、第一党の党首が内閣の首班となることを理解する。六月九日、憲政会の加藤総裁が後継首班に選ばれるが、その前に護憲三派は「普通選挙法案」の提出のすり合せもできていた。英国流の下院(衆議院)の第一党の党首が内閣を組織するという「憲政の常道」は、この時確立した。この護憲三派内閣は、およそ一年しかもたなかった。革新倶楽部の分裂や高橋政友会総裁が引退し、陸軍を引退した田中義一が後任総裁になるなど、三派の構成や性格が変わってきたのだ。

加藤首相は、大正十四年(一九二五年)七月三十一日、総辞職を決定するが、却下され再び内閣を組閣する。憲政会のみの内閣であった。大正十五年(一九二六年)一月二十八日、病死し、若槻礼次郎に首班の大命が下る。

護憲三派が活躍する時期に、無産政党の樹立をめざす運動が盛んとなる。大正十二年十二月十八日、嶋中雄三、青野季吉、鈴木茂三郎らの呼びかけで、東京神楽坂の「カフェー尾澤」で、労働総同盟、農民組合、文化学会など有志が集まり、無産政党準備団体を組織することを決めた。

② 普通選挙法の成立と貴族院の改革

普通選挙法の成立

明治憲法が制定されてからの普通選挙法制定運動（普選運動）の最初は、明治二十五年（一八九二年）、大井憲太郎の東洋自由党と普選挙同盟会の活動であった。

帝国議会で最初に普通選挙法が提出されたのは、第十六回議会、明治三十五年（一九〇一年）であった。提出者は、中村弥六、花井卓蔵、河野広中らで、各党は特に態度を決めず、議員個人の判断だった。

その後、明治三十八年～同四十四年まで連続して七回提出された。特に第二十七回議会、明治四十四年に提出された普選法案は衆議院を通過したが、貴族院の委員会で否決された。このときは桂内閣で政友会も賛成していた。これ以来、普選法案の議会での論議は中断する。

しかし、第一次世界大戦を経過し国際的に政治の民主化が画期的に進展した。わが国もその影響をうけ、労働者勢力の台頭、国民の教育水準の向上など大正デモクラシーという民主化運動を起こし、普選制度の実現が緊急な政治問題となる。このような国民的要求を汲み上げる政党側には、複雑な事情があった。

政友会は第二十四回議会、明治四十四年には普選法案に賛成をしたものの、原敬が党のイニシヤチブを握るとともに普選運動に社会主義の影をみて批判的となる。しかし、原敬の現実主義は第四十一回議会、大正八年には小選挙区制を条件に選挙権の若干の拡大（国税支払を三円に引き下げるなど）で、国民の要求をかわそうとした。

憲政会では過激な普選運動を主張する尾崎行雄らを、党議に服さないとして処分しようとした時期があった。国民党も尚早論と即行論に分れていた。犬養毅も尚早論であった。憲政会と国民党が普選即行論になった背景には、政友会の原敬内閣に抵抗し打倒するための政治的手段としたことを見逃せない。

第四十二回議会の大正九年からは、議会が開かれるたびに普通選挙法案をめぐって大紛糾がくりかえされた。原敬内閣は大正九年二月二十六日、憲政会や国民党などが提出した普選法案の討論中に解散を打ち、小選挙区制を利用して政友会が圧勝するというドラマまで起った。原首相が打った解散は、憲政の常道を破壊する暴挙だと激怒した野党側は、議会外の普選運動と連携してますます燃え上がっていく。

原首相が東京駅で刺殺され、政友会の党首が高橋是清にかわるや、勢いは一段と盛んになる。東京大阪の新聞記者は普選即行の同盟を結び、国民大会はひんぱんに開かれ、全国的な大示威運動が展開されるようになる。

そのころ流行した「アムール」の曲を替え歌にした「普選歌」があった。

普選歌

一　嗚呼《ああ》国民は目覚めたり
　第二維新の基《もとい》なる
　参政権の平等に
　普通選挙の実行に

二　畏《おそれおお》くも先帝の
　降し給ひし御誓文
　現内閣は忘れしか
　政友会は忘れしか

三　いざ打ち破れ打ち破れ
　普選を阻止する内閣を
　普選の敵なる醜団を
　いざ打ち破れ打ち破れ

政友会の高橋内閣が閣内不一致で総辞職した後、加藤友三郎、山本権兵衛、清浦奎吾と三代の超然・官僚内閣がつづく。なかでも清浦内閣は貴族院の四派からなる特権内閣であった。各政党は憲政の常道を紊し階級闘争を煽るものだと声明し、第二次憲政擁護運動を起すことになる。そこで党内抗争を起したのが政友会である。清浦内閣与党派は百四十九名で政友本党を結成し、残った百二十九名は政友会として護憲運動に参加する。

護憲運動の推進役の憲政会、政友会、革新倶楽部（国民党を中心に結成）は、政策協定を行い、普通選挙法の制定を中心に公約する。清浦内閣は護憲運動に包囲された状況で、最悪の解散を打ち、非護憲派は惨敗する。そして、政党自身の話し合いで護憲三派による連立政権、加藤高明内閣が成立する。

大正十三年九月になって、護憲三派は普選法案の協議を始め、議論の中心は選挙区制で三人〜五人の中選挙区とするか、大選挙区にするかであった。護憲三派で最低一人は確保できるということで中選挙区制で合意する。後世になって批判の的となる。政府案は枢密院で難癖をつけられて、ようやく妥協ができたのが翌十四年の二月十三日であった。法案の骨子は次のとおり。

一　選挙資格の納税条件を撤廃し、満二十五歳以上の男子はすべて選挙権を有するものとし、新たに制限を置いた欠格者は「貧困ノ為　公私の救恤ヲ受クル者」である。

二　被選挙権の範囲を広め、従来の欠格者たる学生、生徒、神官、僧侶、諸宗教師、小学校教員、政府のための請負をなす者にも被選挙権を与える等のほか、現行法の通り華族の戸主に選挙、被選挙権を与えないとする。

三　区制は中選挙区制をとり、議員総数を四百六十六人とする。

衆議院での審議は紛糾に紛糾を重ね、小選挙区制を維持する等の修正案を提出するが、「華族の戸主は選挙権及び被選挙権を有しない」との条項を削るなどの修正が行われ、三月二日衆議院を通過した。貴族院では、普通選挙制度の成立に反発する議員も多かったが、時流に抗し難いことを知り、修正作戦に出た。欠格者条項を拡大するなど六点の修正を行って、衆議院に回付してきた。

衆議院は回付案に同意しなかった。両院協議会が開かれ、会期を三度も延長して懸命に一致点を求めたが、交渉は進展せず決裂状態となった。土壇場で欠格条項について、「貧困ニ困リ生活ノ為公私ノ救助ヲ受ケ又ハ扶助ヲ受クル者」という折衷案がまとまり、三月二十九日成案を両院で可決し、ようやく成立をみた。ここに大正時代の議会政治の最大問題であった普通選挙制度は実現をみた。

しかし、いくつかの問題があった。一つは普通選挙制度とはいえ、満二十五歳以上の男子に限られ、婦人の選挙権は認められなかった。婦人参政権の実現は、昭和二十年（一九四五年）八月十五日の敗戦後、連合軍によって与えられた。

もう一つの問題は、普通選挙制度と引きかえられるように、「治安維持法」が制定された。この法律は、過激思想、反国家思想をもつ者を取り締まろうとするものであった。護憲三派とも内部が一致したわけではなかった。憲政会の中野正剛、政友会の山口政二、革新倶楽部の清瀬一郎らが反対した。議会の審議は両院とも紛糾はなく、衆議院において「政体の変更」に関する条項を削除する修正が行われた程度で、貴族院も通過して成立した。

労働運動や農民運動が激化し、社会主義革命といった社会の秩序が危惧されたことも事実であった。同時に、中野正剛や清瀬一郎らが反対したように、治安維持法によって「立憲の本義を破壊し、世相はますます険悪たらざるを得ぬ」との指摘が現実になったことを、その後の歴史が証明した。

貴族院の改革

大正時代後半の第二次護憲運動の課題の一つに「貴族院改革問題」があった。明治憲法は二院制を採用し、衆議院と対立して、いくつかの特権をもった貴族院が存在していた。構成は皇族、華族、勅選議員からなっている。わが国の社会的最上層部を、あるいは官僚層を、また、地主・資本家階級を強く代表していた。

明治憲法の起草者たちは、貴族院は政治的に衆議院に対する修正院としての機能をもつようにし、衆議院に結集する政党勢力に対抗する天皇制の防塞という役割をもっていた。そして、明治から大正にかけ政党に対立するものとなったのは、藩閥系の官僚であった。貴族院が主として、山県有朋や桂太郎らによって育成された藩閥官僚系議員によって牛耳られるようになる。

ところが、時代の変化とともに政党もかつての過激さを是正し、官僚常識派との妥協を行うようになり、天皇制自体も国民全体の安寧のため柔軟に変化していくようになった。ひとり藩閥官僚だけが己《おのれ》の立場にこだわって時代錯誤の主張をくりかえしていた。

政党が内閣を構成するようになると、政府と貴族院の対立が表面化する。これは明治時代、伊藤博文が政友会を基盤に第四次伊藤内閣（明治三十四年）から起きている。予算案をめぐって貴族院と衝突し、伊藤首相が貴族院の権限を縮小する上奏文を天皇に奏呈している。伊藤博文といえば貴族院創設者である。その伊藤が権限を縮小しようとすることが、時代の変化の力を感じる。

貴族院改革が現実の政治問題となったのは、第一次護憲運動を経験し、第一次世界大戦を契機に政治の民主化がわが国でも画期的に進展し、普選運動が活発化したときである。貴族院を中心とする清浦内閣が成立していくことに対して強い不満をもつ国民を背後にした、護憲三派による改革要求であった。それは、貴族院に対する衆議院の権威を明確にすることと、再び貴族院が政治を左右したり、貴族院内閣が出現したりしないようにすることがねらいであった。

加藤高明護憲三派内閣の緊急課題は、普通選挙法の制定と貴族院の改革であった。ところが普選法をスムーズに成立させるためには、貴族院を強く刺激することもできなかった。三派のそれぞれのなかで貴族院改革の内容と方法について意見の差があった。加藤首相は消極意見であった。改革論の急先鋒は、政友会の山口義一・黒住成章、憲政会の横山勝太郎、革新倶楽部の植原悦二郎、無所属の有馬頼寧、貴族院の徳川義親・佐々木行忠らであった。貴族院にも急進改革論者がいた。

護憲三派加藤内閣が成立した直後に召集された第四十九回議会で、貴族院改革論者は三派各党が方針を明確にしないことにシビレを切らし、「貴族院制度改正に関する建議案」を提出し可決した。三派各党の幹部は普選法案を気にして、急進者にブレーキをかけるがおさまらず、彼らは「第二憲政擁護会」を結成して、貴族院改革案を作成して発表した。

組織に関する件

一　華族議員定員一〇〇名、任期五年。各爵議員数は按分比例をもつて配分し、単記無記名式をもつて選挙する。

二　勅選議員定員一二五名、任期六年（ただし再任をさまたげない）。

三　公選議員定員九四名、任期五年。選挙人は、市町村議会議員。被選挙人は、その選挙区の公民で三五歳以上のもの。選挙区は、各府県および北海道とし、各区において二人ずつとする。

権限改正の件

一　貴族院令第十三条を廃止する。

二　議院法第四十条を改正し、貴族院の予算審議に関する拘束を規定する。
（参考）　右立案は、貴族院の組織および権限に関し帝国憲法の改正を要しない範囲を前提とする。

この改革案は、有爵議員の減少になること、貴族院令に衆議院が関与することになること、予算審議権を縮少することなどで画期的なものであったが、貴族院は猛烈な反対をすることになる。政府も調査会を設けることになった。大正十四年一月（第五十回議会）、貴族院の公正会は「貴族院改正の原則」を発表し、「貴族院の本領を没却させないこと、権限を縮小させないこと」等を条件とすると強硬な反対の態度を示した。

護憲三派の改革派はいよいよ事態を憂慮し、国民運動を盛り上げるため新聞記者らと、「貴族院改革の歌」を流行らせた。またも「アムール」曲の替え歌である。

貴族院改革の歌

一　来れ一億民衆よ
即時に叫べ改革を
国の癌たる貴族院
位記勲等や爵録や

二　無明の毒矢を研ぎすまし
階級戦を挑むなり
いざ疾く攻めよ、疾く攻めよ
彼らは四民の敵なるぞ

三　屈せず撓まず戦いて
彼らの牙城を抜きとれや
屈せず撓まず戦いて
彼らの牙城を抜きとれや
フレーフレー民軍

貴族院は、革命歌などで貴族院を「癌」とか「毒」とかというのは何事かと、ますます硬化していく。政府は二月十六日の臨時閣議で「貴族院改革案」を決定した。

内容は、①議院法の改正で、貴族院の予算審議期間が無期限となっている現行法を、衆議院と同様「二十一日以内」とすること。②貴族院令の改正で、伯子男爵互選議員の数の減少、多額納税議員を廃止して公選議員（地方勅任議員）を設けること、勅選議員に新たな官職を入れること。議員の年齢を満三十歳とすることなどであった。

この政府の改革案は甚しく不徹底なもので、世論の評判はきわめて厳しかった。それでも、枢密院はさらに骨抜きの修正を行った。その上で貴族院に提出したものを、貴族院が骨抜きにした。貴族院令は法律でないため衆議院に審議権はない。貴族院各派が合意した修正事項は次のとおりであった。

一　官職による勅選議員の全部を削除する。
二　学士院より四名の互選議員を選出する項目を削除する。
三　前二項を削除するかわりに学士院に推薦権をあたえ、ひろく一般から一〇名以内（政府案では都合一九名以内）を推薦させる。
四　地方勅任議員六六名を五八名にあらためる。
五　公選議員の年齢四〇歳とあるのを三〇歳にあらためる。
六　地方公選議員の選挙資格は、各府県最高納税者中から一〇〇人ないし二〇〇人をかぎり選挙権

を賦与する。多額議員数は政府原案の六六名以内を六〇名以内にする。（信夫清三郎『大正政治史』より）

この修正事項は、三月二十五日の貴族院本会議に上程され決定された。

残された貴族院の予算審議に審議期間を設けるという議院法の改正は、貴族院が政府案に、ただし書きをつけ「やむをえないとき、貴族院の議決で七日の延長ができる」旨の修正を行った。衆議院は否決し両院協議会で、貴族院の修正が成案となったが、衆議院は否決し、議院法の改正は実現をみなかった。

かくして、貴族院改革は満身に創痍《そうい》を受けて、形だけのものとなった。この貴族院改革の失敗が、昭和時代になって議会政治を劣化させる遠因となる。

③ 大正の終り――その時代背景

護憲三派加藤高明内閣は、問題を残しながら普通選挙法を成立させ、貴族院の改革、行財政整理等を行い、一応公約を果していく。三派が協調すべき目標を失えば、提携に破綻を生じる原因となる。高橋是清、犬養毅が閣内から去り、加藤内閣は憲政会の内閣となり、第五十一回議会が大正十四年十二月二十五日召集される。翌十五年（一九二六年）一月二十一日に再開された。加藤首相は翌二十二日、貴族院本会議で議員の質疑中で発病し、同月二十八日に逝去した。後継首班に憲政会の若槻礼次郎が就任する。

この議会は予算案をはじめ多くの重要議案が順調に両院を通過した。しかし、会期末になって政党間の争いが激化した。政党政治が完成するやいなや、政党間の泥仕合が始まったのである。陸軍機密費問題、松島遊郭事件などで知られる疑惑問題の追求合戦である。

普通選挙法の制定で革新勢力による無産政党の結成も準備されていく。大正十四年十二月一日、東京で農民労働党の結成式が行われた。これに対して政府は、名を政党組織にかりた、実はわが団体と相いれない共産主義に関わるものとして、即刻、治安警察法にもとづいて結社禁止を命じた。大正十五年三月五日、大阪で労働農民党が結成された。

「昭和」改元

第五十二回議会は、同年十二月二十四日に召集されたが、翌二十五日には大正天皇の崩御によって大正時代は幕を閉じた。大正天皇はつとに健康がすぐれず、裕仁親王が摂政となり、静養に努められたが、全国民の祈念も効なくついに崩御された。日本国民哀悼のうちに皇太子裕仁親王が践祚し、元号を「昭和」と改めた。昭和の意味は書経の堯典のなかにある「百姓昭万邦協和」というところからとったものだ。

大正時代は改元早々の政変、第一次護憲運動の展開による政治の民主化から始まった。ついで、大正三年七月第一次世界大戦が勃発、日本は日英同盟により連合国に味方しドイツに宣戦を布告した。戦争は未曾有の好景気をもたらし、諸産業の発達、貿易の伸長などにより、日本の資本主義は著しい発展を遂げた。反面、物価の騰貴となり、また労働運動、無産者運動などもソ連における革命の成功もあって活発となり、労資の対立を尖鋭化させた。第一次世界大戦が終結すると、戦争景気は一転して反動恐慌となり、繁栄した経済は慢性的な不況に入り、労働運動を一層激化させ同時に農村における小作争議が頻発するようになった。

第一次世界大戦前後から、わが国では近代的中産階級が広範囲に増大した。この階層を中心として個人主義、自由主義、民主主義的傾向の強い政治潮流が現われ始めた。この潮流は、美濃部達吉博士の「天皇機関説」や吉野作造博士の「民本主義」などによって大いに広められた。それが議会政治の啓蒙、政党内閣の確立、ひいては男子普通選挙権の獲得運動として展開していくのである。

かくして、大正時代の日本は明治時代に比べて、複雑化し近代化し、その社会構造も大きく変わり、そして人々の思考・意識・価値観も大きく変化した。このような変化にもかかわらず、議会の運営は旧態依然たるものであり、社会の変化にともなう審議の民主化と合理化について、ほとんど工夫がなされなかった。

かろうじて大正時代に、二つの改革が行われた。一つは、第三十回議会大正二年一月二十一日の各派協議会において、協議会に出席する党派を所属議員二十五名以上であることを要するとし、二十五名未満の党派は交渉団体と認めないことを決定した。これは問題が山積して効率的運営が必要となったためだ。

もう一つの改革は、「議長と副議長の党籍離脱の慣例」の確立である。大正時代後半の議会政治は、政党政治の確立といえば進歩であるが、衆議院の議事運営は議場での喧騒乱闘、演壇の混乱のくりかえしであった。議長の議事整理への不満もあった。普通選挙法が成立した直後、衆議院は衆議院規則改正案の審議の際、希望決議が提出され、「議長の職責は不偏不党厳正公平であるべきだ。本院は議長及び副議長にして政党政派に属したときは、在職中に限り党籍を離脱せられんことを望む」という内容が可決されたことによる。

これらの問題以外の議会改革は、昭和時代の重要な課題となる。

第五章　昭和の悲劇——政党政治の崩壊——

① 政党の泥仕合と内憂外患

大正天皇が崩御し、裕仁親王殿下が践祚《せんそ》されたのは、第五十二回議会の開院式前日の大正十五年（一九二六年）十二月二十五日であった。即日、昭和と改元された。昭和元年は七日間しかなかった。新天皇がまず行ったのは、西園寺公望に対して「元老として輔弼《ほひつ》せよ」との異例の勅語であった。政治や政党の行方を憂慮してのことであったと推察できる。

このころ、政界では政党間で互いに汚職・腐敗をあばき合う、泥仕合が続けられていた。大正時代の前議会からの問題として、松島遊郭事件等があった。この事件は大阪の松島遊郭の移転問題にからんで、政党各派の幹部、あるいは高級官僚が続々証人として法廷に立ち、ついに若槻首相偽証告発問題にまで及んで大騒ぎとなったものである。

第五十二回議会が再開された昭和二年（一九二七年）一月十八日現在で、衆議院における各政党の勢力分野は、憲政会百六十五、政友会百六十一、政友本党九十一、新正倶楽部二十六、実業同志会九、無所属十二であり、政友本党が政局のキャスチングボートを握っていた。昭和の議会政治はこの体制で始まる。

若槻首相は安定した政治を行うため、一月二十日、田中政友会、床次政友本党の両総裁を招き、「国民の議会への信頼を厚くするため、政争を中止すること」で合意する。ところで、三月に入ってこの憲政会・政友会・政友本党の申し合せが破綻する。原因は二月の末に憲政会と政友本党の幹部が、提携する覚書を交わしていたことがわかったからである。政友会は激怒し、「政治道義の頽廃極まれり」と声明して、若槻内閣を徹底的に追及することになる。まず、取り上げたのが「震災手形問題」であった。

震災手形問題は経済界のガンとなっていたもので、政府は休会明けの議会に震災手形損失補償法案と震災手形善後処理法案を提出した。これらの震災手形のなかには震災と関係のない手形も含まれていることがわかり、これを日本銀行が再割引する仕組みについて疑惑がもたれていた。

震災手形二法案は、衆議院で政友会の議事妨害で混乱したが、三月四日に、本会議で可決し貴族院に送付された。ところが同月十四日の衆議院予算委員会で大問題が発生する。この時期、わが国は第一次大戦後の不況と震災が重なり、震災恐慌といわれ、中小の金融機関がかなり危機的状態であった。政友会の吉植庄一郎議員が、「銀行が破綻した場合、政府はどういう手段をとるのか」と質問した。吉植氏が発言中、田大蔵次官が片岡直温蔵相に「渡辺銀行は、今日は閉めた」とメモをわたした。「今日はなんとか済んだ」という意味であったが、片岡蔵相は「君らがあまりさわぐから、渡辺銀行がついに店を閉めたんじゃないか」と失言した。この片岡失言がきっかけで、わが国の金融界は一大恐慌となる。

貴族院では三月二十三日に、震災手形二法案を可決して成立させるが、両院の議論の中で震災手形二法案は台湾銀行の救済というねらいがあったことがわかる。台湾銀行の取引先の鈴木商店の倒産により、台湾銀行が危うくなり収拾がつかなくなった。

若槻内閣は四月十三日夜、臨時閣議を開き、憲法第八条の緊急勅令として憲法第七十条による財政上の緊急処分によって、日銀非常貸出補償令を発して、台湾銀行に対する不安を一掃することを決めた。ところが、この勅令案を枢密院が否決し、若槻内閣は総辞職する。台湾銀行救済が失敗したため、全国一斉に取り付け騒ぎが発生し、金融大恐慌となる。

全国で銀行の取り付け騒ぎが起こるという金融恐慌の中で、後継首班に政友会総裁の田中義一が指名され、四月二十日田中内閣が成立した。特筆すべきことは政界を引退していた元首相の高橋是清が大蔵大臣に就任したことである。政府は緊急勅令による支払猶予令や日銀特別融通及び損失補償法案等いわゆる七億円補償案を成立させて、収拾させた。

田中内閣が緊急に取り組まねばならない課題に、対中国問題があった。当時、中国は国民政府が上海を占領するなど中国全土に革命が広がっていた。憲政会の幣原外相は協調外交を選び、政友会を中心に強い反対意見があった。田中首相は外相を兼任し、政務次官に森格を起用、また、満鉄社長に山本条太郎を任命した。森も山本も三井物産出身であった。五月末、日本軍は居留民保護を名目に中国山東省に出兵するが、状況の変化で撤兵する。

田中内閣は中国政策の見直しのため、東方会議を開いた。ここで「対支政策綱領」をまとめた。その要点は、①満蒙を中国本土から切り離し日本の勢力下におく、②中国の各地方政権の分立状態を前提とし親日派と提携していく、③中国における権益と居留民保護のため武力による現地保護主義をとる、④満蒙に革命の波及するのを防ぐために独立の政権下におく、などであった。

これらの政策は、中国の国民政府だけでなく、英米両国などの列強から帝国主義的政策であると強い反発を受けた。この武力をともなう政策への転換は、日本資本主義のいきづまりを、植民地と市場の拡大で補うとするものであった。国内の経済の混乱とともに、対中国強硬方針はわが国を国際的に孤立させた。

昭和時代は、まさに内憂外患で始まった。

② 最初の普通選挙

田中義一政友会総裁が政友会内閣を組織した昭和二年四月末、床次竹二郎の率いる政友本党の二十数名の衆議院議員が脱党して政友会に入党した。政友会は百九十名で第一党となった。それならというので、憲政会と政友本党との合同による「立憲民政党」が結成された。総裁は浜口雄幸で、衆議院で二百二十二名を数える大勢力となった。当然、田中政友会内閣を打倒して政権を握ろうとしていく。

第五十四回議会が同年十二月二十四日に召集された。田中内閣は少数党内閣で議会に臨むことになる。この議会を田中内閣が乗り切ることは不可能であり、機会をとらえて解散を断行することが予想されていた。政友会と民政党のかけ引きが行われ、翌三年（一九二八年）一月二十一日、衆議院で政府演説が行われた直後、解散となった。野党に質問の機会を与えなかったことが、憲政の常道に反すると批判された。

初めての普通選挙制度による選挙は、二月二十日が投票日と決まり、候補者を立てた政党は、政友会、民政党、実業同志会というこれまでの議会政党に、地方に残党があった革新倶楽部に加えて、社会民衆党や労働農民党など、無産政党が国政選挙に参加した。政友会の田中内閣は、この選挙で勝利して衆議院で絶対多数を占めることに全力をあげた。

第一回普通選挙の特色は、次の三点である。①官憲による選挙干渉の横行。そのやり方は治安警察法や治安維持法を適用する方法と、野党勢力の切りくずしであった。②選挙運動の制限が多くの点で無視された。③選挙の腐敗慣行は変らず、有権者がふえた分拡大した。

選挙の結果は次のとおりである。

	（開票の結果）	（第五十五回議会召集日現在）
政友会	二一七	二二一
民政党	二一六	二一六
無産党	八	（無産党議員団）八
実業同志会	四	三
革新党	三	三

中立その他　一八
（計　四六六）

明政会　七
無所属　七
（計　四六五、欠一）

この選挙での選挙人総数は千二百四十余万人、選挙区は百二十二、議員定数四百六十六人、候補者九百六十五人、有効投票総数九百九十六万余票、党派別投票数では、政友会四百二十六万票、民政党四百二十六万二千票、無産政党四十七万千余票、その他八十六万六千余票であった。かくして、普通選挙は、わずかに無産政党が進出し、中間政党が減少、政友会と民政党の二大政党対立という構図となったが、政府与党の政友会は過半数を得ることができず、政局不安はつづくことになる。

普通選挙の結果で支配層が憂慮したことがあった。それは非合法下の共産党が多くの党員を労農党から立候補させ、公然と活動をしたことである。同年三月十五日、政府は全国にわたって千数百人の共産党員とシンパを一斉検挙した。また、労農党、日本労働組合評議会、全日本無産青年同盟の三団体を結社禁止にした。

選挙後の第五十五回議会は四月二十日に召集された。政府と政友会は必死に小会派工作を行ったが過半数とはならず、無所属の議員七名の明政会が結成され、政局のキャスチングボートを握ることになる。まず、正副議長選挙で紛糾する。議長（候補）に政友会の元田肇が、副議長（候補）に野党連合の清瀬一郎が選ばれた。野党間で選挙干渉に対する責任追及や内閣不信任決議案をめぐって協議が始まる。政府は再解散説を流すなど緊迫した。

四月二十八日、衆議院本会議に「思想的国難に関する件」と「内相の処決その他に関する件の二つの決議案が上程され、可決した。この時期すでに憲政の神様と呼ばれた長老・尾崎行雄（無所属）は、「思想的国難に関する件」の趣旨弁明に立ち、

選挙は立憲政治の根本にして、天皇陛下がよってもって民意の所在を察知し給ひ、またもって万機公論に決するの遺訓を継承し給ふの途、一にこぞってここに在り。しかるに歴代の内閣ややもすれば君国のために奉仕すべき事務官を誘惑して私党の爪牙に供し、もって輿論民意の公正なる発露を妨害す。これ一はもって陛下の聰明をようへいし奉り一は以て民意の暢達を抑塞する所以にして、閣臣の非違実にこれより大なるはなし。特に普通選挙法実施の初頭に当り、内務大臣は選挙に干渉し、言論を抑圧し、暴力の横行を看過し、幾多の非違を犯すに至っては君国に対する罪責実に深大なりとする。故に本院はこれを弾劾しその処決を促す。

と、政党政治の危機を訴えた。

第二次護憲運動が成功し、政党内閣時代を迎え、最初の普通選挙を施行すると同時に、政党政治と選挙の腐敗を批判したのである。しかも、経済も外交も混乱のなかのことである。選挙干渉の問題は五月三日に鈴木内相が辞表を提出することで政治的決着をみた。

③ 中国問題で失脚する田中首相

国内政局が紛糾するなかで、中国の情勢が急変する。昭和三年六月四日、わが国の関東軍が中国の元首格の人物を爆殺するという大不詳事件が突発した。「満州某重大事件」である。特別列車で北京から奉天に向う張作霖が、奉天到着寸前関東軍工兵隊の仕掛けにより爆死したのである。元凶は関東軍参謀の河本大作大佐であった。

報告を受けた田中首相は、ただちに関係者の厳罰と軍の建て直しを決意したが、大多数の閣僚が反対した。しかも、閣僚の中には、田中首相が事件をいち早く天皇に奏上したことを軽卒だと批判する声が出た。軍部の穏便に事を済ませようという動きに影響されたのである。結局政府は「南方便衣軍」(中国側)の仕業だということにして、頬かぶりをすることになった。

十二月二十四日に帝国議会が召集され、翌四年一月二十五日の衆議院予算委員会で、民政党の中野正剛が満州某重大事件の真相について、田中首相をするどく追及した。これを契機に民政党を中心として、政府の対中外交の失敗等を取り上げ、内閣不信任決議案等を提出していく。衆議院では、前年閉会後、床次竹二郎らが民政党を離れ憲政一新会を結成、他の中間派とともに政友会と提携していた。政府支持議員が二百三十三名と過半数を得ており、民政党の提案を否決して対応した。

しかし、貴族院では通じず、「内閣総理大臣の措置に関する決議案」が可決された。田中首相は「弾劾の意味はない」と責任をとらなかった。そのため、会期末貴族院で重要法案が軒並み審議未了となった。その中に、政友会が強引に成立を図ろうとした「衆議院小選挙区制法案」があった。衆議院本会議が大混乱し、元田議長が引責辞任した。三月五日には、無産派の山本宣治議員が、東京の旅館で刺殺された。現職の代議士が殺害されたことは各方面に衝撃を与えた。

不祥事件が続くなかで、張作霖爆死事件について「調査中」という答弁で押し通してきた田中内閣も、議会閉会後、六月初旬貴族院側の強い要求で調査の結果を報告することになった。しかし、田中首相と白川陸相の間での対立があった。田中首相は内閣の責任を回避し、出先官憲の責任で収拾しようとしたが、白川陸相は国軍の威信と士気にかかわるとして反対し、事態は収拾不能となった。この間の経過を、『西園寺公と政局』（原田熊雄著）から抜粋して整理すると次のようになる。

① 事件発生当初、田中首相は天皇に「どうも陸軍のなかに元凶がいるように思われますので、目下陸相をして調査させております」と言上した。

② その後、白川陸相は天皇に事件の概要についてご説明し「なお十分に調査のうえ、言上いたします」と結んだところ、天皇は「国軍の軍紀は厳格に維持するように」と特にご注意があった。

③ 七月一日調査の最終結論を田中首相が天皇に奏上した内容は「張作霖事件につき陸軍と関東庁と満鉄にも命じて、いろいろ取り調べましたけれども、日本の陸軍には幸いにして犯人はいないということが判明いたしました。しかし、とにかくこのような事件が起こったことは当然警備上責任者の手落ちでございますので、これを行政処分をもって始末いたします」というものであっ

た。

④田中首相の奏上をうけた天皇は、事件当初の説明と内容が異なることを指摘したといわれ、その後鈴木貫太郎侍従長に田中首相に対する不満を述べたという。

⑤この旨を鈴木侍従長より耳にした田中首相は涙を流して恐懼し、即座に辞意を固めた。

こうして、七月二日、政友会の田中内閣は総辞職することになる。

この事件は二つの問題を起こした。一つは内閣総辞職が天皇の意向を反映したものであったこと。もう一つは、政友会田中内閣の対中国政策の失政が、その後の満州事変、中国事変そして太平洋戦争と繋がることになったことである。

④ 浜口民政党内閣と「男子の本懐」

田中内閣の総辞職後、元老・西園寺公望と牧野伸顕内大臣が協議し、後継内閣の首班に衆議院における第二党の党首、民政党総裁・浜口雄幸が推されることになる。憲政の常道が生かされたのである。浜口は昭和四年七月二日の午後、組閣の大命を拝受するやいなや八時間で閣僚の選考を終わり、同日夜には親任式が行われた。

浜口雄幸は、ライオン宰相と渾名《あだな》された。土佐の生れで、少年のころ自由民権運動のさなかに育ち、訥弁ながら苦学と努力で東京帝大を出て、大蔵省に入った。持ち前の頑固さで出世が遅れたが、後藤新平の知遇を得て立憲同志会に入り、政治の道を歩んだ。苦節十年、加藤高明の護憲三派内閣で蔵相、若槻内閣で内相を歴任し、昭和四年六月立憲民政党総裁となり、田中政友会内閣攻撃の陣頭に立ち、早くも一カ月で政権を継いだのである。

浜口内閣の施政方針は、①政治の公明、②国民精神の作興、③綱紀の粛正、④対外刷新、⑤軍縮促進、⑥財政の整理緊縮、⑦非募債と減責、⑧金解金断行、⑨社会政策確立、⑩教育機能の更新、であった。この中で主な政策の経緯を検証する。

緊縮財政　同年十月十五日「官吏俸給及在勤俸の削減」を閣議決定し、高等文官や武官の俸給一割カット等々を断行しようとしたが失敗する。

金解禁断行　昭和五年一月十一日、十三年ぶりに金本位制に戻した。政府は物価の低下で外貨の保有も三億四百万ドルに達していたので、日本の経済は動揺することはないと読んでいた。ところが、ニューヨークのウォール街での株の大暴落による世界恐慌と時期が重なり、わが国経済の混乱を深刻にした。

軍縮促進　同年四月一日の閣議は、ロンドン軍縮会議で海軍補助艦艇の対米比を六九・七五％とするロンドン軍縮条約を調印することを決定した。海軍が強く反対「統帥権干犯問題」として政治問題となった。加藤寛治海軍軍令部長が天皇に反対の帷幄《いあく》上奏（首相を経由しないで直接上奏すること、憲法違反）し、枢密院が条約に反対して紛糾した。政府は国防上の補充計画を作成して、枢密院も納得して批准した。

浜口内閣にとって初めての第五十七回議会が、昭和四年十二月二十三日に召集された。衆議院解散が必至であった。なお、政友会では田中義一総裁が同年九月に急死し、後任に犬養毅が選ばれ、この議会から全ての与野党党首が衆議院議員という、本来の政党政治の形となった。翌五年一月二十一日、両院で政府演説と代表質問が行われ、衆議院は解散となった。

第十七回衆議院総選挙は二回の普通選挙で、昭和五年二月二十日に行われることが決まり、各党がこぞって政策を発表した。これは初めてのことで、本来の政党政治となった。選挙の結果は、民政党二百七十三、政友会百七十四、国民同志六、無産党五、革新党三、中立その他五で、民政党の圧勝であった。民政党圧勝の原因は、露骨な選挙干渉でなく、公認候補をしぼって選挙区の調整を行ったからであった。この時期が明治憲法下で政党政治が花咲いた最初で、最後のときであった。

浜口内閣は衆議院で絶対多数の強固な基盤を築いたものの、内外の難問解決はなまやさしいものではなかった。選挙後、召集された第五十八回議会で、政友会は浜口内閣打倒をめざし犬養総裁以下「統帥権干犯問題」を追及した。また不況の原因を金解禁政策にあるとし、緊縮政策の放棄や失業問題の解決などについて論議がたたかわされた。特に農村不況は深刻で、米価が四割も安くなる未曾有の恐慌段階に入っていた。

昭和五年十一月十四日、浜口首相は陸軍特別大演習出席のため、東京駅中央ホームを歩行中、愛国社員佐郷屋留雄によって狙撃され重傷を負った。十二月二十四日の第五十九回議会召集日をひかえ、浜口首相は幣原外相を首相代理に指名した。翌六年一月二十二日に再開された議会で、政友会は幣原首相代理の資格問題に引き続き、ロンドン軍縮条約をめぐる発言を「天皇に責任を帰すものだ」と、取消しを要求し、民政党議員と大乱闘となり、二月六、七日の衆議院予算委員会では政友会議員四十九名が告発されるという事態となった。

幣原首相代理失言問題は、発言取消しで収拾したが、政友会は浜口首相の長期議会欠席を問題とした。責任感の強い浜口首相は周囲の説得を振り切り、三月十九日無理を押して登院、決死の覚悟で質問戦に応じた。この政友会のいやがらせは、人道問題として批判された。衆議院本会議散会後、再入院したが病状は悪化した。この頃、陸軍の桜会将校らが軍部クーデターで、宇垣一成内閣樹立の動きが発覚。三月事件として国民を震撼させた。

四月十三日浜口内閣は総辞職し、翌十四日第二次若槻礼次郎内閣が成立する。実質的に浜口内閣の延長であった。その年の八月二十六日、浜口雄幸前首相は逝去した。浜口が東京駅で狙撃されたとき「男子の本懐」と言ったことが話題となったが、立憲政治にとっては本懐ではなかった。この暗殺事件は軍の台頭と憲政の凋落を告げるものであった。同年九月十八日には満州事変が起る。

⑤ 政党政治の崩壊と犬養首相の死

若槻内閣は政策も民政党従前の方針を引き継いだ。深刻な不況は回復のメドもなく、財政赤字が累積し、生産、貿易とも衰退をつづけた。若槻内閣が発足して三カ月余りたった八月四日、陸軍大臣・南次郎は軍司令官・師団長会議に臨んで問題の訓辞を行った。

「満蒙問題」について、帝国の生存発展に極めて密接な関係をもっているとして、「この秋方り職《あた》を軍務に奉ずるものは益々奉公の誠を固くし、教育に訓練に熱と誠を尽し、以てその本分を全うするの用意に欠くる所なきを期せられたし」というものだ。これは満蒙問題を武力で解決することを予告したに等しい。明治天皇の『軍人に賜りし勅語』の「軍人は政治に関与すべからず」に反するものだ。これを若槻首相は放置した。三月事件を経て軍部の政治関与は増長するばかりであった。

この南陸軍大臣の訓辞後一カ月半たった九月十八日夜、大日本帝国崩壊の出発点となった「満州事変」が勃発した。満州奉天駅近くの柳条湖での鉄道爆破事件が契機となったのである。若槻内閣は不拡大方針をとったが、関東軍が戦線を拡大させた。天皇の裁可がないまま、在朝鮮軍の一個大隊が鴨緑江を渡ったのである。満州事変の問題点は、出先機関の関東軍のしかも一佐官クラスの陰謀によるものであった。なぜ簡単に成功し止めることができなかったのか、その背景には深刻な問題がある。

問題の第一は、世界恐慌の波を受けたわが国の経済が、不況のドン底から抜け切れず未曾有の失業者を出し、過剰人口をかかえ込んだ農村が疲弊、どこかに血路をみいださねばならなかったこと。第二は、相次ぐ軍縮によって軍人の欲求不満が突破口を求め、国民大衆が支持していたこと。第三は、政党が適切な政策を実行できないばかりか、政権の甘い魅力に酔い退廃していったことである。

大正末期の第二次護憲運動で完成した政党政治は「憲政の常道」論のもとに、当時は政友会と民政党という二大政党間で政権交代し、いわば政党の黄金時代であった。ところが政権の座についた政党は、国家、国民のことを忘れ権力の濫用に狎《な》れていった。これらの政党政治の退廃に、政治づいた中堅将校や農村出身の青年将校が考えたのは「革新政治の断行」であった。青年将校たちが歌った「昭和維新の歌」は、当時の国民大衆の心情であったと言えばいい過ぎであろうか。

昭和六年の暮、内外情勢は一段と厳しくなる。満州事変の拡大、軍の台頭を前に若槻首相は安達内相の進言をうけ、政友会との連立政権を構想した。閣内で外交財政政策の大変更をきたすと反対が出て、十二月十一日、若槻内閣は閣内不統一で総辞職する。元老・西園寺は、政党政治の長老・犬養毅を最後の切り札として天皇に奏請した。

原田熊雄が著した『西園寺公と政局』によれば、昭和天皇は軍部の不統制、政治干渉を強く指摘し、西園寺に対して「国家のためすこぶる憂慮すべき事態である。充分犬養に含ましておいてくれ、そのうえで犬養を呼ぼう」という趣旨のことを言ったとのことである。西園寺は犬養と懇談し、天皇の意向を伝え、犬養は覚悟を披瀝し少数党ながら、単独政権でいくことを伝えた。十二月十三日、犬養内閣が成立する。

犬養内閣は組閣当日、民政党が行った金解禁を改め、金輸出の再禁止を断行した。十七日は金貨兌換を禁止した。第六十回議会が十二月二十三日に召集された。犬養内閣は組閣直後、議会を迎えることになったため、政友会の政策を政府の政策としてまとめる時間がなかった。翌七年議会再開の冒頭に衆議院を解散し、少数与党として国民に信を問う予定であった。一月二十一日、貴族院に続き衆議院で政府演説を行い、解散証書が伝達された。

第十八回衆議院選挙は二月二十日に行われた。結果は、政友会三百三、民政党百四十六、無産党五

（社会民衆党三、労農党二）、革新党二、中立その他十で、政友会の大勝となり、犬養内閣は国民の信任を得た。選挙中から次の議会までに、内外で血なまぐさい事件が発生する。一月二十八日の上海事件で居留民保護のため日本の陸戦隊と中国軍が交戦する。二月九日、井上準之助（浜口内閣の蔵相）が射殺される。三月五日、三井合名会社の理事長・団琢磨が射殺された。いずれも「一人一殺」の血盟団員が犯人であった。なお、三月一日、満州国政府建国宣言が行われた。

第六十一回議会は三月十八日に召集され、議長に秋田清、副議長に植原悦二郎が選ばれた。この議会は珍しく紛糾もなく閉会となった。議会閉会中、五月五日に、日中間でもめ続けていた上海事件が停戦協定の調印によって解決し、物情騒然としたなかで一息ついたとき、国内で大事件が発生した。五月十五日、東京は五月晴れの日曜日であった。午後五時すぎ、首相官邸に青年将校らが乱入し、犬養首相が話し合おうと言うのを「問答無用」とふりきり射撃した。瀕死の犬養首相は「いまの若者を呼んでこい。話して聞かせてやる」と家人に指示しながら夜半に絶色した。五・一五事件である。事件の首謀者は海軍の古賀清志、三上卓らであった。

政党政治は、明治二十三年の議会政治発足から、行きつ戻りつ数々の苦難を越え、「政党内閣」を完成させ、昭和とともに「憲政の常道」が確立したものの、わずか六年の命脈であった。議会政治の擁護に七十八歳の老齢に鞭うって、最後の気魄を振るおうとした犬養首相の死で、わが国の政党政治は崩壊した。

第六章　軍部の台頭と議会

①　斎藤内閣と検察ファッショ

犬養首相の凶変直後、高橋是清蔵相が首相を臨時に兼任して、ただちに内閣総辞職を行った。後継内閣首班について政友会は継続内閣を期待し、民政党は挙国一致内閣を望んだ。陸軍は平沼騏一郎中心の超然内閣を主張した。元老・西園寺は悩みに悩み、政党内閣が軍部を刺激することを懸念し、苦肉の策として無難な元海軍大臣・斎藤実《まこと》を後継首班に推した。

昭和七年五月二十六日、斎藤内閣は「自立更生」をスローガンに発足する。大蔵・文部・鉄道を政友会に、内務・拓務を民政党に挙区一致内閣でもあった。第六十二回議会は犬養内閣で五月二十三日に召集されており、五・一五事件にともなう政変のため開会が遅れ、六月一日に開院式を行った。「五・一五事件」により、政党内閣が崩壊したことは憂慮すべきとの世論を受けて、六月四日、秋田衆議院議長は政党のあり方や議会政治の改善を図るべく、「議会振興委員会」の設置を提唱し、議会振興に関する私案を提示した。各会派は委員を出して集中的に協議し、七月十五日、議会振粛要綱を決定した。

内容は、三十二項目にわたる具体的な議会改革案で、話題となったものは、次のとおり。①議長の権限の拡大、議長副議長の地位向上。副議長の二人制、②立法府の予算を大蔵省から独立させる、③常置委員会を設け閉会中も活動できるようにする、④党議拘束の緩和、⑤議院内に酒類の搬入、販売を禁止する等々であった。この他に議会正常化の申し合せを行ったが、ほとんど実現しなかった。この議会改革が成功していれば、軍部の政治干渉に対抗できたと思われる。

第六十三回議会は八月二十二日召集され、満州国承認問題が本格的に議論されるようになる。同月二十五日の衆議院本会議で、森格議員の質問に答えた内田康哉外相が、満州国の承認のためには国土を焦土と化しても一歩も譲らぬ……」と発言した。この「焦土外交」は軍部の対外強硬策の線上のものであった。この議会あたりから軍部が政府の諸政策に対し、発言権を強めていく。

九月十五日には、日本は満州国を承認した。十月二日、国際連盟事務局はリットン調査団の報告を公表した。その結論は、満州事変の契機となった日本軍の軍事行動は正当な自衛権の発動とは認められない。また満州国も自発的な独立運動によって出現した国家ではなく、国際連盟の勢力下に自治制度を満州に設定すべきであるとした。日本政府は、国際連盟臨時総会に政友会の松岡洋右《ようすけ》を日本代表として送り込み、脱退の機運を盛り上げた。

第六十四回議会はこうした情勢で十二月二十四日に召集される。この議会で紛糾したのは、昭和八年度総予算の中にある陸・海軍の兵備改善に約一億円が織り込まれていたことである。議会の内外で反対の議論が出る。軍部から「反対の議論は、軍民離間の意図にもとづく」との警告声明が出された。議会に対する軍部の干渉が目立ち始めた。議会が閉会した翌日の昭和八年三月二十七日、日本は国際連盟から脱退し、いよいよ国際的孤立を深めていく。

「内政」について軍部の干渉が決定的になってきたのは、同年十月三日に設置された五相会議であった。首相、蔵相、外相、陸相、海相の五大臣によって国防と外交・経済の調整をしようとするものであった。要するに国政推進の中心に陸海両相が関わることになる。やがて政党人のなかにも政党を否認する言動が出てくる。国際連盟で日本の独自路線を主張し、マスコミから歓呼の声を受けて帰国した松岡洋右が、十二月八日政友会を脱党して衆議院議員も辞めてしまい「政党解消連盟」を結成し、全国遊説を行うようになる。

軍部が政府の財政論議や議会での論議を公然と封殺するかのような声明を出すなどの、政治干渉が続くなか、さすがに政党の指導者たちも反発した。政友会の中島久万吉商工大臣が中心となって、政友会と民政党が憲政擁護を目標にして、提携を深める申し合わせを行った。第六十五議会が十二月二十三日に召集され、翌九年一月二十三日に再開するにあたり、政友会と民政党はそれぞれ党大会で、憲政擁護の原点に戻る方針を明らかにした。

軍部はこれらの政友会や民政党の憲政擁護の動きに対して、軍部の影響を受けた政治家などを使っての露骨な妨害を行うようになる。その始まりは、中島商工相が十年前に執筆した「足利尊氏論」が、わが国の教育方針に反するとして、議会で問題となり、二月九日商工相を辞任することになる。

同時に起ったのが、いわゆる「帝人事件」である。これは検察ファッショと言われ、軍部を背景にした検察の政治干渉であった。中島商工大臣が辞任した二月七日、衆議院本会議で政友会の岡本一巳が、台湾銀行の所有株売却に関し政府を追及したことに始まる。この事件は、政友会の内紛が原因の一つであったが、岡本発言の波及は検察当局の乗り出すことになる。台湾銀行が保有していた帝国人絹の株の買い戻しに絡んで、閣僚や大蔵省幹部、財界人ら十六人が逮捕、起訴された事件だった。

軍部と検察のねらいは、当時の斎藤内閣が満州問題をめぐって国際的孤立を是正し、軍部の力の拡大することを抑えようとしたための倒閣であった。鳩山一郎文部大臣らが、議会で追及されたりマスコミで叩き続けられ、鳩山文相が辞任に追い込まれた。逮捕された高木帝人社長が検察の追及に抗しかね、虚偽の自白を行い、一大疑獄事件が組み立てられた。

五月十九日に黒田次官が起訴され、高橋蔵相の進退にまで及び、七月三日小山司法相が「現職大臣の起訴もあり得る」と閣議で報告、斎藤内閣は即日辞職する。事件は、足かけ四年がかりで二百六十六回にわたる公判の結果、「被告全員無罪、証拠十分にあらず、犯罪の事実なきなり」との判決でわかるとおり、検察の陰謀であった。軍部が司法省のドン平沼騏一郎に働きかけたといわれている。取り調べにあたった黒木検事は「俺たちが天下を革正しなければ、いつまで経っても世の中はきれいにならない」と豪語している。

公判で、藤沼庄平警視総監が「起訴は司法省の行刑局長の塩野季彦らが内閣倒壊の目的を持って仕組んだ陰謀だった」と、証言したことから真相が判明した。

新憲法下、平成二十一年三月から始まった小沢一郎（当時民主党代表）の西松事件や陸山会事件は、政権交代を阻止しようとする「時の権力」が、検察と巨大メディアを使って組み立てた、検察ファッショであった。検察は小沢を起訴できなかったが、政治的捜査で検察審査会が強制起訴した。本書執筆中、東京地裁で公判が続いており、捜査の不正が次々と明らかにされている。

② 天皇機関説と二・二六事件

斎藤内閣が総辞職し、後継内閣の首班は、西園寺公を中心に重臣会議が開かれ、斎藤前首相が岡田啓介海軍大将を推し、岡田内閣が成立することになる。岡田内閣が発足して三カ月後、陸軍が公然と政治への干渉を強めていく。陸軍省は「国防の本義と其強化の提唱」を発表した。その書き出しは「戦いは文化の父、文化の母である」とし、政党を否認し、自由主義に背を向け、経済統制を強調した〝政治読本〟であった。この考え方が「庶政一新」(陸海軍両大臣・昭和十一年)、「行政機構改革案」(陸海軍共同提案・同年)、昭和十三年の国家総動員法の成立へと進んでいく。政友会も民政党も批判や反論をしたが、この時期になると軍部にとって痛くも痒くもなかった。

第六十六回議会は、室戸台風による西日本の被害と東北の凶作などの災害対策の審議が中心であった。政友会の内紛で衆議院議長の秋田清が政友会を脱会し、議長も辞任した。第六十七回議会は、昭和九年十二月二十四日召集され、衆議院議長に浜田国松が選ばれた。議会が始まる直前、政府は二つの問題を処理した。一つはワシントン条約の廃棄である。もう一つは在満機構の改革で、機構のいっさいを対満事務局に統合し、その総裁を陸軍大臣が兼ね管轄外の文官行政を掌中に収めた。

天皇機関説問題

年が明けて昭和十年になって、日本中を震憾させる出来事が起った。「国体明徴問題」すなわち美濃部博士の「天皇機関説問題」であった。発端は衆議院予算分科会における政友会の江藤源九郎の質問であった。このときは一般には注目されなかったが、二月十八日の貴族院本会議での、当時貴族院議員であった美濃部博士に対する排撃演説は、学問の自由に対する弾圧であった。同日の貴族院本会議での論点を整理すると。

○男爵菊地武夫議員　美濃部博士の御著書、是は要するに憲法上、統治の主体が天皇にあらずして国家にありとか民にありとか、是は謀叛なり明らかに反逆的思想である。

○子爵三室戸敬光議員　天皇機関説なるものは、今日の大日本に於ては用ゆべきものに非ず、是れだけは（政府から）云って戴きたい。

○男爵井上清純議員　（政府は）天皇機関説を否認されて居られるのであるか、如何であるかと云ふことを明確にご声明されんことを希望します。

○文部大臣松田源治　私は天皇機関説と云ふものに向っては無論反対でありますけれども、是はもうずっと以前から、天皇は国家の主体なりや、天皇は国家の機関なりやと云う論が対立いたして居まして、斯かる点は学者の議論に委して置くことが相当でないかと考えて居ます。

○内閣総理大臣岡田啓介　私も天皇は機関なりと云うような言葉は、用語が穏当でないと考えて居ります。私は天皇機関説を支持して居る者ではありませぬけれども、党説に対して、私共が何とか申上げるよりは、学者に委ねるより外仕方がないと思ひます。

これらの発言をみればわかるように、美濃部学説の理論体系や認識論にかかわりなく、「天皇」＝「機関」という言葉を恣意的に引っぱり出して攻撃の材料としているのである。

美濃部博士は二月二十五日、貴族院本会議で一身上の弁明に立ち、自己の学説の真意を説いた。そのポイントは、次のとおりである。

国家の一切の統治権は天皇が之を総攬し給うことは憲法の明言して居る所であります。私の主張します所は唯天皇の大権は天皇御一身に属する私の権利ではなく、天皇が国家の元首として行はせらるる権能であり、国家の統治権を活動せしむ力、即ち統治の総ての権能が天皇に其最高の源を発するものであると言うのであります。それが我国体に反するものではないことは勿論、最も良く我国体に適する所以であろうと固く信じて疑はないのであります。

この弁明にもかかわらず、美濃部博士は二月二十八日不敬罪で告訴された。告訴したのは衆議院議員江藤源九郎であった。衆議院でも三月十二日政友会の山本悌二郎の「国体に関する質問」が行われた。同月二十日貴族院は、「国体の本義を明徴にすべし」との政教刷新に関する建議案が全会一致で可決された。衆議院本会議でも同月二十三日、同趣旨の「国体に関する決議案」を全会一致で可決した。天皇機関説問題は、同年九月十八日美濃部博士が貴族院議員を辞任し、不敬罪も起訴猶予となった。

この問題の背景には、天皇機関説で一木枢密院議長や金森法制局長官を巻きぞえにして、岡田内閣を倒閣しようとした軍部と、それにつながる官僚グループが演出した事件であった。この陰謀に政党が迎合し、軍と政党が憲政の墓穴を掘った事件でもあった。『西園寺公と政局』によれば、天皇は鈴木貫太郎侍従長に対して「美濃部のことをかれこれいうけれども、美濃部は決して不忠者ではないと自分は思う。今日、美濃部ほどの人が一体何人日本におるか。ああいう学者を葬ることは頗る惜しいもんだ」と話したといわれる。当時、昭和天皇が憲政の擁立について、最高の理解者であったことがわかる。

二・二六事件

第六十八回議会は昭和十年十二月二十四日に召集され、翌十一年一月二十一日再開された。衆議院で政府演説が終わった後、解散詔書が伝達された。二月二十日に総選挙が行われ、結果は民政党二百五、政友会百七十一、社会大衆党十八、国民同盟十五、無産諸派四、中立その他三十一となった。民政党を中心に政府支持が絶対多数を占めた。社会大衆党の進出は社会民衆党と労農大衆党の合同の成果であった。各党が「挙国一致」と「国防」を強調した選挙であった。選挙も終わり、岡田内閣の議会における基盤も堅固になったと、岡田首相が安堵しているとき、未曾有の大事件が突発し全国民を震憾させた。

昭和十一年二月二十六日早朝、前夜から降っていた大雪に東京中が白色に染まったとき、二十一名の将校に指揮された千四百五十二名の下士官、兵が出動し、数隊に分かれて政府最高首脳層や重臣を襲い、殺傷するという史上未曾有の武装叛乱事件が勃発したのである。二・二六事件である。

栗原安秀中尉指揮の襲撃隊約三百名は、午前五時すぎ首相官邸を修羅場と化した。岡田首相は女中部屋の押し入れに難を避けた。安藤輝三大尉の指揮する隊約百五十名は侍従長官邸に乱入し、鈴木貫太郎に傷を負わせた。高橋是清蔵相は中橋大尉ら約百二十名に、斎藤実内大臣は安田少尉ら約二百名に、教育総監・渡辺錠太郎中将は安田隊の別動隊に襲撃され惨殺された。前内大臣・牧野伸顕は難を逃れ、西園寺公は青年将校団が殺害を思いとどまり難をまぬがれた。

叛乱軍は、首相官邸、議事堂、警視庁を占領し、付近の交通を遮断した。首謀者の香田大尉らは川島陸相と面談し「本事態を維新廻転に導くこと。決行の趣旨を天聴に達せしむること。宇垣朝鮮総督、小磯中将、建川中将の即時逮捕。荒木大将を関東軍司令官に任命すること」などを要請した。陸軍内の皇道派によってわが国の覇権をにぎろうとするものであった。軍部はこの事件に狼狽した。初め襲撃隊を「決起隊」と呼んでいたが、それが「占領部隊」となり「騒擾部」に変わり、最後に「叛乱部隊」となった。

クーデターは三日間にわたって成否がわからなかった。当初は、岡田首相以下所在不明であり、軍事参議官を除いて閣僚の参内もわずかで、政治が空白となってしまった。翌二十七日未明ようやく開かれた閣議で戒厳令の施行を決めたものの、陸軍の分裂状況はひどく、叛乱軍を戒厳司令官の指揮下に入れるような有様であった。

二十八日になって叛乱軍鎮圧が決定された。これには天皇の強い意思があったといわれている。内閣総辞職の辞表奉呈に参内した首相臨時代理の後藤文夫内相に「速やかに暴徒を鎮圧せよ。秩序回復する迄職務に精励すべし」と指示している。

かくして、二月二十九日より戒厳隊は行動を起こし、叛乱部隊は帰順したのである。青年将校によるクーデターは失敗であった。「憂国の至情」から出た行動であったにせよ、軍の紀律に反し、要人・上官を殺害した行為は許されるものではない。首謀の青年将校十三名が死刑となり、部外の指導であった西田税、北一輝らも死刑となった。しかし、事件の真相はいまひとつ明確になっていない。

③ 軍部に抵抗した政党政治家

二・二六事件以後、軍部は幕僚を中心として政治そのものを牛耳るようになる。その動きは後継内閣の組閣で現われた。岡田啓介内閣の次の政権の課題は「いかにして軍部を抑えるか」ということであった。軍部は平沼騏一郎を推したが、西園寺公はそれを退け、貴族院議長の近衛文麿を奏請した。近衛は病弱を理由に拝辞した。代って外務大臣の広田弘毅に大命が下りた。

広田首相は、盟友・吉田茂を参謀にして軍部を抑える組閣を進める。ところが軍部がことごとく横槍を入れてきた。もっとも攻撃を受けたのは外相予定の吉田自身であった。軍人嫌いで自由主義外交官というのが理由であった。参謀役の吉田茂は、軍部が干渉するようでは内閣を発足させても意味がないとして、組閣を投げ出そうと広田首相にすすめたが、「近衛公が大命を拝辞し、いま自分が辞めたらどうなる」といって、ともかく広田内閣を発足させた。岡田内閣総辞職から十三日目の三月九日であった。世間はこの内閣を「拾った内閣」と呼んだが、本当は「捨てようとした内閣」であった。

斎藤隆夫の「粛軍演説」

第六十九回議会は昭和十一年五月一日に召集された。この議会で、わがもの顔の軍部に一太刀あびせようとする気骨のある政党人がいた。民政党の斎藤隆夫である。斎藤は米国で学んだ弁護士で、浜口内閣の法制局長官をつとめた人物である。

五月七日の衆議院本会議で、二・二六事件に対する国民の声を伝えるとともに、その原因にもふれ、三月事件、五・一五事件等に対する軍部の処理の不徹底が二・二六事件の直接の原因になったと、軍部の責任をきびしく追及した。さらに、軍部の政治干渉について次のように指摘した。

○斎藤隆夫議員

例へば今回叛乱後の内閣組織に当りましても、事件に付て重大なる所の責任を担うて居られる所の軍部当局は、相当に自重せられることが国民的要望であつたにも拘らず、或は某々の省内には政党人入るべからず、某々は軍部の思想と相容れないからして之を排斥する、最も公平なる所の粛正選挙に依つて国民の総意は明に表白せられ（拍手）之を基礎として政治を行ふのが明治大帝の降し賜ひし立憲政治の大精神であるに拘らず（拍手）一部の単独意思に依つて国民の総意が蹂躪せらるゝが如き形勢が見ゆるのは、甚だ遺憾千万の至りに堪へないのであります（拍手）それでも国民は沈黙し、政党も沈黙して居るのである、併《しか》しながら考へて見れば、此状態が何時まで続くか、人間は感情的の動物である、国民の忍耐力には限りがあります、私は異日国民の忍耐力の尽き果つる時の来らないことを衷心希望するのであります（拍手）満洲事件以来、国の内外に非常な変化が起りまして、世は非常時であると唱へられて居るのであります。此非常時を乗切るものは如何なる力であるか、場合に依つては軍隊の力に依頼せねばならぬ、併ながら軍隊のみの力ではない、又場合に依つては銃剣の力に俟たねばならぬ、併し銃剣のみの力ではない、上下有ゆる階級を通じて一致和合したる全国民の精神的団結力（拍手「ヒヤ〳〵」）是より外に此難局を征服する所の何物もないのでありますけ（拍手）因より軍部当局は是位なことは百も千も御承知のことでござりまするが、近頃の世相を見まするに云ふと、何となく或る威力に依つて国民の自由が弾圧せられるが如き傾向を見るのは、国家の将来に取つて洵に憂ふべきことでありますからして（拍手）敢て此一言を残して置くのであります。

この斎藤演説は「粛軍演説」と名づけられ、国民から喝采を受けるとともに、昭和の名演説の一つに数えられている。

それにしても歴史は厳しく皮肉なものだ。この時期、内閣を組織した広田弘毅は、敗戦後の極東裁判で死刑となる。一方、盟友の吉田茂は軍部に外相の就任をつぶされたが、そのおかげで敗戦後は総理として、新憲法を制定し、復興・独立と今日の日本の礎をつくることになる。神の配剤といえる。

しかし、軍部は議会の「粛軍演説」に耳を傾けようとはしなかった。広田内閣は、同年五月十五日陸海軍両大臣及び次官を現役制とすることを決め、同月十八日勅令をもって公布した。この制度は、

「内閣の命取りとなる官制」の復活であった。

議会史に残る浜田国松の「腹切り問答」

全国民が待望した新しい議事堂が完成し、昭和十一年十一月七日盛大に挙行された。明治二十三年の帝国議会の開設以来、この日まですべて仮議事堂であった。議事堂の本建築については、明治二十四年二月、貴族院書記官長・金子堅太郎が意見書を発表して以来、国家的課題であった。

金子の意見書は「建築の経費を節約すべきでなく、わが国美術の粋を集め、日本憲政の記念として万世に伝わる堅固荘厳なものを建築すべきである」というものであった。諸般の事情で本建築プロジェクトが遅れ、起工は大正九年一月となった。実行予算総額は、二千五百七十二万六百二十四円にのぼった。

金子堅太郎が構想したような議事堂が新築されたが、わが国をとりまく情勢はきわめて厳しく、議会民主政治や政党政治は風前の灯であった。西欧ではドイツでヒットラーのナチス党が政権をとり、昭和十年にはベルサイユ条約を廃棄して再軍備する。イタリアもムッソリーニの率いるファッシスト党の独裁となった。日本は対ソ戦争を国防の中心としていたが、南方進出を国策とするようになる。米英との対立は深まり、日本はドイツやイタリアと接近するようになる。昭和十一年の暮には、日独伊で防共協定が締結された。中国では、内乱がしだいにおさまり、抗日民族統一戦線がつくられていった。

軍部は「庶政一新」の名目で、政治制度の改革を要求し、政府は昭和十一年七月十五日、勅令で議院制度調査会、選挙制度調査会、貴族院制度調査会を内閣に設置した。軍部はこの場でしばしば提議を行った。この中で陸軍の意見として、①政党内閣制を廃止する、②政党法を判定して政治活動を規制する、③議会の政府弾劾権を廃止する、④選挙権は戸主または兵役義務の終了者に限定する、など論外の主張があった。

政党が軍部に追いつめられていくなかで、敢然として軍部に立ち向かった老政治家がいた。政友会の浜田国松である。明治三十六年から衆議院議員となり、第一次、第二次護憲運動で犬養毅とともに活躍し、第二十一代の衆議院議長をつとめたばかりであった。

昭和十一年十二月二十四日、完成したばかりの議事堂に、第七十回議会が召集された。休会明けの翌十二年一月二十一日、衆議院本会議での代表質問で浜田は激しく軍部の政治関与を攻撃した。これに対して寺内陸相は、軍に対する侮辱であると反撃した。論戦の肝心な部分を要約しておく。

○浜田国松君　軍部の大臣が公開の席に於て吾等の持つ政治の推進力ということを、公式に声明したことは幾度もある。今更之を卑怯に御隠しになることもなかろう。軍部の思想の底を流れているのは、機会があれば政治、経済、社会の方面に頭を出すことであります。五・一五事件然り、二・二六事件然り、軍から発せられる独裁政治思潮に関する政治意見然り、議会制度調査会に於ける陸相懇談会の経緯然り、更に政治の上に具現せられたるものに陸海軍大臣任用資格の改正がある。軍部の推進的思想というものが、総て近年の政治の動揺の本になる。此底を流るゝ所のファシズムと申しますか、独裁思想と申すか、是等の思想は強い力で底を流れて居る。
○陸軍大臣寺内寿一君　色々の言葉を承りまするると、中には或は軍人に対しまして聊か侮蔑さるゝやうな如き感じを致す所の御言葉を承りまするが……。軍部大臣の任用範囲を決められました際に於ける所の処置が、何か隠れてそう云う処置を致したやうに述べられましたが、堂々と軍の必要上之を処置致したのでございます。
○浜田国松君　陸相寺内君は私に対する答弁の中で、浜田の演説中軍部を侮辱するの言辞があると云われた。私の何等の言辞が軍を侮辱しましたか、事実を挙げなさい。
○陸軍大臣寺内寿一君　侮辱するが如く聞える所の言辞は、却て浜田君の言はれる国民一致の精神を害するから御忠告を申したのであります。どうぞ速記録を御覧下さい。
○浜田国松君　そんな無責任な、侮辱したことを言うたと最初に言うておいて、今度は侮辱に当るような疑のあると云う所までぼけて来た。日本の武士と云うものは古来から名誉を尊重します。速記録を調べて僕が軍隊を侮辱した言葉があったら割腹して君に謝する。なかったら君割復せよ。

これが、〝腹切り問答〟の要約である。当然、政党と軍部との正面衝突となった。衆議院本会議は喧騒のうち散会した。政府は事態収拾のため二日間の停会を行った。事態打開について閣内の意見が分れ、寺内陸相が解散を主張、政党から出た閣僚は反対し、閣内不統一ということで、ついに広田内閣は一月二十三日、総辞職するに至った。

第七章　太平洋戦争と議会

① 近衛内閣と日中戦争

広田内閣総辞職の後、後継内閣の首班に宇垣一成陸軍大将が推され大命が下りた。陸軍を抑えることを期待されたが、その陸軍が妨害した。陸海軍大臣は現役に限るとした任用官制のため、陸軍が陸軍大臣を出さないことで、組閣不能となり大命を拝辞した。組閣大命は林銑十郎陸軍大将に降下した。昭和十二年二月二日林内閣が成立したが、政友会と民政等が協力せず、清浦内閣以来の超然内閣で「軍部ロボット内閣」と呼ばれた。

第七十回議会は二月十五日に再開された。広田内閣の後仕末であったが、議会に低姿勢で臨み総予算は紛糾なく成立させた。ところが、政友会と民政党が共同で衆議院議員選挙法改正案を提出しておかしくなる。選挙運動の規制を緩和しようとするもので、林内閣はこれに反対し、政府支持グループの勝利を期待して、衆議院を解散した。総選挙は四月三十日に行われ、結果は、民政党百七十九、政友会百七十五、社会大衆党三十七、昭和会十九、国民同盟十一、東方会十一、中立その他三十四であった。反政府勢力の圧倒的勝利となった。選挙後の政局をめぐり、林内閣は行き詰まり、五月三十一日総辞職した。

昭和十二年六月一日、組閣の大命は貴族院議長・近衛文麿に降下した。政党と軍部を調整できる唯一の人物として期待された。近衛文麿は五摂家の一つ公爵近衛篤麿の長男で、東大哲学と京大法科に学び、若きころ河上肇に傾倒したマルクス・ボーイであった。満州事変のころ森格を通じて軍部中堅将校と交流、しばしば首相候補の下馬評に上っていた。二・二六事件の政変で組閣の大命を受けたが辞退したことがあった。

この内閣は閣僚の平均年齢が五十四歳で、世間は「青春内閣」と呼び、民政党から永井柳太郎、政友会から中島知久平が入閣し、文字どおり「挙国一致内閣」となった。近衛内閣は、次々と新しい施策を打ち出していく。六月九日の閣議で国民保健及び社会施設に関して独立した機関を設置することになり、厚生省を設けた。六月十五日には、日本と満州の一体化を目標とする「産業五カ年計画」を決定した。

国内の政治情勢が安定しかけた七月七日夜、中国北京西南の郊外「蘆溝橋」で日本軍と中国軍の衝突事件が発生した。事件はいったん調停できたが、十一日に黄安門事件が発生し、事態は予想を超えて拡大、同日政府は、北支事変と称することを決めた。選挙後衆議院が新しい構成になったまま林内閣が総辞職し、近衛内閣の準備もあり第七十一回議会の召集が遅れていたが、北支事変の勃発もあり七月二十三日に召集された。議会では、北支事変に関する経費の調達を中心に、審議が平常に進められた。

近衛内閣は、北支事変について不拡大の方針でのぞんできたが、事態は中南支へと波及した。八月九日の上海での日本兵惨殺事件からますます情勢が悪化した。九月二日には「支那事変」と呼称することに改めた。翌三日には第七十二回議会が召集され、支那事変に対処する諸施策が審議された。支那事変は次第に拡大の方向に進み、宣戦布告なき戦争へとなだれ込んでいった。九月に入ると、毛沢東が率いる共産党の呼びかけた国民党が応じ、政治的対立を越えた抗日民族統一戦線が形成された。

日本国内では、九月十一日に日比谷公会堂で国民精神総動員大演説会が開かれ、十月二十五日には企画院と資源局を統合した「企画院」を設置し、強力な戦時経済計画の立案にあたることになった。さらに、十一月二十日には、大本営を設置して戦争に対応する準備ができた。十二月十三日に日本軍は首都南京を陥落させ占領した。日本政府は、駐日・駐華ドイツ大使を通じて和平の交渉をもったが、翌十三年一月十五日打ち切られた。一月十六日、近衛首相は「国民政府（蔣介石）を相手にせず」と声明して、中国に親日の新政権を樹立することになる。近衛声明は、英米各国を強く刺激し、戦争への道の遠因となった。

政府は、戦争体制へ反対する無産政党や労働組合の弾圧に乗り出した。昭和十二年十二月十五日の第一次人民戦線事件、翌十三年二月一日には労農派学者グループが検挙される第二次人民戦線事件が起った。

第七十三回議会は昭和十二年十二月二十四日に召集され、翌十三年一月二十二日に再開された。この議会では臨時軍自費予算などが審議された。憲法に違反すると思われる問題法案がいくつか提案された。国家総動員法案と電力管理法案などである。なお、この議会の会期中、二月十一日の憲法発布五十周年記念式典が貴族院で行われた。

昭和十三年の暮になると、中国情勢は一転する。日本軍は広東攻略を始めた。政府は興亜院を設置し、同年十二月二十二日近衛三原則を発表する。①中国の抗日の停止、②中国の満州国承認等、③日本に対する経済的利権の供与、であった。中国国民党の巨頭で、反共派の汪兆銘が日支和平促進の声明をし、情勢は新たな段階に入る。この動きが中国の結束を固めさせ、和平の道が閉ざされた。

第七十四回議会は昭和十三年十二月二十四日に召集され、翌十四年一月二十一日に再開されることになっていた。一月四日、近衛首相は政事始めの儀から退出後、緊急閣議を開いて総辞職の決意を伝えた。閣僚も議会も国民も驚いた。近衛首相は「新事態に対処し、民心一新を図る」というものであった。

② 新体制と大政翼賛会

近衛内閣の総辞職にともなう後継内閣の首班には、平沼騏一郎が奏請され大命が降下する。平沼は司法官僚の大御所で右翼団体国本社の首領であった。議会開会中の政変でもあり、近衛内閣の閣僚中五相が留任し、政策も継承し、昭和十四年一月五日発足した。平沼内閣の最大の課題は日独伊三国同盟問題であった。陸軍が積極的で海軍は米内海相、山本五十六次官を先頭に強く反対した。政財界でも反対意見が出て、米英との国交調整を要望する意見が強かった。

緊迫する国際情勢、激動する政局のなかで、またもや政党の内紛が表面化した。政友会で親軍派が臨時党大会を強行し、中島知久平総裁を実現した。久原・鳩山の両派は別に大会を開いて久原房之助総裁を選んだ。政友会の分裂である。しかも、久原政友会のなかで久原総裁は新体制派、鳩山は政党派と政界の苦悩が現われていた。第七十四回議会では、衆議院で、各派交渉会規程を制定し、一月三十一日から実施した。この中で「各派交渉会の議事は全会一致を以て之を決す」という項があり、これがその後、国会運営についてはは全会一致によるとの慣行となり、現在でも影響を受けている。

国際情勢は、ノモンハン事件（五月十一日）、米国の日米通商航海条約の廃棄通告（七月二十六日）、天津問題に関する日英会談の打ち切り（八月二十日）と緊急を増すなか、陸軍は日独伊軍事同盟締結へ意欲を燃やした。ところが、八月二十三日突如、独ソ不可侵条約の締結が発表された。平沼内閣は狼狽し、三国同明の交渉を打ち切り、「欧州の天地は複雑怪奇なる新情勢を生じた」と声明して、八月二十八日総辞職した。

平沼首相の後継として、陸軍大将・阿部信行に、大命が降下した。八月三十日、阿部内閣が発足する。阿部内閣成立の翌々九月一日、欧州においてドイツがポーランドに進駐し、三日には英仏が対独宣戦を布告した。第二次大戦が勃発するに至った。あわてた阿部内閣は、対外協調政策に切りかえるために、阿部首相が兼務していた外相に野村吉三郎海軍大将を起用し、対未交渉の好転を期待したが時すでに遅かった。

欧州戦争の影響で、わが国では物価の高騰をはじめ経済が混乱、対米交渉の打開もできず、第七十五回議会が召集された十二月二十三日頃には、阿部内閣は軍部からも支援されなくなった。翌十五年一月七日、各党は代議士会を開き阿部内閣への対応を協議した。この時点で阿部内閣不信任の署名は、衆議院議院議員四百六十六名中、二百七十六名で過半数を超えていた。阿部内閣の退陣による政局の安定を要望する声が大勢となり、一月十四日総辞職した。

阿部内閣総辞職にともなう後継首班は、重臣が海軍大将・米内光政を奏請し、一月十六日米内内閣が発足した。米内首相は海相時代、日独伊軍事同盟に反対した親米英派とされていた。日中戦争の長期化に手を焼いていた日本の支配層が、日米調整のため期待を寄せた最後の切り札であった。

これに対して日独伊三国同盟にこだわる陸軍は、衆議院本会議における民政党の斎藤隆夫の日中戦争批判演説を槍玉にあげ、米内内閣をゆさぶった。斎藤演説は事変処理についての方針を確認したものであり、格別の問題はなかった。にもかかわらず、陸軍がまず軍を誹謗し聖戦を穢がすものとして、斎藤議員の除名か衆議院の解散を求めた。陸軍のねらいは議会を混乱させ、米内内閣を倒し、日独伊の三国同盟を実現しようとするものだった。

小山衆議院議長は事態収拾のため斎藤議員に発言の取消しを求めたが、応じない。結局、懲罰委員会に付され、除名処分となった。軍部の横車に議会が翻弄された事件であった。この斎藤除名をめぐって政党側に紛糾が起こる。久原政友会の五名がこの除名処分に反対票を投じ、これをめぐり鳩山派と久原派に分裂した。社会大衆党では安部磯雄ら十名が本会議を欠席し、この処分をめぐって党内が対立し、安部ら二名が離党、八名が除名された。昭和十五年の四月になって、欧州の戦線に変化が起る。突如独側が電撃的にデンマーク・ノルウェーに侵入し、両国を占領した。五月にはオランダなど中立国を侵し、マジノ線を突破して英仏連合軍をダンケルクに撃滅し、パリを占領した。六月十七日、フランスは降伏する。このドイツの勝利に日本の支配層は驚き、陸軍はあせり、ドイツにならった強力な国内体制をつくろうとする。

これらドイツの勝利は、戦争の準備を整えていた国と、不十分な国との差で、いわば幻想であった。これを理解できない日本では、日独伊同盟論が台頭した。政党側のなかにも、陸軍に接近することで政権に近づこうとする勢力が多くなってくる。国内における新体制樹立のために、穏健な米内内閣では物足りなくなる。

七月十二日、畑陸相は〝軍の要望〟なるものを米内首相に伝えた。「独伊と積極的に手をにぎり大東亜を処理すべきであり、そのためには外交方針の大転回が必要なので、総辞職してはどうか」という趣旨のものであった。米内首相は畑陸相を説得し、畑陸相の態度を不満とする陸軍省事務当局が要望書を公表した。そのため畑陸相は辞任し、米内首相は後任陸相の推薦を求めたが、陸軍は「推薦に応じる者なし」との意志を示した。昭和十五年七月十六日、米内内閣は総辞職した。

組閣の大命は三たび近衛に下り、七月二十二日、第二次近衛内閣が発足した。近衛公は昭和十四年一月首相を辞職した後、内外の情勢の激変に対応すべく、密かに研究していた「既成政党とは異なった国民組織の結成」を実現する機会が到来したと考えていた。米内内閣の行方を読んだうえで、枢密院議長を辞め新体制へ踏み出せる用意をしていた。

近衛公の新体制運動に対して、各政党は「国民再組織・高度国防国家」を合言葉に雪崩のように先を争ってみずから解党した。七月一日に日本革新党が、六日に社会大衆党が、十六日政友会久原派が、そして第二次近衛内閣が発足してからは、七月二十六日に国民同盟が、三十日に政友会中島派が、八月十五日に民政党が解党し新体制に合流することを決めた。「バスに乗り遅れるな」というのがこのときの流行《はやり》言葉であった。政友会の鳩山派ほか一部の議員だけがこの動きに反対した。

新体制を大政翼賛のための国民組織とする近衛首相の声明文を、八月二十七日閣議が承認し、九月二十七日の閣議で運動の名称を大政翼賛運動とし、推進組織として「大政翼賛会」を設置することを決定した。同日ベルリンでは、日独伊同盟条約の調印式が行われた。大政翼賛会は、十月十二日に発足した。昭和天皇は大政翼賛会の存在に疑義をもたれ、西園寺公に「憲法の精神に反しはせぬか」と下問があったとのこと（西園寺公と政局より）。十一月二十四日、西園寺公が逝去した。平和を願った最後の元老が、戦時体制が整うなかで消えていった。

近衛公は、当初、二大政党を考えて、みずから一方のトップとなって強力な国民政党をつくり、軍部を押えることを構想していた。しかし、出来上った大政翼賛会は「万民翼賛、一億一心、職分奉公の国民組織を確立し……臣道実践体制の実現を期することを目的とする全国民の運動」を行うことになった。これは単なる軍部への奉仕機関であった。近衛公の構想が、どうしてこう変っていったのか。昭和史の謎といわれているが、要するに近衛公自身も時代に浮いた流木にすぎなかった。

昭和十五年十一月二十九日、帝国議会開設五十年記念式典が行われ、近衛新体制のもと第七十六回議会が十二月二十四日に召集された。大多数の衆議院議員が大政翼賛会に参加し、既存の政党が解消していたために、召集日直前の二十日、衆議院に新しい院内団体として大政翼賛会に参加した議員四百三十五名で「衆議院議員倶楽部」が結成された。

これに参加しなかった議員が七名、欠員が二十四名であった。まさしく一国一党であった。第七十六回議会から敗戦まで、わが国に真の意味での民主的議会政治は姿を消した。

③ 近衛首相の挫折と太平洋戦争

昭和十六年一月二十一日再開された第七十六回議会では、政府演説は行われたが衆議院では時局緊迫を理由に国務大臣の演説に対する質疑を取りやめた。しかし、一月二十四日の衆議院予算委員では、川崎克が「大政翼賛会は憲法違反である。天皇の統治大権は憲法三十五条の協賛と輔弼の任にある帝国議会と国務大臣以外に関与できないはずだ」と追及した。この時代の政治家の中には不条理と闘う精神があった。近衛首相や平沼騏一郎内相は「政府に協力する機関であり、万民翼賛の責任を全国民がその職分で尽くし全うする点にある」と逃げた。大政翼賛会は内閣総理大臣が総裁となり、各府県知事が地方支部長を兼ね、すべての国民に対する統制、支配、教化の組織で、要するに戦争体制の中心となるものであった。

第七十六回議会は第一回の翼賛議会であった。衆議院での交渉団体が、衆議院議員倶楽部の一会派だけになったので、議長はその会派の協議員と協議するための議院協議会を設けて、議事運営などを行った。議員の議席は党派別に指定されていたが、各政党が解消したため、道府県別に指定することになり、また、議員控室についても地方別に定めた。また、この議会で戦時体制に備えるため「衆議院議員の任期延長に関する法律」が成立し、任期が昭和十七年四月三十日まで一年間延長された。

昭和十六年春以降の国際情勢はいっそう緊迫してくる。四月十三日、日ソ中立条約調印。日米交渉は、松岡外相の日独伊三国同盟を重視する意見に米国が反発し態度を硬化させた。近衛首相はなんとか対米交渉をまとめようと、ぎりぎりの日米交渉を続けたが、交渉打ち切りの松岡外相と意見を対立させた。

七月十六日、国内態勢の急速なる整備化のため内閣の一大刷新の要ありとして、近衛内閣は総辞職した。松岡外相を閣外に出すためでもあった。日米衝突を回避するため外相に海軍大将・豊田貞次郎を就任させたが、米英は日本軍の中国や南部仏印の進駐などで態度を硬化させた。在米・在英の日本資産凍結、日英通商航海条約の廃棄、米国の石油の対日輸出の禁止など全面的経済封鎖となり、重大事態に直面した。

近衛首相は、局面打開のため、ルーズベルト米大統領と太平洋上において会談したいと米側に提案したが、実現に至らなかった。陸軍部内の主戦論はますます硬化し、海軍部内でも石油の備蓄が二年分しかないことなどで開戦やむなしとの声が強くなる。国民も英米に対する敵愾心を高めていく。九月六日、政府は「帝国国策遂行要領」を決定し、戦争への決意を明確にしながら、外交交渉による局面打開に期待を残した。

米国は十月二日、これまでの日本側の諸提案に対する見解を覚書で回答してきた。要旨は、事前了解のない首脳会談を断わるとともに、中国及び仏印からの全面撤兵、日独伊三国同盟を骨抜きにすることを示唆するなどの内容であった。近衛内閣は苦境に立った。陸軍は日米交渉の打ち切りと開戦を主張。海軍は、妥協か開戦かすみやかに決定すべきで、和戦いずれの方針をとるかを近衛首相に一任した。近衛首相は「国策遂行上の方途に関し、ついに意見の一致を見ることあたわざるに至り……」ということで、十月十六日総辞職した。第三次近衛内閣は、わずか三カ月しかもたなかった。

十月十七日、後継首班の大命が陸軍大将で陸相の東条英機に降下し、翌十八日東条内閣が成立した。東条は現役軍人のまま首相となり、陸相と内相を兼ねる異例の組閣を行った。東条を首相に起用した重臣たちのねらいは、強硬論者をして強硬論者を押えようとするものであったが、これが裏目に出ることになる。東条内閣は、とりあえず日米交渉を継続させることにし、来栖三郎を米国に派遣して野村大使をバックアップさせた。しかし、十一月一日の政府大本営連絡会議で、対米交渉不調を前提に、十二月初頭までに対米英蘭戦争。作戦準備を完整させることを決めた。

第七十七回議会が十一月十五日に召集された。この議会が召集されるまでに、衆議院における院内会派に変化があった。衆議院議員倶楽部が解消され、翼賛議員同盟が三百三十四名で発足した。また、これに加わらない議員は同交会三十七名、興亜議員同盟二十六名、議員倶楽部十一名、同人倶楽部八名を結成した。また無所属十七名、欠員三十三名となった。

議会では、陸海両相が昭和十六年四月以降の作戦経過について報告。臨時軍事費を中心とする追加予算などが審議された。対米交渉は、十一月二十日、日本側は米国に最終案を提示し、これに対して米国はハル国務長官が新提案（ハル・ノート）を提示した。その内容は、支那及び仏印から兵力等の撤収や日独伊同盟の実質的廃棄などで、当時の月本側が了承できるものではなかった。

十二月一日、日本側は御前会議で、開戦が決定された。米国に対する交渉打ち切りの通告は十二月八日午前三時、ワシントン時間七日午後一時の予定であったが、実際に日本側から米国に通告した時間は、一時間二十分遅れ、ワシントン時間の七日午後二時二十分であった。これより一時間前に日本海軍のハワイ真珠湾攻撃が行われていた。

十二月八日午前六時（日本時間）、大本営陸海軍部は「帝国陸海軍は本八日未明西太平洋において米英軍と戦闘状態に入れり」と発表した。政府は同日午前七時から緊急臨時閣議を開き、米英両国に対する宣戦布告、臨時議会召集などを決定した。同日午前十一時四十五分、宣戦の詔書が公布され、「大東亜戦争」と名づけられた。

第七十八回議会は、十二月十五日召集され、東条首相及び東郷外相の演説や、海相及び陸軍次官からの戦況報告などが行われた。両院では、陸海軍に対する感謝などの決議が全会一致で可決された。また、臨時軍事費追加予算や一般会計、特別会計の追加予算をはじめ、「言論、出版、集会、結社等臨時取締法」や「戦時犯罪処罰の特例法」などが成立した。なお、衆議院において「大東亜戦争目的貫徹に関する件」が決議され、議会も戦争体制の先頭に立つことを表明するに至った。

東条内閣は昭和十六年十月十八日に成立し、同十九年七月十八日に総辞職した。太平洋戦争の宣戦から始まって、サイパン陥落の致命的打撃をうけての退陣であった。東条内閣二年九カ月の間に、わが国の戦況は全面勝利から全面撤退へと暗転した。

④ 東条首相に抵抗した政治家

第七十九回議会は、昭和十六年十二月二十四日に召集され、翌十七年三月二十六日に閉会した。政府は百八十億円の臨時軍事費を含む総額二百四十三億円にのぼる予算案、八十四件に及ぶ法律案を提出して、順調な審議で成立させた。問題は任期を一年延長した衆議院総選挙をどうするかであった。論議のすえ四月三十日に選挙を行うことになった。

東条首相はこの選挙に対して、昭和十七年二月十四日「戦争目的の完遂に積極的協力を行う有為の人材を選出するようにしなければならない」と声明し、「翼賛政治体制協議会」を結成した。会長を陸軍大将・阿部信行とし、大政翼賛会、在郷軍人会、財界、言論界らを網羅した組織であった。この協議会が母体となって、衆議院の全議席数にあたる四百六十六名の推薦候補者を決定して選挙が行われた。世上〝翼賛選挙〟と呼ばれるものである。自由主義者として推薦されなかった立候補者に対する干渉は熾烈をきわめ、それは弾圧といえるものであった。この翼賛選挙と戦った尾崎行雄翁の話が『咢堂《がくどう》自伝』にある。

尾崎翁は東条内閣の選挙への弾圧があまりにもひどいので、国家を誤らせないため立候補挨拶状の中に「政府の干渉により、一方には権力と金力を与え、他方には憲法や法律の許す手すら使わせず弁論の場に警察官を派遣して取締をしている」と、弾圧の実状を書き、「日本で独裁政治を行うことは、明治以前久しく経験した結果であって実に憂うべき事」と批判していた。この挨拶状は内務省の検閲で、ズタズタにされた。尾崎翁は、東条首相に直接公開状を送り抗議した。

この公開状も、公開を禁止された。尾崎翁は選挙演説まで禁止はできまいとし、東京から立候補した田川大吉郎の応援演説で、「東条内閣の独裁的性格は立憲政治に逆行する。憲法を御制定遊ばした明治天皇の御辛労と、わが国に立憲政治を実現するために全力を尽した祖先の労苦を忘れたためである」と述べた。さらに話をわかりやすくするために、「唐様で売家と書く三代目」という川柳を紹介した。これは今上陛下を指したものだとして、尾崎翁は不敬罪で起訴された。

ちょうど選挙中、三重県の選挙区にいたところを東京検事局に出頭を求められ、巣鴨拘置所に拘留された。当選はできたが、不敬罪については東京刑事地方裁判所で懲役八カ月、執行猶予二年の判決が下った。上告して、大審院はこの判決を破棄し無罪の判決を下した。

選挙の結果は、翼賛政治体制協議会の推薦候補者が三百八十一名当選した。それでも非推薦候補者八十五名が憲兵の剣とピストルのなかで当選した。この翼賛選挙の後、東条内閣は戦時体制確立のため、一国一党の構想を具体化させ、議院の会派を次々と解散させた。昭和十七年五月二十日衆議院に、議員四百五十八名からなる「翼賛政治会」なる会派が結成された。大神田軍治、北昤吉、尾崎行雄、薩摩雄次、犬養健、森田福市、松岡平市、湧上聾人の八名が無所属であった。

選挙後の第八十回議会は五月二十五日に召集され、正副議長候補の選挙などが行われ、開院式が二十七日に挙行され、会期は二日間で、予算案二件、法案二件が成立した。戦局は、議会閉会後の六月ごろから米英の膨大な生産力による立ち直りと対決することになる。六月五日にミッドウエー海戦が行われ、八月七日には第一次ソロモン海戦があり、同日米軍がガダルカナル島に上陸するなど、日本軍にかげりがみえ始めた。

昭和十七年十二月二十四日、第八十一回議会が召集された。決戦議会と称され、二百七十億円にのぼる軍事予算を含む四百七十四億円の昭和十八年度予算と九十件近い法律案が提出されたが、会期末二週間前に提出され、ほとんど成立させて休会した。一国一党のシステムが驚異的に働いたのである。

この議会では問題法案があり、東条首相の独裁的国政運営を批判する政治家が活動を始めるようになる。鳩山一郎、中野正剛、斎藤隆夫、三木武吉、西尾末広、水谷長三郎、三田村四郎らであった。彼らは、戦時行政特例法や戦時刑事特別法改正案などの阻止をめざし、結束して東条内閣に抵抗するようになる。

この時期、東条首相に抵抗した政治家といえば、**中野正剛**の活動を忘れるわけにはいかない。明治十九年福岡市に生まれ、早稲田大学から朝日新聞に入り、大正九年の第十四回衆議院総選挙で当選以来、八回連続して当選していた。中野が東条首相に対する批判を公衆の前で行った最初は、昭和十七年十一月十日の母校早大の大隈講堂での講演で、「魂だけでは勝てませぬ」と述べ、東条内閣の単純な統制経済を批判するとともに、弾圧政治に対して痛烈な批判を浴びせた。

同年十二月二十一日、中野は日比谷公会堂での講演で再び東条首相を批判、政府は中野の議会外での演説をいっさい禁止した。中野は演説ができないならというので、昭和十八年元旦号の「東京日日新聞」に、「戦時宰相論」を掲げ、東条首相の批判を続けた。東条首相は発売禁止を命じた。

昭和十八年が明けるや、中野は重臣に働きかけて東条内閣の倒閣運動をはじめた。重臣会議で東条首相を退陣させ、宇垣一成を首班とする内閣をつくり、全面敗北に至らぬ前に早期講和を計画したものであったが失敗した。同年十月二十一日、政府は中野が所属する東方同志会などを一斉検挙により、中野を警視庁留置場に検束した。

第八十三回議会が同月二十五日に召集され、議員の身分を保証する憲法により釈放されなければならないが、東条首相は陸軍刑法等の「造言蜚語《ぞうげんひご》」容疑で、東京地裁に起訴前の強制処分を請求した。しかし、予審判事の小林健二はこれを拒否した。十月二十六日午前六時、警視庁を出た中野を待っていたのは、東京憲兵隊長の四方隊長の車であった。同日午後二時まで九段下の憲兵隊に拉致されていた。自宅に帰った中野は、その夜、軽く腹を真一文字に切り、左頸動脈を切断して自決した。遺書は二通あり、一つは頭山満翁宛のもので仏壇に入れ、他の一つは居間の机の上に置いてあった。

中野正剛は死をもって、時の独裁首相・東条英機に退陣を迫ったのである。中野の死後、東条首相は急速に指導力を失っていく。

⑤ 無条件降伏へ

第八十三回議会は、衆議院議員・中野正剛の憲兵隊による検挙、自決という議会史上予想できない事件の最中、開会された。会期三日間という短い期間で、軍需会社法案や「衆議院議員にして大東亜戦争に際し、召集中なるに因り其の職を失ひたるものの補欠及復職に関する法律」など十四件が成立した。

戦況は昭和十八年秋からいよいよ暗転してきた。南太平洋のソロモン群島、ニューギニアにあった日本軍の作戦拠点が連合軍によって次々と占領された。十一月二十二日に米国ルーズベルト大統領、英国チャーチル首相、中国蒋介石の三者がエジプトのカイロで会談し、日本が無条件降伏するまで継続することなどを合意した。

第八十四回議会は昭和十八年十二月二十四日に召集された。翌十九年一月二十一日再開し、戦局の苛烈化を反映して三カ月の会期の通常議会であったが、衆議院では二月五日、貴族院では二月七日をもって審議を終えた。この議会で予算案十二件、法律案三十三件などを議了した。昭和十九年一月四日、戦時官吏服務令、文官懲戒戦時特例などが公布され、二月二十一日東条首相兼陸相が参謀総長に、嶋田海相が軍令部総長を兼任した。陸軍大臣が参謀総長を兼ねたのは明治二十二年参謀本部の独立以来初めてで、これによって東条首相は陸軍大臣と軍需大臣に加え、統帥の実権をもつ参謀総長に就き、独裁体制をつくった。

昭和十九年四月になって、戦況はさらに厳しくなる。インパール作戦の失敗、六月のマリアナ沖海戦の敗戦となり、七月七日にはサイパン島の日本軍守備隊が全滅するに至った。欧州でも、六月には英米軍がノルマンディーに上陸し、七月にはヒットラー暗殺未遂事件が発生した。東条内閣の命脈はサイパン島の敗戦から急速に失墜していくようになる。

東条首相批判の声を上げたのは重臣たちであった。倒閣の中心となったのは近衛文麿、岡田啓介の首相経験者であった。政界でも翼賛政治会の有志代議士からも東条不信任の声が大きくなった。閣僚で東条退陣をせまったのが、岸信介国務大臣であった。閣内不統一となり、昭和十九年七月十八日東条内閣は総辞職した。

東条首相の在職中、あまり知られていない話がある。それは原子爆弾の開発について、天皇に奏上して拒否されたことである。昭和十八年の初め頃、東条首相兼陸相は陸軍航空本部の総務課長・川島虎之輔大佐を陸軍大臣室に呼び「アメリカとドイツで原爆製造計画が進んでいる。もしわれわれが遅れたら戦争に負ける。お前が中心になって製造をはじめろ」と指示している。

同年二月十五日の貴族院本会議で、田中館愛橘《たなかだてあいきつ》議員が橋田文相に、ウラン爆弾の開発研究について研究者の増員と費用の増額を要請している。「若シ一（グラム）・（ラジウム）ガ、此ノ数萬年年間出ス（エネルギー）ヲ一時ニ出セル工夫ガ出来タナラバ、英国ノ全艦隊ヲ打潰スルコトガデキルノデアリマス」と会議録が残されている。

同月二十二日、東条首相は別件で天皇に奏上した際、原爆開発についても奏上した可能性がある。昭和十九年七月、東条内閣が瓦解し杉山元元帥が陸軍大臣に就任、秘密裡に原爆開発を急がせていたところ事故があり、天皇が知るところとなり、杉山陸相を叱責した話が残っている（『昭和天皇の極秘指令』拙著　講談社）。

東条内閣の後継首班は、昭和十九年七月二十日、陸軍大将・小磯国昭に大命が下り、同月二十二日小磯内閣が成立した。新内閣は「大和一致」をスローガンに、敗け戦となった戦況に対処していくが、十月二十五日のレイテ沖海戦の惨敗をはじめ、サイパン島を基地とするB29爆撃機が内地を空襲し、国内の生産力は急激に低下していった。第八十八回議会で小磯首相は本土決戦の決意を表明することになる。この議会で、朝鮮人及び台湾人に直接国税十五円以上という制限付で選挙権を賦与し、朝鮮から二十三名、台湾から五名、樺太から三名の議員を選挙するとの内容の衆議院議員選挙法改正案が成立したが、終戦で未施行となる。

議会会期中、米軍の攻撃は激しく、昭和一月九日にルソン島、二月十九日には硫黄島に上陸し、日本軍は潰滅した。三月九日～十日の東京大空襲は大きな被害をもたらした。欧州では、ドイツの敗戦が色濃くなり、二月四日にはルーズベルト米大統領・チャーチル英首相・スターリンソ連首相がヤルタで会談。日本の降伏を前提に、南樺太のソ連への返還、千島列島のソ連への引き渡しを条件に、ドイツが降伏してから二、三カ月以内にソ連が対日戦争に参戦するという秘密協定が結ばれている。

議会は三月二十五日閉会となるが、衆議院で翼賛政治会は退会者が出て三百七十六名、護国同志会三十一名、翼壮議員同志会二十名、無所属八名、欠員三十一名の三会派となった。また三月三十日翼賛政治会を改組して「大日本政治会」を結成した。

昭和二十年四月一日、米軍はついに沖縄本島に上陸を開始し、小磯内閣は「時局の重大さに鑑み更に強力なる内閣の出現を冀《ねが》う」として、四月五日、総辞職した。後継の首班の選考に重臣たちは悩んだ。この場に至って重臣は、海軍大将・鈴木貫太郎を推したが、東条は陸軍の畑元帥を推し議論となった。結局、鈴木が推されたが、大命受諾を渋った。天皇が自ら説得し、鈴木は老骨を引っ下げて和平に向けて立ち上ることになる。

鈴木内閣の組閣の日、沖縄救援のため出撃した戦艦大和が南九州沖で撃沈された。本土空襲がますます激化し、東京・大阪はじめ中小都市の多くが焼き尽くされる中で、政府は皇土決戦訓を発表し、本土決戦体制を固める。

欧州では、四月二十二日、ソ連がベルリンに突入、五月七日ドイツが無条件降伏した。このような情勢のもとで、第八十七回議会が六月八日召集された。

この議会で全権委任法と呼ばれる「戦時緊急措置法」が提出され、衆議院で憲法違反の論議が続出し、会期を二回延長して成立させた。また、十五歳から六十歳までの男子、十七歳から四十歳までの女子に義勇兵の義務を課する「義勇兵法」が成立した。なお、衆議院議長と副議長が交代したが、このとき、選挙（投票）の手続を省略して、それぞれの候補者を動議で指名し、その動議を可決するという異例の方法で正副議長候補者を決定した。

ポツダム宣言

六月二十三日、沖縄本島の日本軍守備隊が全滅した。政府はソ連に戦争終結の斡旋を依頼するため近衛公の派遣を打診したが不調に終わった。七月十七日からポツダムで、トルーマン米大統領、チャーチル英首相、スターリンソ連首相が会談し、対独処理やヨーロッパ戦後の秩序回復について協議した。ここで日本に対する降伏勧告について合意がなされた。七月二十六日、米国・英国・中国の三国政府は、日本に対して無条件降伏を内容とする「ポツダム宣言」を発表し、降伏を勧告した。これは日本に対して戦争を終結する機会を与えるための講和条件であったが、通常の講和と違い日本側の要求を認めるものではなかった。

ポツダム宣言は十三項目からなり、日本の領土や政治体制などについての基本方針であったが、敗戦後の占領体制や新憲法制定の下敷きとなった項目は次のとおりである。

十　吾等ハ日本人ヲ民族トシテ奴隷化セントシ又ハ国民トシテ滅亡セシメントスルノ意図ヲ有スルモノニ非サルモ吾等ノ俘虜ヲ虐待セル者ヲ含ム一切ノ戦争犯罪人ニ対シテハ厳重ナル処罰加ヘラルヘシ日本国政府ハ日本国国民ノ間ニ於ケル民主主義的傾向ノ復活強化ニ対スル一切ノ障礙ヲ除去スヘシ言論宗教及思想ノ自由並ニ基本的人権ノ尊重ハ確立セラルヘシ

十一　日本国ハ其ノ経済ヲ支持シ且公正ナル実物賠償ノ取立ヲ可能ナラシムルカ如キ産業ヲ維持スルコトヲ許サルヘシ但シ日本国ヲシテ戦争ノ為再軍備ヲ為スコトヲ得シムルカ如キ産業ハ此ノ限ニ在ラス右目的ノ為原料ノ入手（其ノ支配トハ之ヲ区別ス）ヲ許可サルヘシ日本国ハ将来世界貿易関係ヘノ参加ヲ許サルヘシ

十二　前記諸目的カ達成セラレ且日本国国民ノ自由ニ表明セル意思ニ従ヒ平和的傾向ヲ有シ且責任アル政府カ樹立セラルルニ於テハ連合国ノ占領軍ハ直ニ日本国ヨリ撤収セラルヘシ

これに対して、鈴木内閣は講和工作への期待と軍部の強硬論に押されて「黙殺」する態度をとった。

そのため起った悲劇は言葉では言い尽くせないものがあった。八月六日、広島に原子爆弾が投下され、死者八万六千余、重軽傷者四万六千余、行方不明者一万四千余という想像を絶する犠牲者を出した。八日、ソ連は日本がポツダム宣言を拒否したことを理由に、日本の講和斡旋の基礎は失われたとして、対日参戦を通告してきた。九日には満州などの日本軍に対して行動を開始した。同日、長崎に原子爆弾が投下され、死者二万六千余、重軽傷者四万一千余、行方不明者二千余という犠牲者を出した。

ことここに至り、ポツダム宣言を受諾するか拒否するか、「黙殺」では済まされない事態となった。最終判断は九日深夜の御前会議に持ち込まれた。激論が続き牴触の裁断は「天皇の地位の変更がないこと」という留保をつけたものであった。連合国の回答は「日本国民の自由な意思により決定される」というもので、この解釈をめぐって再び意見が対立した。八月十四日の御前会議で、再び天皇の裁断で、ポツダム宣言の受諾が決定された。

連合国の回答受諾の通告は即日なされ、午後十一時終戦の詔書が発せられた。同日、連合国は日本を占領する連合国最高司令官に米国のマッカーサー元帥を任命した。翌八月十五日、天皇は自ら録音した終戦の詔書をラジオを通じて国民に放送した。当日の未明、終戦に反抗する近衛師団の一部が反乱の行動を起し、天皇の放送を阻止しようとしたが、防止することができた。翌十六日、全軍隊に即時停戦が下命された。かくして、太平洋戦争は、軍人・軍属の戦死行方不明者二百三十万人、一般国民の死者行方不明者八十万人を数えた。また、本土すらごく一部の地域を除いて、ほとんど焦土と化すという惨状のもとで、敗戦となった。

第八章　占領体制と議会

① 占領の基本方針と天皇

昭和二十年八月十五日、鈴木内閣は敗戦の責任をとって総辞職した。翌十六日、東久邇宮稔彦王《ひがしくにのみやなるひこ》内閣が発足する。憲政史上初めての皇室内閣であった。八月二十三日付の朝日新聞の社説は『自らを罰するの弁』を載せた。要旨は、満州事件勃発直後から第二次世界大戦終了まで、大政翼賛会の発表をそのまま記事にして、戦争賛美の論説を書き続け、国民に多大の犠牲を強いる先導後を果したことに対する反省であった。八月二十八日には横浜に連合国総司令部（ＧＨＱ）が設置され、同月三十日には連合国最高司令官マッカーサー元帥が厚木に到着した。九月二日、米艦ミズリー号上で重光外相、梅津参謀総長の両全権が出席して降伏書の調印が行われた。

敗戦後最初の第八十八回議会は、九月一日に召集された。貴衆両院で東久邇宮首相の敗戦に至る経緯と時局に処する政府の所信が表明され質疑が行われた。戦争の敗因、立憲政治の復活、食糧問題、インフレ対策などが議論された。九月十四日には、「翼賛政治会」が名を変えた「大日本政治会」は解散した。

連合国の日本占領基本方針は、間接統治方式で、日本の国家機関として降伏条項を実施させることを原則とした。米国の対日管理政策は、軍国主義の抹殺、戦争犯罪人の処罰、個人の自由及び基本的人権の奨励、経済上の非軍事化、民主的勢力の助長などであった。また、占領政策を効果的に実施するため、議会による立法の外に「ポツダム宣言の受諾に伴い発する命令に関する件」を緊急勅令で制定した。これは広範な委任立法で、ポツダム命令といわれ、占領期間中、約五二〇件を数えた。

九月十五日には、総司令部が東京日比谷の第一生命ビルに移転し、占領政策が本格化する。戦犯容疑の逮捕が続くなか、日本側にとってもっとも頭の痛い問題は「天皇の戦争責任」であった。東久邇宮内閣では、法律上天皇には責任はないという点で意見は一致していたが、道義上、祖先と国民に対して責任があるかどうかについて意見は一致していなかった。ただ木戸幸一宮内大臣の日記によれば、天皇の意向は「国家国民のためなら、自分はどうなってもよろしい」というものであったとのこと。

吉田茂外相と藤田侍従長のはからいで、天皇とマッカーサー元帥の会見が行われたのは八月二十七日であった。天皇がアメリカ大使館を訪問するという形で、約四十五分間の会見が行われた。この会見がその後のわが国の進路を決定づけた。

会見の内容については、藤田侍従長の記憶として、信夫清三郎氏が『戦後日本政治史』に掲載している。要点は次のとおり。

○天皇　責任は全て私にある。文武百官は、私の任命するところだから、彼らに責任はない。私の一身はどうなろうとかまわない。私はあなたにおまかせする。このうえは国民が生活にこまらぬよう、連合国の援助をおねがいしたい。

○マッカーサー元帥　かつて戦に敗れた国の元首で、このような言葉を述べられたことは、世界の歴史にも前例のないことと思う。占領軍の進駐が事なく終わったのも、日本軍の復員が順調に進行しているのも、これ全べて陛下のお力添えである。これからの占領政策の遂行にも、陛下のお力を乞わねばならぬことは多い。どうかよろしくお願いしたい。

このマッカーサー元帥の発言は、非公式に天皇の身分の安全を保障したものであった。また、占領軍として天皇を支持するという意味があった。この会見で国体護持問題の見通しがついたことで安堵した東久邇宮内閣は、敗戦にともなう諸改革に着手した。

東久邇宮内閣には限界があった。九月二十九日の各新聞が、開襟服のマッカーサーとモーニング姿の天皇が並んだ写真を掲載したのを内務省が発売禁止にしたのである。総司令部は内務省の措置に激怒し、「政治的・市民的・宗教的自由に対する制限撤廃」を要求する覚書を提示し、東久邇宮内閣をゆさぶった。閣議で論議が続いたが「内務大臣の責任だけでなく、全閣僚が責任をとるべきだ」との結論となり、十月五日、総辞職した。

後継内閣の首班には木戸宮内大臣が重臣らと協議し、総司令部の了解を得て、幣原喜重郎に大命が下りた。

② 政党の復活と民主化指令

昭和二十年十月九日、大正時代から平和外交で知られる幣原氏が内閣を組織した。七十四歳の老齢であった。初閣議で、内閣のスローガンを「民主主義の確立」におくことを決めた。しかし幣原首相の「民主主義観」は、五箇条の御誓文の域を出るものでなく、総司令部の意図する国民主権や政党政治とかけはなれていた。組閣の翌十日、総司令部は戦時中思想犯として収監していた社会主義者や共産主義者約三千名を釈放した。

さて、戦時体制により崩壊していた政党は敗戦直後どうしたか、主要な政党の動きを簡略に追ってみる。

日本進歩党　十月十六日に結成されたが、翼賛政治会を継承した大日本政治会の生まれ変りであった。総裁問題でもめ、長老の町田忠治が選ばれたが、国民の支持は少なかった。

日本自由党　敗戦直後の八月末、鳩山一郎等は「一大救国政党」の結成を多方面に呼びかけたが、無産政党の参加が望むようにならなかった。そのため旧政友会を主体に言論界・学界に協力を求め、十一月九日に日本自由党を結成した。同じ保守政党でも進歩党との違いは、戦争責任問題で参加した人たちの中には軍部から弾圧された人が多かった。

日本社会党　ＧＨＱ（総司令部）から釈放された社会主義者や旧無産政党員を中心に、社会党結成準備委員会が結成された。左右両派の対立が激しく、十一月二日結成大会が開かれた。

日本共産党　大正十一年に結成されたが、非合法活動であった。十二月一日、合法化にともない第四回党大会が開かれ、「人民開放路線」を訴えた。当時、共産党は連合国軍隊の日本進駐を解放軍として理解していた。

敗戦直後の混乱の中で、日本政府も復活した政党も、総司令部の占領体制がいかなることになるか、思いあぐんでいた。国内での政治論議が盛んになるのと前後して、総司令部は、民主化指令を矢つぎばやに発していった。その主要なものは次のとおりであった。

① 九月九日　マッカーサ元帥、日本の管理方式について間接統治、自由主義助長を声明。
② 九月十一日　総司令部、東条英機ら三十九人の戦犯を逮捕。
③ 十月四日　自由に対する制限撤廃の覚書を政府に通達。
④ 十月十日　政治犯三千人を釈放。
⑤ 十月十一日　マッカーサー元帥、幣原首相に憲法の自由主義化及び人権確保の五大改革を口頭で要求（婦人解放、労組結成奨励、学校教育民主化、秘密審問司法制度撤廃、経済機構民主化）
⑥ 十月十三日　国防保安法・軍機保護法・言論出版集会結社等臨時取締法など廃止の件公布。
⑦ 十月十五日　治安維持法・思想犯保護観察法など廃止の件公布。
⑧ 十一月六日　持株会社の解体に関する覚書を政府に通達。

⑨　十一月十八日　皇室の財産に関する覚書（皇室財産の凍結）を政府に通達。
⑩　十一月二十四日　軍人恩給の廃止に関する覚書を政府に通達。
⑪　十二月九日　農地改革に関する覚書を政府に通達。
⑫　十二月十五日　国家神道に対する政府の支援等の廃止に関する覚書を政府に通達。

総司令部による日本の民主化は次々と指令され、ポツダム勅令あるいは政令として、場合によっては日本政府の政策として実現していった。一方、総司令部は占領政策を徹底させるため、「言論及び新聞の自由に関する覚書」（九月十日）、「郵便の検閲に関する覚書」（十月一日）により言論統制を実施した。

さらに、十月二十二日、政府に対して「議会における立法手続等の報告に関する覚書」を発した。政府は「法律案・議事経過・公布」の三段階について、総司令部に報告する旨を回答した。この運用は単なる一方的報告ではなく、法律案の原案及び修正案については、総司令部の事前の了承を受けたうえで提案する方法がとられた。間接統治とは言え、政府や議会に対する管理統制がなされていた。

③　敗戦後初の衆議院総選挙

敗戦直後のわが国は、戦災、食糧難、住宅難、インフレの進行、ヤミの横行、復員引きあげ等による大量失業などによって、国民生活は極度の困難に陥り、経済麻痺状態となっていた。こうした情勢のなかで、第八十九回議会が昭和二十年十一月二十六日に召集された。この議会は衆議院議員選挙法改正案をはじめ、多くの重要法案が提出され、実質的に敗戦後初めての国政審議が行われた。

すみやかに衆議院を解散して自由な民意による構成をし、政党内閣をつくる必要があった。総司令部から指示のあった「婦人参政権の許与、選挙権・被選挙権の年齢低下等」を含め、大選挙区制限(三名)、連記制とする選挙法の改正が行われた。重要法案としては、労働組合法、農地調整法改正が成立し、国家総動員法など二十数件の戦時立法が廃止された。なお、この議会で戦争責任追及の問題が激しく論議された。

自由党の鳩山一郎らは「戦争開始以来、政府と表裏一体となって戦時議会の指導にあたった者は、この際すみやかに責任をとってみずから進退を決すべきである」という趣旨の「議員の戦争責任に関する決議案」を提出した。これは進歩党の指導者達を対象としたものであった。一方、進歩党は「静かに過去の行動を反省し、新日本建設に邁進しなければならない」という趣旨の同名の決議案が提出された。衆議院本会議は、自由党案を否決し進歩党案を可決した。十二月一日、十一名の衆議院議員が戦争責任を理由に辞職した。

昭和二十年十二月十八日、衆議院は解散となった。二日後の二十日、総司令部は衆議院総選挙の投票日の延長を指令してきた。選挙法では解散の日から三十日以内に行われなければならない。占領中とはいえ異常なことである。理由は超国家主義者など占領体制に適切ではない人物によって議会が構成されることを避けるためである。

昭和二十一年元旦、天皇は「新日本建設に関する詔書」を発した。その中で、天皇みずから神格化を否定した〝人間宣言〟を行い話題となった。一月四日、総司令部は「公職追放の指令」を発した。政界に無血革命的衝撃を与えた。幣原内閣に五名の該当者がいると報道され、内閣は致命傷を受けた。幣原首相はいったん総辞職を決意したが、総司令部が了承せず、五人が辞任し内閣改造で事態を乗り切った。

さらに衝撃を受けたのは、総司令部が第二十二回衆議院総選挙の期日を四月十日に延期したことであった。立候補者の資格審査を行うためで、進歩党は壊滅的打撃を受けた。公職追放は政界だけでなく各界に及び、二月二十八日ポツダム勅令一〇九号の発令により、全国で約二十万人の人々が追放処分をうけた。選挙が延期されたことにともない、昭和二十一年度予算を審議する議会が三月までに構成できなくなった。政府は総司令部の指示にもとづいて、三月二十七日、勅令をもって前年度予算を施行する件を公布するという異常な事態が発生した。

公職追放という激動のなかで、各党は選挙戦に突入した。先に述べた四党のほかに、解散の日に結成した「日本協同党」が、新政策をかかげて選挙にのぞんだ。この選挙は婦人参政権をはじめ、各党が実質的に自由に活動しえたわが国で初めての選挙であった。この選挙で婦人議員三十九名、共産党五名が初めて当選した。大選挙区制限連記制は失敗であった。共産党と自由党と無所属が連記されていたり、党派を無視して女性ばかり三人書いたり、有権者の気まぐれ投票が多かった。第九十二回議会で、中選挙区単記制が復活した。

選挙の結果は次のとおりであった。

投票結果（昭和二一・四・一〇）

党派名	議席数	解散時議席数
日本自由党	一四一	四六
日本進歩党	九四	二七四
日本社会党	九三	一七
日本協同党	一四	―
日本共産党	五	―
諸派	三八	―
無所属	八一	―
無所属倶楽部	―	七二
計	四六六	四〇九（欠五七）

第九十回議会召集日現在（二一・五・一六）

党派名	議席数
日本自由党	一四二
日本進歩党	九七
日本社会党	九五
日本民主党準備会	三八
協同民主党準備会	三三
新光倶楽部	二九
無所属倶楽部	二五
日本共産党	五
計	四六四（欠二）

選挙後の政局は混迷した。幣原内閣は選挙後の居座りを考えて、進歩党に与党工作を始めたが失敗した。社会党の呼びかけで、自由党・協同党・共産党の四党は「幣原内閣打倒共同委員会を結成した。共同委員会は「民主主義政治確立のため幣原反動内閣の即時退陣を要求するとともに、議会内外のいっさいの民主主義諸団体と協力して一大国民運動を起こす」と声明した。四月二十二日、幣原内閣は四党の包囲網のもとに総辞職する。後継内閣をめぐって四党の共同委員会は分裂し、政局は混迷す

る。

④ 吉田首相の出現と帝国憲法の改正

憲政の常道からいえば、第一党の自由党が政権を担うことになるが、単独では過半数にならない。そこで社会党との連立工作を始めたが、社会党内でもめ、結局、自由党が少数単独政権を決意することになる。ところが自由党総裁・鳩山一郎の追放問題が起こる。

総司令部では鳩山について異なった二つの意見があった。鳩山の自由主義者としての政治活動を評価する現実派と、軍国主義・大企業とも関係などを批判するニューディーラー派の対立であった。五月四日、総司令部は鳩山を追放すべく政府に覚書を発した。鳩山首班が消えた直後、社会党首班の話も出たが不調となった。党首を失った自由党は、あわてて後任党首を探すことになる。

さまざまな人物が候補となるが、結局、幣原内閣の外相で、国際感覚のある自由主義者の吉田茂に懇請して、総裁を引き受けてもらうことになった。吉田は「金はつくらない、人事に口を出さないこと」などを条件に引き受けた。吉田は五月十六日、組閣の大命を受け、同月二十二日、第一次吉田内閣を発足させ、約一カ月にわたる政局の混迷を終わらせた。

吉田茂。土佐の自由民権政治家・竹内綱が父で、芸者〝瀧〟が母という運命の星のもとに生まれた。福井出身で横浜で貿易商を営んでいた吉田健三の養子となり、その遺産で学習院、東大と進み、外交官となった。宮内大臣となった牧野伸顕の女婿となり、奉天総領事や駐英大使を歴任した。親友・広田弘毅が政権に就いたとき、外相に就任することになっていたが、軍部が反対して実現せず、戦時には和平運動で憲兵に検挙されたこともあった。

吉田茂という人物は、自由主義、貴族主義、官僚主義、合理主義、人間主義といった多元的性格をもっていた。総司令部やマッカーサー元帥にも遠慮せず意見をいうことから、必ずしも好感を持たれていなかった。組閣にあたって、経済閣僚に労農派学者の大内兵衛や有沢広巳、東畑精一らを起用しようとして話題となった。この不思議な人物が、占領体制から独立まで混迷する政治を担うことになる。

吉田首相は自分の内閣を「食糧問題解決内閣」と考え、農林大臣に農林省農政局長の和田博雄を抜擢するなど、国民を驚かせた。当時〝米よこせ運動〟が、五月一日のメーデーと重なり、同月十九日には二十五万人が皇居前広場で「食糧メーデー」を開き、暴動化した。総司令部は食糧デモを禁止し、その代替えとして、小麦八千五百三十五トンの放出を決め京浜地区一帯に配給した。これを境にデモは沈静化していった。

帝国憲法改正案の審議

敗戦直後の日本政府の指導者達は、ポツダム宣言が憲法改正を要求しているとは理解していなかった。マッカーサー元帥は、昭和二十年十月頃から日本政府の首脳に、憲法の改正をしばしば示唆していたが、政府側の動きも鈍く数回にわたる注意喚起によって、昭和二十年暮から翌二十一年春にかけて本格化する。政党・言論界・民間団体と改正案が発表されるようになる。

日本政府は二月八日総司令部に「憲法改正要綱」（松本案）を提出するが、総司令部はこれに不満で「マッカーサー草案」を、回答という形でホイットニー民政局長から吉田首相兼外相、松本国務大臣に手交した。結局、日本政府はマッカーサー草案を基礎に「帝国憲法改正案」としてまとめて、第九十回議会に提出することになる。

敗戦後始めての衆議院総選挙後の第九十回議会は五月十六日に召集され、開院式は召集日から一カ月遅れて六月二十日に行われ、議会が正規に活動することになる。政府は、開会と同時に「帝国憲法改正案」を提出した。マッカーサー元帥は「憲法の採択が日本国民の自由な意思の表明たることが絶対に必要」など、憲法審議三原則を声明し、「憲法議会」となった。

「帝国憲法改正案」は、天皇の発議という形で提出され、八月二十四日、共産党のみの反対で衆議院を通過、貴族院に送付。貴族院は十月六日、修正可決、翌七日、衆議院は貴族院からの回付案を可決し、「日本国憲法」が成立した。

改正された帝国憲法、新憲法ということにするが、その根本規範を要約しておく。

新憲法における国家統治の基本原理は、国民主権主義、基本的人権尊重主義、永久平和主義である。国民主権は民主主義を実現する原理であり、基本的人権は自由主義や平等主義そして福祉主義などによって実現されるもので、自由権・平等権・社会権などによって保障された。民主主義は国家統治の方法や形態に関するものであり、自由・平等・福祉・平和は統治の目的といえる。

新憲法は、マッカーサー案が原案になったため、用語や表現方法に問題があるが、国連憲章なども参考にしていた。当時の世界で、もっとも民主主義の諸原理の理想に近い内容であった。帝国憲法の原理と本質的に異なるもので、敗戦後の日本人がどの程度理解し、その原理を現実に生かせるか問題があった。新憲法での国会制度は別に説明することとする。また、平和主義については「戦争放棄」で知られる憲法第九条についてであり、説明を省略する。「自由主義」「平等主義」「福祉主義」について、要約して説明しておく。

自由主義

言論・出版その他の表現の自由、集会の自由が保障されており、また不法に逮捕されない権利、住居・物品の不可侵、財産権の不可侵、居住・移転の自由、職業選択の自由などが保障された。

平等主義

「法の下の平等」を一般原則とし、普通選挙の平等の一般原則、国会議員及び選挙人の資格の平等、婚姻及び夫婦の同権及び両性の本質的平等、貴族制度の廃止及び栄典に伴う特権の禁止、教育の機会均等などであった。

福祉主義

国民の生活権・勤労権など、生存権または社会権を保障している。また、教育を受ける権利、勤労者の団結権・団体行動権を保障していた。

新憲法が制定される経過そのものに大きな問題があったことは事実である。当時の国際政治を反映して総司令部が米国の国策を受けて、日本が将来軍事大国化しないようあらゆる配慮のもとでつくられた憲法であった。指導され押しつけられた憲法であったが、この憲法によってわが国に定着した国民主権、基本的人権平和主義などには評価されるべきものがある。

⑤　帝国議会の閉幕

昭和二十一年（一九四六年）十一月三日、日本国憲法が公布され、施行は翌二十二年五月三日であった。吉田内閣は、六大政綱を発表して、引きつづき政局担当の決意を表明した。①新憲法の普及徹底、②教育制度の刷新、③行政機構、公務員制度並びにその運営の改革、④地方自治の改革、⑤産業経済の再建、⑥労働問題の解決及び民生の安定、というものであった。野党は単なる政治的作文にすぎないと批判し、新憲法も成立し、食糧問題も一応危機を切り抜けたので、吉田内閣の使命は終ったとして速やかに退陣するか、議会を解散して信を国民に問うべきであるとの声明をそれぞれ発表した。

また当時、経済復興の遅延と国民生活の不安を背景に労働攻勢が活発化し、十一月中旬には総同盟の越冬攻勢を皮切りに、十二月十七日には生活権確保、吉田内閣打倒国民大会が開かれ、五十万人が集まった。こうした情勢下で、十一月二十五日、第九十一回議会が召集された。吉田内閣にとっては、退陣や解散どころではなかった。経済の復興や国民生活の不安解消といった緊急課題だけではなく、新憲法の施行にともなう諸法令の整備をしなければならなかった。

この議会では、インフレ対策、石炭増産をはじめとする資源の確保、海外同胞引き揚げ問題等々が論議されるとともに、皇室典範、皇室経済法、内閣法、参議院議員選挙法など憲法付属の法律が審議され成立した。また、新憲法で「唯一の立法機関」となった国会の権限や構成、運営の手続などの整備を行わねばならなかった。衆議院に各派から委員を出し「議院法規調査会」を設けて調査を始めた。その結果、米国議会の常任委員会を中心とする制度を参考にして「国会法案」をまとめ、各派共同提案で本会議で可決したが、貴族院で審議未了となった。

帝国議会最後の第九十二回議会が、昭和二十一年十二月二十七日に召集された。依然として食糧と電力の不足、インフレによる生活難、経済不安等々という年の暮で、労働攻勢はいよいよ激しさを増した。吉田首相は、昭和二十二年元旦に行われた国民に向けての放送で、労働運動の一部指導者を「不逞の輩」と呼び、労働運動に火を注ぐ結果となった。全官公庁労組共闘委員会は、政府に対して十三項目の要求を提出し、二月一日ゼネスト突入を宣言した。このゼネストを実行すれば、全逓・国労・全教協を中心に全国で二百六十万人が参加するといわれ、未曾有の混乱が予想された。ゼネストはマッカーサー元帥の命令で中止され、かろうじて政治危機は回避された。

政情もきわめて複雑な動きを見せた。吉田内閣は自由党の少数内閣である。帝国憲法改正という国家的課題については野党の協力を得て実現したものの、経済問題、労働問題や国民生活問題などで協力が得られるはずがなかった。自由党は進歩党や協同党の保守党を合同して新党をつくる動きを起こすが、不調に終わる。一方で社会党を含めた連立政権を工作したが、これも失敗に終わった。吉田首相は内閣改造で総辞職の危機を乗り切り、第九十二回議会の再開は昭和二十二年の二月にずれ込んだ。

同年二月七日、マッカーサー元帥は吉田首相に書簡を送り、「余の信ずるところによれば、総選挙の時期に至ったと思う」として、衆議院の解散を示唆してきた。新憲法の施行が五月三日であったため、衆議院の解散は必至とみられており、各政党も政局問題を棚上げして新憲法の施行に必要な諸法案の審議に専念した。この議会で成立した法律は、国会法、行政官庁法、裁判所法、地方自治法、財政法、労働基準法、教育基本法、学校教育法、そのほか新憲法の施行にともなう応急措置としての民法、民事訴訟法、刑事訴訟法、各種税法、私的独占の禁止及び公正取引の確保に関する法律、石油配給公団法、配炭公団法等々が審議され成立した。

衆議院議員選挙法は、前年改正された大選挙区制連記制を中選挙区単記制にする改正が行われた。衆議院議員選挙法が前議会に成立していたので、新憲法の発足にともなう国会の構成について法律も整備された。

かくして、三月三十一日、衆議院は解散となり、明治憲法下の帝国議会は幕を閉じた。

第三編　国　会

第一章　新憲法下の国会の仕組み

①　新憲法での国会の役割

新憲法は、明治憲法で「帝国議会」としていた議会を「国会」とするよう改正した。「国会」という名称は、明治初期から使われていたが、福澤諭吉の『国会論』で知られるようになったものである。

新憲法における国会の基本的特徴の第一は、国民主権に立脚する代表民主制が原則である（憲法前文）。ただし、国民が直接に政治に参加する仕組みとして「公務員を選定し、及びこれを罷免することは、国民固有の権利である」（第十五条）とした。また、憲法の改正は国民の承認が必要（第九十六条）とした。さらに最高裁判所の裁判官の任命は国民の審査に付される（第七十九条）とした。これらは直接民主主義を取り入れたものである。

第二は、国会を「国権の最高機関」としたことである（第四十一条）。明治憲法では天皇が「統治権の総攬者」として、最高機関であった。新憲法では、国会が主権者たる国民を代表する国家機関だという意味である。多くの国家機関の中でも、もっとも高い地位にあるということだ。

第三は、国会を「唯一の立法機関」としたことである（第四十一条）。これは国会が国の立法権を独占することであり、国会による立法以外の立法が許されないことを意味する。そして両院に証人の出頭等「国政調査権」（第六十二条）等を設けた。

以上が、国会の基本的特徴である。新憲法に規定されている国会の地位や機能は、次のとおりである。

国会の地位・立法権（四十一条）、両院制（四十二条）、両議院の組織（四十三条）、議員及び選挙人の資格（四十四条）、衆議院議員の任期（四十五条）、参議院議員の任期（四十六条）、選挙に関する事項（四十七条）、両議院議員兼職の禁止（四十八条）、議員の歳費（四十九条）、議員の不逮捕特権（五十条）、議員の発言・表決について責任を問わないこと（五十一条）、常会の召集（五十二条）、臨時会の召集及び召集要求（五十三条）、衆議院の解散・特別会・参議院の緊急集会（五十四条）、議員の資格争訟（五十五条）、定足数・表決（五十六条）、会議の公開・会議録・表決の記載（五十七条）、役員の選任・議員規則・懲罰（五十八条）、法律案の議決・参議院の優越（五十九条）、参議院の予算先議権・予算議決に関する衆議院の優越（六十条）、条約の承認に関する衆議院の優越（六十一条）、国政調査権（六十二条）、閣僚の議院出席の権利と義務（六十三条）、裁判官弾劾裁判所（六十四条）、内閣の組織・国会に対する連帯責任（六十六条）、内閣総理大臣の指名・衆議院の優越（六十七条）、内閣不信任決議の効果（六十九条）、総選挙後の新国会の召集と内閣の総辞職（七十条）、財政処理の国会議決主義（八十三条）、課税法定主義（八十四条）、国費の支出及び国の債務負担の国会議決主義（八十五条）、予算の国会議決主義（八十六条）、予備費の国会議決主義（八十七条）、皇室財産・皇室費用の国会議決主義（八十八条）、決算の国会への提出（九十条）、財政状況の国会への報告（九十一条）、地方自治に関する事項の法定主義（九十二条）、特別法の住民投票（九十五条）、憲法改正発議議決における特別多数決（九十六条）、憲法尊重擁護の義務（九十九条）など。

新憲法で規定されたもので、世界的な特徴は衆議院・参議院による両院制であった。憲法第四十三条第一項は「両議院は、全国民を代表する選挙された議員でこれを組織する」と規定していた。連邦国家では州代表たる上院と、国民代表たる下院が、それぞれ選挙で選ばれた議員で構成されるのが普通である。単一国家の両院制で、一つの条文に両院の構成を規定しているのは、この憲法だけであった。両院制の趣旨を生かすため、参議院の構成について全国区と地方区という特別の工夫が選挙法で工夫されることになる。

② 国会運営関係法規等について

帝国議会では議会運営等についての法律を「議院法」として、明治憲法と同時に制定していた。新憲法では第五十八条第二項で「両議院は、各々その会議その他の手続及び内部の規律に関する規則を定め、又、院内の秩序をみだした議員を懲罰することができる」と規定していた。これは衆議院及び参議院が、それぞれ独自に規則を設けて議事手続や内部組織などを定めて、独自に活動することができることを意味していた。

新憲法下、帝国議会時代のような両院を一括規定する議院法が必要かどうか議論となった。結論は、両院の独自性や自律性を前提にして、国会として協力し合うためには、共通する事項を規定する法律があった方が適切だということから国会法を制定することになった。その上で、両院がそれぞれ議院規則を制定する仕組みとなった。

国会法は第九十二回帝国議会で成立していたが、新憲法が施行される（昭和二十二年五月三日）直前の同年四月三十日に公布された。なお、国会法と同時に公布された法律は、○国会議員の歳費、旅費及び手当等に関する法律、○議院に出頭する証人の旅費及び日当に関する法律、○国会予備金に関する法律、○議院事務局法、○国会図書館法、○国会職員法であった。

なお、憲法第五十八条にもとづく両院の議院規則は、新憲法で選挙された国会議員によって、自律権として定められるべきものとして、第一回国会の冒頭に審議され、同年六月二八日、それぞれ衆参両院で議決された。また、この他に国会運営に必要な規程や規則があるが順次整備された。

この他に国会運営に欠かせないものに、先例集なるものがある。これはそれぞれの議院が議院運営上の実例をまとめたもので、憲法・国会法・議院規則に規定されている条文を、解釈し運用した事例ないものもあった。この先例は長年の議院運営の実体であり、中には改善されなければならないものもあるが、規範的な意味をもつものもあり、国会法や規則に取り入れられたものもあった。

衆議院では「帝国議会における先例で、憲法、国会法に反しないものは、なお効力を有する」として、帝国議会時代の先例を受け継いでいる。参議院では、帝国議会での貴族院は廃止されており、当然に継承されていない。なお、現在、衆議院では「先例集」、参議院では「先例録」として編集されている。

国会法の特徴は、米国式の常任委員会中心の制度を導入し、法案の審議や生殺与奪を委員会の判断とした。また国政調査権にもとづく証人喚問や資料要求を強制的にできる強い権限を委員会に与えた。常任委員会中心主義は総司令部の指示によるもので、日本側は閉会中に活動できる「常置委員会制度」程度を主張し、本会議中心の議会制を期待したが拒否された。

憲法で議院内閣制を採用したわが国で、米国の大統領制において機能をはたす常任委員会中心の制度を導入することは、一つの冒険であった。これらの改革のなかには、必ずしもわが国の政治文化や社会慣行になじまないものもあり、国会の活動が本格化するにつれて是正が行われた。さらに講和条約が発効しわが国が独立国となって、国会法規の抜本的改正が行われ、常任委員会中心主義の長所とわが国の議会慣行との調整が行われた。

第二章　占領下の国会

①　新憲法初の国政選挙と国会の発足

新憲法の施行を昭和二十二年五月三日にひかえ、四月二十日に参議院議員選挙が、同月二十五日に衆議院議員選挙が行われた。これらの国政選挙をひかえ各党は態勢固めに専念するが、その過程で若干の再編があった。協同民主党と国民党が合同して「国民協同党」を結成、三木武夫が中央委員長に就任した。進歩党が母体となり、自由党や国民協同党の脱党者で「民主党」が結成され、総裁に芦田均が就任した。

参議院議員選挙は史上初めてのことであった。構成は全国区百名、地方区百五十名を選出して、その半数を三年ごとに改選することになっており、この選挙で当選した得票数の多い議員半数を六年の任期とし、少ない半数を三年の任期とした。なお、被選挙権は三十歳以上であった。

全国区の立候補者数は、自由党一八、民主党一三、社会党三三、国民協同党七、共産党一二、その他諸派二二、無所属一四〇という数字であった。地方区は、自由党五四、民主党四一、社会党六六、国民協同党一四、共産党二八、その他諸派一五、無所属一〇三で、総計五七七名による激戦となった。参議院議員選挙は通常選挙と呼称され、結果は次のとおり。

通常選挙の結果（昭二二・四・二〇）

会派別	当選議員数
日本社会党	四七
日本自由党	三九
民主党	二九
国民協同党	一〇
日本共産党	四
諸派	一三
各派に属しない議員	一〇八
計	二五〇

第一回国会召集日現在（昭二二・五・二〇）

会派別	議席数
緑風会	九二
日本社会党	四七
新政倶楽部	四四
民主党	四二
無所属懇談会	二〇
日本共産党	四
各派に属しない議員	一
計	二五〇

備考 「新政倶楽部」は同年五月二十六日「日本自由党」と改称した。

衆議院総選挙については、明治憲法を継承するということで、第二十三回総選挙として行われた。各党の立候補者の数は、吉田茂を総裁とする日本自由党が三二四、芦田均を総裁とする民主党は三四二、片山哲を中央執行委員長とする日本社会党二八四、三木武夫を中央委員長とする国民協同党は一一一、徳田球一を書記長とする日本共産党は一二〇、その他日本農民党一二、諸派一三二、無所属二

四二、総計一五六七名にのぼった。結果は次のとおり。

総選挙の結果（昭二二・四・二五）

党派別	議員数
日本社会党	一四三（九八）
日本自由党	一三一（一四〇）
民主党	一二六（一四五）
国民協同党	三一（六三）
日本共産党	四（六）
日本農民党	四（四）
諸派	一六
無所属	一一（二）
無所属クラブ	（七）
計	四六六（四六五） 欠員（一）

第一回国会召集日現在（昭二二・五・二〇）

党派別	議席数
日本社会党	一四四
民主党	一三二
日本自由党	一二九
国民協同党	三一
無所属倶楽部	一九
日本農民党	七
日本共産党	四
計	四六六

備考　カッコ内の数字は解散当日現在の議員を示す。

新憲法下、初めての衆参国政選挙の結果は、いずれの政党も過半数の議席を得るに至らなかった。次の首班をめぐって政局は混迷する。両院で第一党となった社会党が政権樹立の鍵をにぎることになり、「救国挙国政治体制の実現」を基本方針とすることを決定した。しかし、連立政権構想について意見が対立した。西尾末広書記長ら右派は、保守党との連立を志向し、左派と労働組合は自由党を除く保守党との連立を主張した。他に単独政権をめざすべきとの主張などがあり、党内の意見はまとまらなかった。

吉田内閣は第一回国会を同年五月二十日に召集することを決定し、内閣総辞職の辞表をとりまとめた。社会党の呼びかけで、同月九日、社会・自由・国協の四党代表者会議が開かれ、「四党連立内閣」の協議が始まったが、社会党の右派と左派の対立で不調となる。召集日の前日、社会党の片山委員長と西尾書記長が三党を訪問して、片山内閣樹立への協力を求めたが、吉田自由党総裁が社会党の左派と共産党の関係を指摘し、左派の整理を求め話し合いは決裂した。

五月二十日、第一回特別国会は開かれたものの、連立政権工作にメドが立たず、召集日は参議院議長に松平恒雄（緑風会）を副議長に松本治一郎（社会党）を選んだだけであった。衆議院議長・副議長も選ばれず、会期も議決するに至らなかった。

翌二十一日、衆議院で議長・副議長の選挙が行われ、社会・民主両党は議長に社会党の松岡駒吉、副議長に民主党の田中万逸を立て、自由党は山崎猛・大石倫治を立てた。松岡議長・田中副議長が当選し、これで自由党の連立工作からの離脱が明らかになった。会期は七月八日まで五十日間と決定した。

連立政権の動きは、これ以上首班指名を遅らせることで政治不安を発生させると各党が考え、同月二十三日内閣総理大臣の指名を行った。衆議院、参議院とも社会党の片山哲委員長を首班に指名した。ところが連立工作の協議はその後も進展せず、閣僚の配分などが決まらず、内閣総理大臣が各省大臣をすべて兼務する「一人内閣」が五月いっぱい続き、六月一日ようやく社会、民主、国協の三党による連立政権が発足した。

次の問題は国会の常任委員会の構成である。国会法は当初両院にそれぞれ共通して、二十一の常任委員会を設置することを決めていた。

外務、治安地方制度、国土計画、司法、文教、文化、厚生、労働、農林、水産、商業、鉱工業、電気、運輸及び交通、通信、財務及び金融、予算、決算、議院運営、懲罰の各委員長の選任が行われた。衆議院では総司令部の示唆で与党が常任委員長を独占した。参議院ではこれに抵抗して、緑風会七、社会党四、自由党四、民主党四、無所属懇談会二と各会派に比例按分した。

片山内閣が国会にのぞむ準備のため、国会は六月四日から二十二日まで休会し、同月二十三日開会式が行われた。同月二十八日には衆参両院で、それぞれ衆議院規則・参議院規則が議決され、新憲法施行にともなう議事法規が一応整理された。国会が活動できることになった。

② 初期国会と政局の混迷

昭二十二年七月一日、片山首相は第一回国会で初めての施政方針演説を行った。ここで力説したのは、民主化の徹底と食糧不足やインフレ・産業不振・失業など経済危機の解決であった。そのため、財政の健全化、金融の統制、石炭の増産、物価対策などを中心とする産業復興の実施を明らかにした。これらの中で最も紛糾したのが「臨時石炭鉱業管理法案」であった。

この法案はエネルギー資源のもとになる石炭の増産を計画的に行い、石炭鉱業の運営における民主的体制を整備しようとするもので、片山内閣の最重要法案であった。ところが与党の民主党が二つに割れ、反対派は管理統制が強すぎるとして多数の脱党者を出した。所管の鉱工業委員会で賛成者が少数となり、多数の反対派が伊藤卯四郎委員長の意向を無視して委員長代理を立てて委員会を開き、委員長不信任案を可決したものの、松岡議長が委員会の閉会を違法であると裁定するなど紛糾した。委員会の審議が進まないため、本会議において中間報告が行われ、その動議の採決をめぐって乱闘となった。かくして委員会で否決、本会議では逆転可決という異常な形で衆議院を通過し、参議院では会期終了前日の十二月八日に議決成立した。

第一回国会では、このほかに裁判官弾劾法、最高裁判所裁判官国民審査法、国家公務員法、警察法、内務省廃止法などの重要法案が成立した。また、九月十四日、本土を襲ったキャサリン台風が、関東を中心に記録的な豪雨をもたらし、利根川を中心に甚大な被害をもたらした。

新国会が混迷する原因は、社会党の右派と左派の対立に加えて、右派の西尾官房長官と平野力三農林大臣の反目にもあった。さらに総司令部で進歩派のGS（民政局）と保守派のG2（情報局）の対立があり、片山内閣を支えていたのはGSであった。平野農相は全農議員団を率いる衆参両院で四十名の議員の中心であり、吉田自由党との連立派で、G2に出入りしていた。GSの示唆で、片山首相は平野農相に辞職を勧告したが受け入れず、十一月四日、憲法第六十八条によって罷免した。なお、第一回特別国会は四回にわたって会期延長が行われ、二百四日に及ぶ長期国会となり、十二月九日閉会した。

第二回通常国会は、翌十二月十日に召集された。社会党内の左右の対立が激しさを増すなかであった。これが頂点に達したのが、年が明けた昭和二十三年二月、衆議院予算委員会の「昭和二十二年度補正予算」の審議であった。これは官公庁職員の生活補給金の残余〇・八カ月分を支給するため、その財源を鉄道運賃・郵便料金の値上げに求めるものであった。社会党左派がこれらの値上げは大衆に負担をかけ、インフレを悪化させると強く反対した。紛糾の末、鈴木茂三郎（社・左）を委員長とする予算委員会で、補正予算を組み替えるため撤回を求める動議が、野党の自由党と社会党左派の連携により、二月五日可決された。片山内閣は、補正予算の撤回を強いられた。しかも、原因が委員長を出している政権与党社会党の不統一からである。昭和二十三年二月十日、片山内閣は総辞職した。

芦田均内閣

次期首班をめぐって、政治空白が生じた。憲政の常道論から第二党の自由党へとの意見と、与党である社会・民主・国協の多数派政権を主張する意見が入り混った。二月二十一日に両院で首班指名が行われ、衆議院では社会・民主・国協三党が推す芦田均民主党総裁が選ばれ、参議院では吉田茂自由党総裁が指名された。両院協議会で意見の一致をみるに至らず、二月二十三日、憲法第六十七条の規定により、衆議院の議決が国会の議決となり、芦田内閣総理大臣が決定した。芦田首相は内閣を発足させるまでに、十八日間を要した。民主・社会・国協三党連立政権の立て直しに時間がかかり、三月十日芦田内閣が発足した。

芦田首相は三月二十日の施政方針演説でインフレ克服の根本策の樹立を強調したが、経済の混乱は収まらず、昭和二十三年度総予算も七月四日ようやく成立するという状態であった。第二回国会の会期中、衆議院の改党の分野に大きな変化があった。一月十九日平野力三を中心とする全農派十五名が社会党を脱党して全農派有志議員クラブを結成し、三月十一日、社会革新党と改称した。また、三月十二日、幣原喜重郎を中心とする同志クラブは民主党の一部脱党者を加えて三十六名よりなる民主クラブを結成し、三月十五日に自由党と合同し、百五十二名からなる民主自由党（以下民自党と称す）を結成し、衆議院で第一党となった。

第二回国会の特徴は、衆議院の不当財産取引調査特別委員会の活動であった。敗戦時の数々の不正行為が調査され、そのなかに西尾副総理の社会党書記長時代の政治献金問題があった。また、参議院の司法委員会では現に裁判中の刑事事件を調査の対象としたため、司法権の独立と国政調査権の限界が問題となった。特に衆議院では、第一回国会で制定された「議院における証人の宣誓及び証言等に関する法律」にもとづいて、不正問題追及の委員会に関係者が喚問を受けて責任を追及されるという場面が続発した。

この議院証言法は、米国式の委員会審議のコピーといわれるもので、大統領の諸政策などをチェックするため、事実の証言を求める制度であった。ところが日本では疑惑のある人の責任追及の方法として利用されることになる。証人の人権にも配慮がなく、いろいろ批判が出て改正が行われることになる。

なお、常任委員会の種類や数が、行政府との関係でちぐはぐなため国会法が改正された。衆議院では規則の改正により、委員会の所管が事項別から省庁別に変更された。また、本会議での委員会からの中間報告や重要議案の趣旨説明制度等が、国会法に規定された。

西尾副総理の政治献金問題は、第二回国会閉会直後、国務大臣の辞任ということで決着した。これを契機に与党内の足並みはいっそう乱れ、芦田内閣の政治力が著しく弱体化した矢先、政界をゆるがす昭電事件が発生した。昭和電工株式会社に対する復興金融金庫からの融資にからんで、大規模な贈賄が行われたという事件である。九月三十日、栗栖国務大臣が逮捕され、十月六日には西尾前副総理の逮捕、そして芦田首相の身辺にも捜査が及び、芦田内閣は翌七日総辞職した。

わが国で政局が混迷をつづけていたこの時期、国際情勢は激変していた。欧州ではソ連のベルリン封鎖をめぐって激動し、中国での国共の内戦も国民党軍が不利となり、朝鮮と韓国が分裂して完全に両断された。冷たい戦争が東西にわたって始まったのである。

第三回臨時国会は芦田内閣が総辞職する以前から召集されていた。十月十一日の召集日を待たずして内閣が総辞職したため、後継内閣の首班指名をめぐって、冒頭から混乱した。十月十日に開かれた民自・社会・民主・国協・社革の五党党首会談の結果、民自党が政局収拾の主導権をとることで一致した。しかし民主党からの脱党者と合同した民自党、とりわけ吉田総裁に対する反発が多く、話し合いは難行した。メドがつかないまま召集となる。

十月十三日、民主党代議士会は吉田内閣を阻止するため民自党幹事長の山崎猛を首班に推すことを決め、社会・国協・社革とも連絡をとって民自党を分断しようとした。この時、山崎の盟友の益谷秀次が山崎に議員辞職することを説得した。山崎も政局の混迷を避けるため、これに応じた。世論も民主党の画策を批判した。かくして、十四日夜、衆参両院で首班指名が行われた。衆議院では第一回投票で決まらず、決選投票で民自党・吉田茂百八十五票、社会党・片山哲一票、白票二百十三票で吉田茂が指名され、参議院では一回の投票で吉田茂に決まった。

翌十五日、吉田茂はとりあえず首相一人で各省庁の大臣を兼務し、超党派による人材登用を組織しようとした。この構想は難行し、他会派からは参議院緑風会一人を入閣させるにとどまった。十九日になって少数党内閣として、第二次吉田内閣を発足させた。このような経過をたどり、片山内閣以来の保守・革新連立政権は、わずか約一年半にして保守単独政権へと代った。第二次吉田内閣の誕生は、その後長期にわたる保守単独政権の出発点となった。また、吉田内閣は昭和二十九年十二月十日まで約六年間つづくことになる。

③　単独講和と日米安保体制

第三回臨時国会での政権交代で成立した第二次吉田内閣は、マッカーサー書簡にもとづく国家公務員法の改正を行った。これは人事委員会を人事院として、公務員の争議権の禁止などを内容とするものであった。第四回通常国会は、昭和二十三年十二月一日召集され、昭電事件に関連して芦田前首相他二名の議員逮捕許諾要求が提出され、六日の衆議院本会議で許諾された。

吉田首相にとって最大の課題は、少数単独内閣の解消であった。そのため早期に衆議院を解散することであった。解散の方法について議論が起ったが、総司令部の方針が憲法六十九条（内閣不信任案）の可決もしくは信任案の否決を条件とするとのことで、十二月二十三日野党から「吉田内閣不信任決議案」を提出可決し、同日内閣が衆議院を解散した。新憲法下初めての解散であった。この日、東京裁判で死刑を宣告されていた東条英機ほか六名に絞首刑が執行された。

衆議院が解散となる直前、米国の国家安全保障会議は、対日政策の基本方針を変更した。米ソ対立の激化、ことに中国における人民解放軍の勝利や、朝鮮半島での南北対立が激しくなってきたことによる。それまでは、日本の非軍事化、経済集中の排除によって産業力の強化を避ける方針をとっていた。それを米国として、日本の経済復興を早急に成し遂げ、米国のパートナーとして東南アジアの友好国になることを望むようになったのである。十二月九日、米国は日本に対して財閥解体を中止するよう要請し、同月十八日、経済九原則を伝達してきた。九原則のねらいは、それまで総司令部のニューディール派によって指導された経済民主化政策を変更して、日本独自の経済再建を行わせようとするものであった。

第二十四回総選挙は、昭二十四年一月二十三日に行われた。結果は第五回特別国会召集日現在、民自党二六九、民主党七〇、社会党四八、共産党三五、国協一四、農民新一〇、労農七、社革五、無所属八であった。吉田総裁の率いる民自党は絶対多数を獲得した。衆議院で一党による過半数議席を占めたのは、戦後始めてであった。社会、民主を中心とする連立政権による政治の混迷に失望した国民は、強力な保守政権を望んだのである。なお、この総選挙で池田勇人、佐藤栄作、前尾繁三郎ら官僚が立候補し、戦後政治に参加する。

第五回特別国会は、二月十一日召集された。衆議院議長に元首相の幣原喜重郎が選ばれる。衆参両院で首班に選ばれた吉田茂は、第三次吉田内閣を組閣する。民主党連立派との提携に成功し、参議院緑風会との協力関係もでき、順調な発足のはずの吉田内閣につきつけた占領政策の変更は厳しいものであった。米政府は経済九原則を実行させるため、二月一日、ドッジ公使を日本に派遣し、「今日の日本政府に一番必要なのは、国民に耐之生活を押しつける勇気である」とした。

要求した政策は、①価格補給金と米国からの援助物資の打切り、②復興金融金庫からの融資の抑制、③所得税減税を実施せず取引高税も廃止すべきでない、などであった。そのため昭和二十四年度を超均衡予算として編成させた。吉田内閣は、ドッジ・ラインと呼ばれる緊縮政策を実行するため、行政機構の簡素化と現業二割、非現業三割の人員整理を内容とする「行政機関職員定員法案」や、企業の合理化にともなう労働関係の調整を行うため「労働組合法の全面改正案」や「労働関係調査法改正案」などを国会に提案した。これらの法案は、いずれも野党の猛烈な反対にあい、衆参両院の審議中に、議員の乱用事件を引き起こした。そして労働争議が激化し、首切りに抵抗する革新勢力との対立で、下山・三鷹・松川事件という悲劇が続発した。

ドッジ・ラインと並ぶ大改革は、五月十日に来日したシャウプ博士一行による税制改革についての勧告であった。勧告のねらいは、恒久的で近代的な租税制度をつくるため、直接税を中心とした整合性のある税制度の確立にあった。また、地方財源を充実させるため地方税制度の体系化も勧告され、第六回国会と第七回国会にかけて審議が行われた。

昭和二十四年秋ごろになると、わが国の講和問題が米国政府や英国政府から提起されるようになる。ドッジ・ラインにせよ、シャウプ勧告にせよ、真のねらいは日本が講和条約によって「独立」した際、国際経済のなかで自立できる力を養うものであった。これを理解していた吉田首相は、国会における野党の抵抗を押し切って、占領政策の変更にともなう大改革を断行したのである。講和問題についての国会論議も盛んになり、論点は全面講和か単独講和か、永久中立か集団安全保障か、講和後の駐留軍はどうなるかなどが議論となったが、この時期、吉田首相は明確な決意を示さなかった。

吉田首相は「講和＝独立」を成し遂げるためには「政局の安定」が絶対要件と考えており、そのため保守党の統一を熱望していた。すでに民主党の連立派とは十分な提携を重ねており、第七回通常国会中の昭和二十五年三月一日、民主自由党と民主連立派が合同して「自由党」を結成、総裁に吉田茂、幹事長に佐藤栄作を選んだ。一方、民主党野党派は四月二十八日、国民協同党と合同し新政治協議会も参加して「国民民主党」を結成、最高委員長に苫米地義三、幹事長に千葉三郎を選ぶ。

保守側が体制を整え始めたのに対して、革新側は混迷を深めていた。社会党は左右両派の対立が激化し、一月十六日から始まった党大会で書記長人事をめぐって紛糾、分裂寸前の状態となった。日本共産党は、コミンフォルムから批判され武力闘争へと転換したため、議会主義の否定と国会で問題にされた。六月六日、総司令部は治安対策として、政府に国会議員七名を含む中央委員二十四名の追放を指令した。さらに、徳田球一・野坂参三ら指導幹部九名に、団体等規正令違反者として逮捕状を出した。徳田球一ら七名の衆議院議員は、退職者となった。「レッド・パージ」といわれ、共産党は非合法活動に入った。

昭和二十五年六月四日、第二回参議院通常選挙が行われた。共産党幹部追放の二日前であった。当選者は、自由党五二、社会党三六、緑風会九、民主党九、農民協同党三、労農党二、共産党二、各派に属しない議員一九であった。この選挙は自由党が第一党となり、緑風会の当選者が九名と激減したことが特徴であった。第八回臨時国会召集日当日の会派別議席数は、自由党七七、社会党六二、緑風会五七、民主党三〇、第一クラブ一四、労農五、共産党四、各派に属しない議員一で、自由党は過半数には達しなかった。

吉田首相の講和への模索は、この年（昭和二十五年）の四月から五月にかけて秘密裡に行われていた。池田勇人蔵相が、経済再建策の特使として宮沢喜一秘書官を通訳として米国に派遣し、米国の対日講和についての腹を探らせたのである。米国に対日講和の意向があることを知った吉田首相は、積極的に働きかけるようになる。トルーマン米大統領は、ソ連を抜きにして対日講和を締結することを決断し、ダレス国務省顧問を担当責任者とした。六月二十一日、ダレス顧問はマッカーサー元帥との意見調整のため特使として来日し、吉田首相とも会談、対日講和の条件として日本の再軍備を要求する。吉田首相は正面から反対し、再軍備に応じない講和という至難の道を求めることになる。

ダレス特使の訪日四日後、朝鮮半島で戦争が勃発する。六月二十五日未明、北朝鮮軍が三十八度線を突破して韓国に進攻したのである。朝鮮半島の戦争は直接わが国に戦火をもたらすものではなかったが、わが国の安全について国民全体として考えさせられる契機となった。当然、講和交渉にも影響を与えた。国際的にも国内的にも、早期単独講和やむなしという世論が構成された。

朝鮮戦争は、南の韓国を米国を中心とする国連軍が支援し、北の朝鮮をソ連・中国がバックアップするという、米ソ冷戦の代理戦争であった。それは第三次世界大戦を誘発する恐れがあった。三年余にわたった戦争は休戦という形で、二十一世紀の現在でも続いている。そして北朝鮮の核兵器開発問題が世界の平和を脅かす要因であるとともに、東アジアとりわけわが国の安全保障の最重要問題である。

七月八日、マッカーサー元帥は吉田首相に対して警察予備隊の創設などを要請した。在日米軍の朝鮮出動の空白を埋めるためで、日本の非軍事化という占領政策の基本原理は、米国自身が放棄したのである。第八回臨時国会は、講和問題とともにわが国の安全保障問題について議論が集中した。鈴木社会党委員長と吉田首相の激論を再現しておこう。

○鈴木委員長　憲法と中立を蹂躪して、戦争に巻き込まれる単独講和は、断じてわれわれはとらないところである。

○吉田首相　全面講和のごときできない相談をせず、すみやかに講和の確立に同調されたい。全面講和にあらずんば戦争に介入するに至るとは独断である。講和の一日も早からんことは国民の熱望するところだ。

○鈴木委員長　国連の韓国援助の出兵のための協力、自衛権の問題、軍事基地のあり方は平和憲法の原理にもとづくべきであり、どのように考えているのか。

○吉田首相　国連援助の具体的方針は、精神的に協力する以外にはない。また、軍備を放棄したわが国の自衛権のあり方であるが、国の自衛権は、武力以外にいかなる方法によっても、国を守るために行使し得る。軍事基地の問題は、日本として占領国の占領目的のため、ある施設を要求せられる場合、これに協力するのが条約上の義務である。

この論議は、第八回臨時国会の代表質問でのやりとりの要点である。両者とも、憲法の理想と激動する国際政治の現実のなかで、わが国の舵取りに苦悩する姿がわかる。

総司令部の警察予備隊設置の要求は強く、「両軍備反対」論の吉田首相は苦慮する。八月十日、非常事態としてポツダム政令の形で「警察予備隊令」を公布し、即日施行することになる。警察予備隊は第一陣七千五百名で発足し、秋にはＧＨＱが陸海軍学校入学者三千二百五十名の追放と解除、これにより多くの旧軍人が入隊し、今日の自衛隊に発展していく。野党は違憲として政府を追及したが、吉田首相は警察予備隊を「戦力なき軍隊」と説明した。

講和条約の締結について吉田首相がこだわったのは、超党派外交であった。民主党は理解を示したが、社会党への説得は失敗する。昭和二十五年暮に召集された第九回議会では、激しい議論となる。吉田首相は衆参両院で、講和問題に関連して軍事協定や秘密協定を結ぶ意図がないこと、憲法を改正して再軍備を行う意思のないことなどを明らかにして、多数単独講和について国民の理解を求めた。

昭和二十六年のマッカーサー元帥の年頭の辞は、「今年は講和の年」で始まっていた。各党はそれぞれ年頭に党大会を開き、講和問題に対する基本姿勢を明らかにした。自由党は「早期多数講和」を、民主党は「自主自衛の外交政策」を、社会党は「全面講和、日本の非武装、中立性の確保」の平和三原則を決定した。一月二十五日、ダレス特使が再び来日し、吉田首相と核心にふれる話し合いを重ねた。吉田首相は開会中の第十回通常国会で、会談の経過を報告するだけであった。

野党はこれを秘密外交として、激しく吉田首相を厳しく批判し、講和の方式、安全保障、外交自主権等々、衆参両院の本会議や委員会で白熱した論議が闘わされた。吉田内閣は超党派外交に失敗したものの、これらの真摯な国会論議は独立後のわが国のあり方に多くの示唆を与え、野党側の意見も含めて、今日のわが国の外交の礎になった。三月十日、講和問題に超党派外交の夢を賭けていた衆議院議長・幣原喜重郎が急逝し、後任に自由党の林譲治が選ばれた。

四月十一日、連合国最高司令官マッカーサー元帥が、トルーマン米大統領によって突然解任された。朝鮮戦争で拡大論を主張したためである。一部には原子爆弾の使用を主張したとの情報があった。後任にリッジウェー中将が就任した。この直後ダレス特使が三たび来日し、日本側と講和条約について最終協議を行った。五月に入って総司令部は、占領管理の緩和などを声明、それに対応して独立後の法体系を検討するため吉田首相の諮問機関として「政令諮問委員会が設置された。六月から八月にかけて八万三千名にのぼる公職追放者の大量解除が行われた。このなかに、鳩山一郎、松野鶴平、前田米蔵、松村謙三、大麻唯男、緒方竹虎、河野一郎、河上丈太郎、河野密、松本治一郎ら多数の政界有力者が含まれており、与野党に大きな影響を与えることになる。

米・英両国は七月十二日、対日平和条約(講和条約)の米英共同草案を発表、両国は九月第一週目にサンフランシスコで、講和会議を開く旨、関係各国に招請状を発送した。吉田内閣はこれを受諾すると回答、全権団の編成にとりかかった。吉田首相は、民主党・社会党・農民協同党・参議院の緑風会に参加を要請した。社会党は断わり、民主党は講和条約の調印に限って参加することになり、農民共同党と緑風会は参加に同意した。第十一回臨時国会が八月十六日召集され、全権団の承認と吉田首相から講和条約をめぐる外交交渉の報告、条約草案の内容について説明があり、各党代表が質問した。

この全権団の編成について、一時、吉田首相が参加しない意向を示めた裏話がある。日米安全保障条約をめぐって日米間で激論があり、合意した条約案について吉田首相は「国連総会で承認するよう」、米側と交渉することを主張したといわれる。米側が拒否したため、吉田首相は講和会議に参加しないとの意向を示した。関係者は吉田首相を説得するのに困惑し、昭和天皇の意向で吉田首相は参加することになったという話が研究者の間で残っている。日米交渉が難航したことがわかる。

かくして、八月二十二日、吉田首相兼外相を首席全権とする全権団一行は日本を出発し、九月二日サンフランシスコに到着、同月四日から八日にかけて開かれた歴史的な対日平和条約調印式にのぞんだ。参加国は日本を含め五十二カ国、単独講和を望んだインド、ビルマは参加せず、中国は招請されなかった。ソ連、チェコスロバキア、ポーランドは参加したが、調印を拒否した。平和条約は昭和二十六年九月八日、日本を含め四十九カ国によって行われた。なお、同日、日米安全保障条約の調印も行われた。これには吉田首相一人だけが署名した。

サンフランシスコ平和条約の要点

戦争状態を終了し、日本国民の完全なる主権を認め、日本は朝鮮の独立を承認し、台湾及び澎湖諸島、千島列島、南樺太並びにかつて委任統治下にあった南洋諸島等を放棄し、沖縄の特殊地位を認めたこと、安全保障に関して、日本は国際連合憲章第二条の原則に従って行動することを約し、同時に、連合国においても、日本との関係において同様の原則のもとに行動することを明らかにしたこと、政治及び経済に関して、日本の中国における特殊権益を放棄し、通商航海条約、漁業協定の早期締結等を約束したこと、日本が賠償を行い、在外資産を放棄することなど

日米安全保障条約の要点

独立回復後の日本の安全について一応の保障を得るものであり、国際間の当時の情勢においては、軍備なき日本が他の自由国家とともに集団的防衛の方法を講ずるための暫定措置として締結されたものであるが、その実施のため必要なる細目は、今後、日米両政府間の行政協定で取り決めることとなった。

（「衆議院における提案理由説明」より）

平和条約・日米安全保障条約を審議するため、昭和二十六年十月十日、第十二臨時国会が召集された。衆参両院では、それぞれ特別委員会を設置し、両条約の審議を進めた。平和条約については独立後の具体策・非調印国との関係・領土問題・賠償問題などに論議が集中した。安保条約については、わが国の自主独立性・憲法九条との関係・自衛権と再軍備問題などが論議の中心であった。

この平和条約・安保国会で党内抗争を起こしたのが社会党であった。この臨時国会直前の十月四日中央執行委員会での右派の主張どおり、平和条約に賛成、安保条約に反対の態度を決めたところ、左派が反発し、党大会において代議員による投票を求めた。同月二十三日に開かれた党大会で左右両派は激突し、徹夜の大混乱となり、翌日午前九時、混乱のうちに散会した。その後、左派・右派は別々に大会を開き、右派は平和条約賛成・安保条約に反対を党議として決定し、左派は両条約とも反対を決定した。

衆議院では十月二十六日の本会議で、平和条約賛成三百七・反対四十七、安保条約賛成二百八十

九・反対七十一で両条約とも承認した。一方、参議院では十一月十八日の本会議で、平和条約賛成百七十四・反対四十五、安保条約賛成百四十七・反対七十六で両条約を承認した。十一月十六日、社会党は衆参両院に、左右それぞれ別の院内団体を届け出た。右派が日本社会党、左派は日本社会党（第二十三控室）という名称であった。

④ 戦争責任者等の復帰と逆コース国会

平和条約と日米安保条約の国会審議が終わり、独立の準備が着々と進んでいる昭和二十六年暮から翌二十七年春にかけて、戦犯や戦争責任者として追放になっていた大物達が次々と解除されていった。岸信介、重光葵、正力松太郎、野村吉三郎、清瀬一郎、石橋湛山、杉山元治郎ら、政界、財界、言論界の旧指導者達の復活である。戦前政治家の復帰は、平和条約発効後の政界が再編させることを予想させるものであった。

昭和二十六年十二月二十六日、吉田首相は突然内閣改造を断行した。平和条約発効後の新事態に対応するということが理由であったが、政権を引き続き担当する意欲を示すものであった。自由党内には復帰した旧勢力も台頭し、複雑な動きが始まる。昭和二十七年二月八日には、国民民主党が解党し、農民協同党、新政クラブと合同して「改進党」を結成した。総裁は空席となっていたが、六月に重光葵が就任した。政策大綱に「独立国家の完成」等をかかげた。

第十三回通常国会は、昭和二十六年十二月十日に召集された。社会党の分裂や改進党の結成という出来事のほか、平和条約発効にともなう独立国家として第一歩を踏み出した国会であった。防衛問題をめぐって激論が行われた。行政協定を国会承認案件としなかったため、憲法違反との議論があり、憲法改正論にまで及んだ。占領下の各種法令の改廃については、「ポツダム宣言の受諾に伴い発する命令に関する件の廃止に関する法律」が制定され、従来のポツダム命令が法律でとくに処置がされない限り、百八十日間は法律として存続することを定めた。

紛糾したのは、国内治安対策の基本となる「破壊活動防止法案」の審議であった。また、警察予備隊を「保安庁」とする法律整備も行われた。「国家行政組織法」「各省設置法」など三百十六件にわたる大量の法案を成立させた。この国会は五回にわたる会期延長が行われ、延々八カ月、二百三十五日に及ぶ長期国会となった。紛糾をつづけた第十三回国会で、吉田政権は自由党内の対立が目立つようになる。鳩山派の強い反対にもかかわらず、国会終盤に吉田首相は福永健司を幹事長に指名する。自由党両院議員総会は混乱し、事態収拾のため林衆議院議長を幹事長に起用し、後任議長に大野伴睦をあてることになる。この出来事は、吉田首相の統制力と権威を失墜させるものであった。

これを契機に、吉田首相は強引な政局運営を行うことになる。八月二十六日、第十四回臨時国会を召集して、大野衆議院議長を選んだだけで、二日後の二十八日に林幹事長や益谷総務会長にも相談せず「抜き打ち解散」を断行した。大野衆議院議長が那須で静養中の天皇に就任挨拶の帰途に、解散の閣議が開かれたのである。この解散は、これまで総司令部が憲法解釈上疑義があるとしていた憲法第七条による解散であった。

民主党の苫米地義三議員は、解散無効の訴訟を起こし、「解散論争」を再燃させた。「三日天下」と冷やかされた大野議長は激怒、当時吉田側近として官房長官であった保利茂を「忠臣蔵の定九郎」と決めつけた。保利氏は、この抜き打ち解散に思うところがあり、昭和五十三年七月当時の福田赳夫首相が、唐突に衆議院を解散しようとする動きに、衆議院議長として「保利見解」を発表し、政権の恣意による解散を戒めた。

第二十五回総選挙は、昭和二十七年十月一日に行われた。追放解除や戦争責任者の大量復帰もあって大混戦となった。自由党では吉田派と鳩山派の分裂選挙に加え、投票日直前、自由党を除名された河野一郎らの中間派に分かれ、大混戦となった。総選挙の結果は、第十五回国会召集日現在、自由党二四二、改進党八二、日本社会党(右)六〇、日本社会党(左)五六、無所属倶楽部一二、労農党四、無所属三となった。追放解除者等が百三十九名当選したことが注目された。自由党は過半数を獲得したものの四十五名を減じた。社会党は両派合わせて六十五名増加させ、共産党の当選者はなかった。

この総選挙で各党は独立後の防衛問題・再軍備問題をテーマにした。社会党の左右両派と革新政党はいずれも再軍備反対をスローガンとした。自由党の吉田派は再軍備・憲法改正を正面から主張することを避けた。鳩山派は積極的に再軍備・憲法改正を主張した。改進党も再軍備を提唱した。

第十五回特別国会が十月二十四日に召集され、衆議院議長に大野伴睦が再選された。政府与党である自由党の内部抗争により、わずか七カ月で衆議院が解散となる。世にいう「バカヤロー解散」である。まず、第四次吉田内閣の発足が鳩山派の抵抗で遅れた。吉田派は鳩山派と広川派の締め出しを行い、反吉田派が「自由党民主化同盟」（民同派）という党内党を結成する。池田勇人通産大臣の「中小企業者の倒産、自殺もやむをえない」との国会答弁をめぐって不信任決議案を民同派が賛成して可決させ、辞任に追込むなど大荒れとなる。

この特別国会は昭和二十七年十二月二十二日に会期が終了することになっていた。重要法案が停滞したため、九十九日間という異例な会期延長を行い、昭和二十八年度総予算の審議を行うことになる。昭和二十八年二月二十八日、衆議院予算委員会で吉田首相が、右派社会党の西村栄一の質問中、「バカヤロー」とつぶやいたのを理由に、野党から懲罰動議が提出された。反吉田派六十八名が欠席したため、動議が可決された。野党はさらに吉田内閣不信任決議案を提出し、自由党内で三木武吉を代表とする民同派二十二名が離党し、「分党派自由党」を結成して内閣不信任案に賛成して可決した。吉田首相は直ちに衆議院を解散した。

第二十六回総選挙は昭和二十八年四月十九日に、第三回参議院選挙は同年四月二十四日に行われた。五日間の差であるが、衆参同日選挙としなかったのは、当時の憲法運用が国民主権の原理に忠実であったからといえる。第十六回特別国会召集日現在の両院の各会派の員数は次のとおりであった。

衆議院　自由党二〇二、改進党七七、社会党(左)七二、社会党(右)六六、自由党(分)三五、小会派一四

参議院　自由党九五、緑風会四八、社会党(左)四三、社会党(右)二六、改進党一六、無所属ク

ラブ一〇、純無所属クラブ七、各派に属しない議員五

自由党は衆議院で過半数を大きく割り、改進党も振わなかった。参議院でも自由党は過半数に達しなかった。左右社会党が大幅に両院で議席を延ばした。左派社会党の躍進がめざましく、鈴木茂三郎委員長の「青年よ銃をとるな。婦人よ、夫や子どもを戦場に送るな」の訴えが国民の支持を受けた。吉田首相は下野を考えたが、経済四団体が保守各党に「政権の安定を望む」と強く要請し、第五次吉田内閣が単独少数内閣として、五月二十一日に発足する。改進党が分党自由党との政策調整をやりながら政権を運営していくことになる。

第十六回特別国会では、院の構成などについては野党が一致して自由党を追い込み、衆議院議長に改進党の堤康次郎、副議長に社会党の原彪が選ばれた。また、これまで与党が独占していた常任委員長を各党に配分することになった。参議院では、正副議長選挙が投票の途中で翌日に持ち越され、議長に緑風会の河井弥八、副議長に自由党の重宗雄三が選ばれた。しかし、政権構想では野党連合を組むには至らなかった。再軍備・憲法改正を主張する改進党と社会党左右両派が、同一の政権に就く政策的基盤は失われていた。

第五次吉田内閣は少数与党ではあったものの、保守提携で安定した政策展開を行っていくことになる。第十六回特別国会から第十九回通常国会まで、保守提携によって成立した重要法案は、電気・石炭業スト規制法、独禁法緩和の改正、自治警察と公安委員会の廃止・警察の中央集権化をはかる警察

法改正、軍人恩給復活の恩給法改正、日教組対策の義務教育職員法、教育公務員特例法、MSA協定等々であった。これらの法案のなかには、占領政策を是正するものがあり、世論は保守側の動きを〝逆コース〟といい、野党は強い抵抗を行った。

特に、第十九回国会の警察法改正案をめぐって、保・革は激突し、昭和二十九年六月三日夜、衆議院本会議での会期延長の議決の際、警察官の出勤を要請して混乱、国会至上空前の事態となった。社会党の左右両派は会期延長を認めず、以後の国会審議をすべて拒否するという「変則国会」となった。参議院でも、警察法改正案をめぐって、地方行政委員長の中間報告が本会議で行われるなど紛糾し、社会党議員四十六名が懲罰委員会に付託された。

この時期、保守側では政局安定のため保守合同構想が浮上する。自由党の緒方竹虎副総理がその口火を切るが、改進党は切りくずしを気にして消極的であった。国会審議での保革の対立が明確になるにつれ、さまざまな話し合いが行われたが、改進党は吉田内閣の総辞職が先決であるとして、意見の一致をみるに至らなかった。これらの動きのなかで、汚職・疑獄問題が続出する。保全経済会問題の政治献金問題、造船疑獄などである。政界は摘発の嵐に見舞われた。追及は与党自由党の佐藤栄作幹事長にまで及び、犬養法務大臣は指揮発動の責任をとって辞任する。第十九回国会は、保守合同の動きを背景に、国会運営の混乱、疑獄事件と吉田自由党政権は苦境に立った。

衆議院では会期終了日の昭和二十九年六月十五日、本会議場で提議長を座長に、与野党議員が出席して全員協議会が開かれ、次のような共同声明を全会一致で決定した。

国会は国権の最高機関として国民の信頼と尊敬を集めて国政を議するところであり、常に公平にして信を国の内外につながねばならない。しかるに今日ほど議員の神聖と品位を傷つけ、民主政治の健全な発達を希《ねが》う国民の期待にそむいたことはない。ここにわれらは深く反省するとともに、自粛自戒し各党各々その立場を異にするも良識をもって法規典例に遵うとともに、政治道義を守り、もって人心に及ぼした不安と失墜したる信用を速かに回復し議院の威信を保持して国民の負託にこたえんことを期する。右決議する。

（『議会制度七十年史』より）

この声明文は「自粛の申合せ」と呼ばれ、これにもとづいて、国会法、政治資金規正法、公職選挙法の自粛三法を改正する方針を決め、協議を続けたが意見の一致は容易でなかった。

吉田首相は政局を切り抜けるために自由党三役を代え、幹事長を池田勇人とした。しかし、衆議院決算委員会での〝造船疑獄問題〟に対する追及が激しく、佐藤藤佐検事総長の証言拒否、それに対する内閣声明、吉田首相喚問決定と事態はエスカレートする。吉田首相は「講和締結・独立国の謝意を表する」ためとして、欧米諸外国出張を理由に喚問に応ぜず、「首相外遊中止決議」が可決されるなか、吉田首相は五十日間にわたる欧米七カ国の訪問に出発する。

昭和二十九年十一月十七日、吉田首相が帰国し、自由党執行部に進退を一任する書簡を送る。保守新党への動きは、同月二十四日、改進党と日本自由党が解党し、「日本民主党」を結党する。自由党から鳩山・岸両派の三十七名が参加した。総裁に鳩山一郎、幹事長に岸信介を選んだ。日本民主党に参加した国会議員は、衆議院百二十一名、参議院十八名で、衆議院で野党が連合すれば過半数をはるかに超え、吉田内閣を倒閣に追い込む勢力を確保した。

同月三十日、第二十回臨時国会が召集された。国民の関心は吉田内閣の総辞職か、衆議院の解散かという問題であった。補正予算の成立を待って、民主党・社会党左右両党の三党は、十二月六日、吉田内閣不信任決議案を提出した。この決議案は衆議院本会議に上程されると、可決は確実となった。吉田首相は翌七日早朝、芝白金の首相公邸に政府自由党の首脳・長老を招き、最終決断の会議を開いた。協議は閣議にもち越され、吉田首相は席をはずし、総辞職が決った。

第三章　五五年体制と自民党長期政権

①　五五年体制の成立

吉田内閣の総辞職をうけて、民主党と社会党両派が協議し、「昭和三十年三月上旬までに衆議院の総選挙を完了する」ことを条件に、鳩山民主党選挙管理内閣をつくることで合意した。昭和二十九年十二月九日夜の両院の本会議で、鳩山一郎が首班に指名された。社会党両派は、鳩山民主党総裁に投票した。第二十回国会は同日閉会し、翌十日、第二十一回通常国会が召集されていた。同日、第一次鳩山内閣が成立した。悲運の政治家と呼ばれ、戦前から自由主義者として活躍、戦後、自由党を結成し首相就任直前に追放となった話は述べたとおり。追放解散後、脳卒中となったが政界に復帰し、車椅子での登院で「鳩山ブーム」を起すことになる。

第二十一回国会は、衆議院の解散・総選挙が政党間で約束されていたため、昭和三十年一月二十四日、各党代表質問が終了した直後衆議院が解散となった。この国会では、第十九回国会の乱闘騒ぎのあとの自粛三法の一つとして、国会法の改正が行われた。国会法は新憲法実施以来十年を経過し、米国の委員会中心主義の制度を占領時代に経験してきたが、わが国の政治文化にそぐわない面もあり、独立後の第十三回国会から、国会法など議事法規の改善について検討を重ねてきた経過があった。

改正の目的は、国会自粛の立場から制度の改善、憲法の原則からの規定の明確化、実際の運営面から必要とすることなどで、大幅なものとなった。主な内容は、①常任委員会二十二を十六に整理統合、②法律案を発議・修正するときは、両院でそれぞれ一定数の賛成数を要すること、③議員立法で予算をともなうもの、法律案の修正で予算の増額をともなうもの、また予算の増額修正については、内閣に意見を述べる機会を与えること、④両院法規委員会の廃止、⑤参議院の緊急集会について必要な規定の整備、⑥会期決定の手続の改正及び会期延長の制限、⑦閉会中逮捕された議員の釈放要求の手続きの改正、⑧自由討議の廃止、⑨両院協議会に関する規定の整備、⑩その他であった。

総選挙は二月二十七日に行われ、第二十二特別国会召集日現在の各会派議席数は、民主党一八四、自由党一一四、社会党(左)八九、社会党(右)六七、小会派十一、無所属一となった。この総選挙の焦点は二つあった。一つは保守党のどっちが第一党となるか、もう一つは社会党両派が憲法改正を阻止しうる議席数を獲得できるかどうかであった。鳩山民主党は六十一名増で第一党となり、自由党は六十八名を減らした。社会党両派は二十一名を増やし、憲法改正を阻止することができる三分の一以上の議席を確得した。

第二十二回特別国会は三月十八日に召集され、召集日冒頭の議長・副議長選挙で、自由党と社会党両派が提携して議長に自由党の益谷秀次、副議長に社会党右派の杉山元治郎が当選した。自由党と社会党両派の提携は突然行われ、議長になるつもりでモーニングを用意した民主党の長老・三木武吉が逆転劇に涙をのんだ話は有名だ。首班指名では、自由党が鳩山に投票し、第一党民主党総裁・鳩山一郎が両院で指名された。翌十九日第二次鳩山内閣が発足した。

自由民党の結成

政界の長老・三木武吉は、宿願の衆議院議長に就任できなかったが、このことが戦後の政党史上の大変化を仕掛けるきっかけになる。政府与党民主党の総務会長となった三木武吉は、総選挙による「鳩山ブーム」で後退した保守合同に火をつけることになる。四月中旬突然、保守合同の必要性を記者団に語った。そして「保守結集のため、もし鳩山の存在が障害になるなら、鳩山内閣は総辞職してもいいし、民主党は解体しても差し支えない」という発言があった(「自由党史」より)。

三木は、敗戦後の日本政治に革新勢力が拡大することに、保守体制の危機と感じていた。講和独立後の三回にわたる総選挙を検証すればわかる。戦前から政敵であった自由党長老・大野伴睦と極秘の会議をつづけ、説得に成功することになる。背景には、第二十二回国会での防衛関係や憲法関係法案が、社会党両派の抵抗によって審議が進まないこともあった。

民主党・自由党の合同問題は、七月六日に両党による「新党政策委員会」を発足させた。準備は着々と進んだが、新党の総裁に誰が就くかということで、話し合いが行き詰まった。これを打開したのは、十月十三日の社会党左右の統一であった。総裁問題は「総裁代行委員会制」を採用することで両党が妥協した。

昭和三十年十一月十五日、自由民主党が東京神田の中央大学講堂で結成大会を開いた。衆議院議員二百九十九名、参議院議員百十八名という戦後最大の保守単一政党であった。この保守合同にあたって、政策的に最も論議されたのは「憲法の自主的改正」と「自衛体制の整備」であった。「一般政策」のなかで、憲法改正の調査研究と、国力に応じた少数精鋭の自衛隊を整備するなどが明記されていた。

そして総裁代行委員会には、政務に鳩山一郎、党務として緒方竹虎・三木武吉・大野伴睦の三名を、幹事長に岸信介、総務会長に石井光次郎、政調会長に水田三喜男を選んだ。この保守合同には、吉田元首相、側近の佐藤栄作・橋本登美三郎の三名が参加せず、無所属となった。相部屋となった共産党の志賀義雄が、明治生まれの政治家の信条がわかる一文を書いている。『吉田茂父子と岸兄弟』(『荻高同窓会記念誌』昭和四十五年)からの引用である。

一九五〇年に公職を追放されて地下に潜った私(志賀)が、五五年二月の総選挙に突然地下からあらわれて大さわぎとなって当選した時、吉田茂、佐藤栄作、橋本登美三郎の三議員は自民党から一時離れて無所属クラブで私と相部屋になった。本会議の議席で、佐藤君が「吉田さん、志賀君は寛(吉田さんの女婿)と同級の親友でしたよ」と言ったら、「いやよく知っていますよ。それに共産党には私の親友がいましてね」と吉田老人が意外なことを言う。「えっ、ほんとうですか、それはよほど老人ですね」と佐藤君が聞いたら、「いやそれ、北京で死んだあの人ですよ」ととぼけた返事をして、笑っている。徳田球一のことである。吉田首相と共産党書記長の徳田議員との本会議場の質問と答弁は壮観であった。吉田老人は「自分はたった十五日間憲兵隊に留置されたのに不眠症で後日まで悩まされた。ところが、徳田は、獄中十八年でこんなに元気だ。政治上の主義主張はちがっても、この節操という点では尊敬すべき人物だ」と考えていたから、右のような冗談も出たのである。

社会党左右両派の統一

昭和二十六年十月、講和条約・日米安保条約をめぐって分裂した社会党は、その後も二つの社会党が〝わが道〟を進み、名実ともに「二(日)本社会党」であった。社会党左派は昭和二十九年一月、「社会主義革命の諸条件」という新綱領を党大会で発表した。これが「永久革命論」として世論から批判をうけた。ところが同年四月頃から保守合同の動きに刺激され、左右両派の統一を期待する世論が強くなる。これをうけるかのように、同年九月、左右両派の「統一促進委員会」が合同会議を開くようになった。

吉田内閣の末期の政局の混迷、鳩山選挙管理内閣での総選挙の準備が進むなか、昭和三十年一月十八日、両派はそれぞれ臨時党大会で「両派統一に関する共同決議」を採択し、社会党の統一を総選挙のスローガンとした。二月二十七日に行われた総選挙の結果は、左派が十五名増の八十九名、右派は六名増の六十七名となった。左派が革新の本流を主張するようになり、右派は焦燥感をもち具体的な統一交渉に入る直前、「統一綱領草案」を発表した。そのなかに「社会主義の原理と目的」という部分があり問題となった。

その要点は、議会主義の立場で左派の「永久政権」に挑戦したものである。左派はこれに激怒して、統一交渉は暗礁に乗り上げることになる。統一交渉の難航を動かしたものは、ほかならぬ現実政治であった。防衛力強化や憲法改正問題を中心に、次々と保守勢力から投げられる弾に対して、分裂をつづけることは許されなかった。左右両派は妥協し、昭和三十年十月十三日、東京神田の共立講堂で統一大会が開かれた。左派の階級闘争主義と右派の議会主義の論争は、その後も続き平成八年一月、社会民主党と党名を変えるまで残っていた。

統一大会では役員人事が紛糾し、大会を一日延長して十四日、委員長に鈴木茂三郎、書記長に浅沼稲次郎を選んだ。なお、所属国会議員は衆議院で百五十五名、参議院で六十九名であった。十一月十五日には保守合同によって「自由民主党」が結成され、わが国でも国民の期待を受けて英国流の「保守」と「革新」による二大政党による政治が始まった。

五五年体制が始まる時期の国会

第二十四回臨時国会は、自社五五年体制下初めての国会であった。衆参両院の各派の構成は次のようになった。

（衆議院）		（参議院）	
自民党	二九九	自民党	一一八
社会党	一五四	社会党	六八

小会派クラブ	八
（労農党四、共産二、純無所属二）	
無所属	三
	四六四（欠員二）

緑風会	四七
無所属クラブ	九
第十七控室	四
	二四六（欠員四）

召集日直前の十一月十八日、鳩山自民党総裁と鈴木社会党委員長が会談し、二大政党下の国会の民主的運営について、円満な国会運営するため、民主的ルールを確立すると申し合わせをしたが、後述するように、この臨時国会だけの効果しかなかった。

鳩山内閣は召集日前日、保守合同によって、基盤とした政党に変化があったとして総辞職した。召集日当日、首班指名が行われ、自由民主党総裁として鳩山一郎が指名され、第三次鳩山内閣を発足させた。二大政党による新しい国会運営といえるものとしては、この国会から衆議院では首相の所信表明に対する代表質問の第一順位を、野党第一党の代表者に自民党が譲ったことである。このルールは今日でも続けられている。

五五年体制初の通常国会（第二十四回）は十二月二十日に召集された。翌三十一年一月、自民党の次期総裁と目されていた緒方竹虎が急死したため、党大会で初代総裁に鳩山一郎が混交なく選出された。鳩山内閣は「憲法改正」「行政改革」「税制改革」を主張し、社会党は「平和憲法の擁護、再軍備反対、保守反動の阻止」を主張して、与野党が激突した。

憲法調査会法案、国防会議法案が衆参両院で紛糾を重ねて成立した。また、小選挙区制を取り入れるための「公職選挙法改正案」が大混乱した。社会党は憲法改正に必要な三分の二の議席を得るためとして、強く抵抗した。改正案の区割が不公平で、米国の「ゲリマンダ」に似ているとして、「ハトマンダー」という流行語ができた。衆議院の益谷・杉山正副議長が数度にわたって、与野党を斡旋してやっと衆議院を通過させたが、参議院で廃案となった。なお、与野党の紛糾を議長の斡旋によって収拾するという方策が、これを機に慣行化された。

さらに紛糾したのは「新教育委員会法案」であった。教育委員の公選制を廃して任命制とする等の内容で、社会党は教育の中央集権化、中立性を侵すとして強く反対、衆議院文教委員会で与野党が激突、本会議に中間報告して可決されるありさまであった。衆議院では、警察官五百名を院内に導入し、そのうち二十五名が議長の命により本会議場に入り、帝国議会以来前例のない事態のもとで、中間報告が行われ可決、成立するという混乱ぶりであった。「英国型二大政党による民主的な国会運営」の定着は、夢のような話だった。

紛糾した第二十四回国会が終わり、昭和三十一年七月八日、第四回参議院通常選挙が行われた。五五年体制の二大政党下、初めての国政選挙であった。結果は、第二十五回国会召集日現在、各会派の構成は、次のとおりであった。自民党一二四、社会党八一、緑風会二九、無所属クラブ八、第十七控室四、共産党二。この選挙の特徴は、社会党が大きく進出し、共産党などと合わせて三分の一以上の議席を確保して、憲法改正の国会発議を両院で阻止する勢力を得たことである。そして、参議院に政党化の波が押し寄せ、緑風会が激減したことであった。

鳩山首相は、政界引退のため歴史的業績を志向するようになり、日ソ国交回復をテーマとした。自民党内の反対を押し切り、車椅子でモスクワに乗り込み、領土問題を将来に残し、昭和三十一年十月十九日「日ソ共同宣言」などに調印した。

同年十一月十二日に第二十五回臨時国会が召集され、日ソ共同宣言関係四条約が提出された。社会党は無条件で賛成したが、自民党内では大勢は承認やむなしであった。強硬な反対論もあった。衆議院では全会一致で承認したものの、自民党から相当数の欠席者が出た。本会議で討論に立った中曽根康弘議員の討論発言が、議長によって全部削除されるというハプニングがあった。参議院では、自民党内の一部と緑風会が反対したが、賛成多数で承認した。

日ソ共同宣言などが十二月十二日に発効し、日ソの国交が正式に回復した結果、ソ連がわが国の国連加盟を支持することになり、懸案の国連加盟が実現した。十二月十八日の国連総会で日本の加盟決議案が全会一致で可決された。わが国は第八十番目の加盟国となり、昭和八年の国際連盟脱退以来二十三年ぶりで、国際社会に復帰した。

この国会では、日ソ共同宣言などで与野党は協調した審議が行われたが、「スト規制法の存続議決案」の審議や、会期延長については与野党は激突した。電気産業及び石炭鉱業における争議行為の規制に関する法律は時限法であった。これを恒久法として存続させたい政府自民党は、委員会審査を省略する手続をとって、召集日に国会議決案として提出した。社会党は国会の審議権無視と主張して抵抗、結局委員会審議を行うことになる。参議院でも審議が難航し、会期末、参議院議長と自民党が衆議院議長に会期延長を申し入れ、衆議院では議長が職権で会期の七日間延長を強行議決した。

社会党はこれを無効として、益谷議長や鈴木事務総長の不信任決議案を提出、自民党は杉山副議長不信任決議案を提出して紛糾した。結局、鳩山自民・鈴木社会両党党首会談が行われ、国会の運営を円滑にするために、次の検討事項を申し合わせた。①議長の権威を高めるための措置、②懲罰事犯の取り扱いについての措置、③両党の対立紛争の場合の措置、④会期延長の取り扱いの措置、⑤国会運営能率化のため議院運営委員会のあり方についての再検討。

会期最終日、社会党は「衆議院解散要求決議案」を提出、これを否決して正常化した。

② 岸首相と「安保改定」闘争の前哨戦

「五五年体制」という用語は、いろいろな場面で使われている。言葉を提唱したのは政治学者の升味準之輔氏で、『一九五五年の体制』という論文から始まっている。しかし、その意味は一九五五年（昭和三十年）の保守合同による自民党体制による保守政権の安定を説明として使われる場合が多い。

私は一九五五年に出来上った保守合同による自民党と、左右両派が統一した社会党がくり広ろげた二大政党による政治体制と理解している。実態は自社両党の表での対立、裏での談合政治によって、自民党単独政権が一九九三年（平成五年）まで続く政治体制のことである。

昭和三十四年の安保国会の前年に、衆議院事務局に就任した私は、文字どおり「五五年体制」の中で生きてきたわけである。自民党単独政権の崩壊で「五五年体制」が姿を消すときには参議院議員であった。率直に言えば、「五五年体制」改革のシナリオライターの一人であった。従って本項からの執筆手法は、これまでと違ったものとなる。

岸首相の出現が日本政治に残したもの

鳩山一郎は昭和三十一年十二月十四日の自民党大会で辞任の挨拶を行い、波瀾に満ちた鳩山政治は幕を閉じた。注目の総裁選挙は、岸信介、石橋湛山、石井光次郎の三人が競い、一回目の投票で過半数を得た者がいなかった。上位二人の決選投票で、石橋二百五十八、岸二百五十一と石橋が逆転勝利し、第二代自民党総裁に就任した。

第二十六回通常国会が、十二月二十日に召集され、首班指名で石橋氏が首相に選ばれ、同月二十三日石橋内閣が発足した。石橋政権は「雇用と生産増大、福祉国家の建設、世界平和の確立」など斬新な政策を打ち出した。石橋ブームを起こすべく、正月明けから全国遊説を行い、その強行日程が原因で病に倒れた。石橋首相の国会出席が不可能になった政府は、岸外務大臣を首相臨時代理にして施政方針演説を行い、予算審議に臨むことになる。衆議院議院運営委員会で、首相臨時代理の権限が議論され、石橋首相が長期の療養を要することになり、二月二十三日、総辞職した。

衆参両院は同月二十五日の本会議で、岸首相臨時代理兼外相を首相に指名した。岸信介といえば、太平洋戦争開戦時の東条内閣の商工大臣であり、国民の多くは複雑な思いであった。A級戦犯容疑で巣鴨拘置所に収監されていたが、戦犯としてより情報提供者として扱われていた。起訴されず釈放され、米国の情報機関から資金援助を受け、吉田体制を倒すため政界に復帰したことで知られている。岸首相の政治目標は、米国の意向を受けての憲法改正、再軍備であったが、その経過措置として「日米安保条約を改定して、日米相互平等の関係という名目での東アジアでの米国と軍事力の強化という面があった。

第二十六回国会での石橋首相の病気による岸首相への交代は、戦後の政治に大きな影響を与えた。政治に対する二人の考え方は、まったく対立したものであった。岸首相の最大の問題は「米国への従属政治」であった。岸氏へのCIAからの資金提供は、国務省公文書解禁審査会委員であったアリゾナ大学のマイケル・シェラー教授らの研究で明らかにされている。

シェラー教授が平成十六年八月一日、フジテレビに出演して証言した内容に注目すべきものがある。「岸は一九五三～五五年（昭和二八～三〇年）にかけて、頻繁に訪米し米国政府関係者に日本政府の内部資料についてレポートを渡していたようだ。その見返りとして、一九五五年ごろから米国政府は岸に資金を提供するようになった。岸が選挙に勝つようにという意味だと思う」

さらに岸政治を総括して、

「岸の問題はアメリカの思惑通りに動き過ぎたことにあった。アメリカの世界戦略の一端に利用されたのです。もちろんそれは、アメリカにとっては有り難いことでしたが、日本のためになったかどうか疑問です。日本が本当の意味で独立できていないのは、ある意味で岸の責任でもあると思います」

と述べている。その岸信介元首相の派閥と政治的ＤＮＡを継承したのが、小泉純一郎首相であった。さらに、事もあろうに半世紀もすぎた平成二十一年、民主党に政権交代した後、菅首相となって岸政治の対米従属が再生されたのである。そして自民党と対峙する民主党幹部の中に、それに同調する政治家が多数いることに驚きを隠せない。

二大政党による初の総選挙と警職法改正騒動

第二十八回通常国会が昭和三十二年十二月二十日に召集され、翌三十三年一月審議が再開されるや、社会党は教職員勤評問題で岸内閣と対決する姿勢を強め、早期解散を要求した。四月八日、岸自民党総裁と鈴木社会党委員長の党首会談で解散の日取りや重要法案の審議について話し合った。また、懸案の国会運営の正常化をはかるため国会法の改正案が成立した。主な改正点は次のとおり。

一　議員の任期満了による選挙後においては、任期の始まる日から三十日以内に臨時国会を召集しなければならないとしたこと。

二　会期延長の制限、すなわち延長を通常国会では一回、特別国会及び臨時国会では二回までとしたこと。

三　議事協議会を設置し、意見が一致しないときの議長の裁定を明記したこと。

四　懲罰事犯の閉会中審査及び後会継続を定め、会期の終了日またはその前日あるいは閉会中に生じた懲罰事犯を後会で取り上げ得るとしたこと、など。

なお、この国会で国会議員が退職した際に年金を支給する、国会議員互助年金法が成立した。

四月二十五日、社会党提出の岸内閣不信任決議案を衆議院で審議中、解散証書が伝達され、解散となった。保守・革新の二大政党による最初の総選挙は、五月二十二日に行われた。国民の関心も高く、投票率も全国平均七十七％という戦後最高を記録した。この選挙で、自民党は保守系無所属十一名を加えて解散時を八名上回り、社会党も九名増やしたが、激増するという予想を裏切った。第二十九回国会召集日現在の各派議席数は、自民党二九八、社会党一六七、小会派二と、完全に二大政党となった。

六月十日、第二十九回臨時国会が召集されたが、衆議院の正副議長、常任委員長を、慣行を破って与党自民党が独占を主張した。社会党は抵抗し、翌十一日の深夜まで十八回にわたる堂々めぐりの投票をくりかえし、選挙で自民党が独占した。その結果、首班指名は十二日に行われ第二次岸内閣が発足した。

この国会で紛糾したのは、市町村立学校職員の給与負担法改正案であった。衆議院で自民党の強行採決によって紛糾したが、参議院では文教委員会で提案理由説明のみで審議が進まなくなり、本会議で審議内容なき中間報告が行われ、悪例を残した。

九月になって訪米した藤山外相が、ダレス国務長官と会談し、日米安保条約の改定の必要性について合意したと共同声明を発表した。十月四日から東京で改定の交渉が始まった。

第三十回臨時国会は、九月二十九日に召集された。同月二十七日、台風二十二号が伊豆狩野川の氾濫をもたらした災害対策のための補正予算等が審議されたが、突然政府が「警察官職務執行法改正案」を提出した。社会党は盛り上りつつあった安保改定反対運動を弾圧することがねらいとして、十月八日衆議院に提出と同時に抵抗し、混乱状況となった。社会党は安保改定闘争の前哨戦と位置づけた。民主政治の根幹にかかわる法案を、首相の所信表明もなく予定提出法案にも入れず、突然提出する岸内閣の姿勢を、議会政治を否定するものとして、即時撤回するよう要求し、国会審議に応じないとした。

警職法改正案に対する院外の反対運動は、院内の混乱とともに拡大し、東京に総評・全労・中立労組・新産別・全日農・護憲連合からなる警職法改悪反対国民会議が結成された。この反対運動には国民各層の人々が参加し世論も反対したため、衆議院地方行政委員会の審議は難航した。政府・自民党は三十日間の会期延長を申し入れ、十一月四日、議長職権による衆議院本会議を混乱のうちに閉会、椎熊副議長が与党議席から十二月七日まで三十日間の会期延長の議決を宣言した。

社会党はこの抜き打ち会期延長を無効と声明し、十一月七日の会期終了予定日をもって臨時国会は終了したとして、八日以後登院せず、国会は完会に空転した。院外では、各労組がゼネストで抗議し、労働者や文化人・学生たちも国会に激しいデモをかけ、報道機関の多くも、かつてない強い反対の論陣を張った。事態を憂慮した自民・社会両党の幹部が収拾に乗り出し、十一月二十二日に、岸・鈴木両党首会談が開かれ、警職法改正案を審議未了とすることなど、国会正常化が申し合わされ、衆議院を自然休会として臨時国会を閉めた。

社会党分裂・与野党の対立激化

第三十一回通常国会は昭和三十三年十二月十日に召集された。開会冒頭から自民・社会両党の党首会談の申し合わせにもとづく話し合いが続けられ、次の事項を申し合わせた。

一　正副議長の党籍離脱の慣行を樹立する。

二　院内における議事の円滑な運営をはかるために、法規、慣例、申し合わせ、決議を厳に尊重し、必要により国会法の改正を考慮する。

三　議事協議会の制度を活用し、または改善を図る。

四　国会に対する集団的要請行動を規制する。行動の規制については両党による特別委員会を設けて慎重に検討する。

（付帯申し合わせ）

一　衆議院正副議長の選挙については両党一致の議決による。

二　参議院の自主性を尊重するも、この申し合わせに従って運営するよう要請する。

この申し合せにもとづき、十二月十三日、衆議院の星島二郎・椎熊三郎正副議長が辞任し、議長に自民党の加藤鐐五郎、副議長に社会党の正木清が選挙され、両者とも党籍を離脱した。この議長・副議長の交代劇から、わが国では衆議院において、国会運営の混乱をめぐって正副議長が辞任することで正常化することが多くなる。この悪しき慣行が是正されるのは、昭和四十八年五月に就任した前尾繁三郎議長からで、その間の十四年間に衆議院議長は十名が就任した。

この国会では、先の警職法改正案の紛糾をめぐる世論の議会政治に対する批判もあって、与野党とも変則的な審議を避けた。日米安保条約の改定について方向と内容が政府から示され、社会党は日米相互防衛条約になるとし、日本が戦争に巻き込まれるおそれがあるなど、活発な論争をくり広げた。

昭和三十四年六月二日、第五回参議院通常選挙が行われた。第三十二回国会召集日現在の各派所属議員数は、自民党一三五、社会党八四、無所属クラブ一四、緑風会十一、共産党三、第十七控室二であった。緑風会が六名の当選で第四位の勢力に下り、良識の府の原動力が風前の灯となった。第三十二回臨時国会が六月二十二日に召集され、参議院の正副議長を自民党が独占した。

この年の秋、早くも自民・社会両党による二大政党体制に変化を生じることになる。社会党は党勢の伸び悩みから、党の運動方針をめぐり左右両派の対立が激化していた。西尾末広を中心とする旧右派と全労系が民主社会主義に立つ国民政党論を唱え、旧左派と総評系はこれを日和見主義として階級政党論に固執していた。九月十二日から始まった第十六回党大会で、左派は西尾末広の安保改定などに関する言動が党規に違反する疑いがあるとして、統制委員会に付議する動議を提出し議決した。そして西尾派欠席のまま運動方針などを決定した。

西尾派は社会党再建同志会を結成し、新党結成の意思を表明した。第三十三回臨時国会召集日の前日、十月二十五日、伊藤卯四郎ほか三十三名の議員が社会党を離党して、社会クラブを結成した。社会党から、この後、次々と脱党者が出て、翌三十五年一月二十四日には民主社会党（民社党）を結成し、衆議院で三十七名、参議院で十六名の第三の勢力をもつ政党となった。

十月二十六日に召集された第三十三回臨時国会は、伊勢湾台風（九月二十六日東海地方に大災害）による災害対策、ベトナム賠償などを中心に論議が行われ、また、日米安保条約改正を次の年にひかえ、国会論争も対立をきわ立たせた。院外の反対運動も激しさを増していた。

そうしたなかで、デモ隊による国会乱入事件が発生する。十一月二十七日、安保改定阻止国民会議主催の国会デモに参加した二万七千人のうち、全学連を中心とする約九千人が国会正門を押しあけて、国会構内になだれ込むという事件であった。この事件は、国会史上未曾有の不祥事件として大きな政治問題となった。国会乱入のデモ隊の先頭にいた浅沼稲次郎社会党書記長ら四名の懲罰問題、デモ規制法案の提出、議長不信任決議案の提出、副議長の辞任問題など、与野党の対立を激しくさせた。

③「安保闘争」のパラドックス効果

第三十四回通常国会、世にいう「安保国会」は、昭和三十四年十二月二十九日に召集された。翌三十五年一月六日、日米安保条約改定交渉は妥結し、同月十九日にはワシントンで調印式が行われた。日本側は、従来の条約が不平等性が強いとして、①国連憲章との関連を明確にすること、②日米が相互に義務を負い、日本の義務を憲法の範囲内とすること、③米軍の配備について事前協議を行うこと、④内乱条項の削除、⑤条約に期限をつけること、の五点を基本方針としていた。米国側も東南アジアをめぐる緊張の増大や反米感情などに配慮して改正に応じた。

一月二十四日、「民主社会党」が結成され、中央執行委員長に西尾末広が就任し、立党に際して「民主社会主義」を基本理念とし、「反共と議会主義」を標榜した。国会再開の一月三十日現在、新しい衆参両院の勢力は次のとおり。

（衆議院）

自由民主党	二八八名
日本社会党	一二八名
民主社会党	三七名
各派に属さない議員	三名
計	四五六名（欠員　一一名）

（参議院）

自由民主党	一三六名
日本社会党	六八名
民主社会党	一六名
無所属クラブ	一四名
緑風会	一〇名
日本共産党	三名
各派に属さない議員	一名
計	二四八名（欠員　二名）

一月三十日、緑風会は無所属クラブの有志議員を加え、参議院同志会と改めた。第一回国会には参議院で九二名の第一会派であったが、この日「緑風会」という名が消えた。

二月一日、加藤鐐五郎衆議院議長が辞任し、自民党の清瀬一郎が就任した。なお、辞表を提出していた正木副議長は、一月二十四日の開会式直後の本会議で許可され、後任に社会党の中村高一が選ばれていた。衆議院の正副議長は党籍を離れることになっていたが、清瀬議長・中村副議長は、就任の当初はそれぞれ党に所属していた。

新安保条約・地位協定・関連国内法案は、衆参両院とも特別委員会で審議された。衆議院の安全保障特別委員長には、小沢佐重喜が起用された。吉田政権時代から国会運営に秀れた見識をもった人物として知られていた。衆議院では二月十九日から審議を始め、野党側は条約の国会修正権・極東の範囲・事前協議・条約の期限などの問題について、するどく政府を追及し、激論をつづけた。特に社会党からの質問が注目され、安保六人男の活躍は注目された。三月二十四日、社会党党大会で浅沼稲次郎が委員長に選ばれた。

特別委員会の審議が進むにつれて、新安保条約の性格論争は、国民世論の大きな関心を呼んだ。審議の難航に自民党は、本会議に中間報告を求め審議の進行を図ろうとしたが、野党が硬化したため、会期延長の方針に切りかえた。衆議院の正副議長は公正な立場をとるとの理由から、五月十七日それぞれ党籍を離脱した。

清瀬・中村正副議長は党籍離脱の当日、自民党・岸総裁と、社会党・浅沼委員長を招き、新安保条約などについて正常な国会審議を行うよう要請した。自民党は五月十九日、十分な審議を理由に五十日間の会期延長を両院議長に申し入れた。社会党はこれを拒絶し、会期延長の本会議開会を阻止しようとしたため、与野党が激しく対立した。

国会が緊張するなか、衆議院安保特別委員会では、自民党が理事会で質疑打ち切りの動議を提出することを表明したため、審議は中断し、与野党の対立が極限に達した。自民党が会期延長を申し入れた五月十九日午後十時二十五分、本会議の予鈴とともに、安保条約特別委員会が再開され、混乱のうちに質疑を打ち切り、採決を行い、新安保条約・地位協定・関係法案を承認あるいは可決すべきものと議決した。

午後十時三十五分、本会議の本鈴が鳴り、自民党議員が入場したが、社会党議員は開会を阻止しようと議長室前廊下に座り込み、議長の本会議入場が不可能となった。清瀬議長は院内放送を通じて、くりかえし議長室前廊下からの退去を呼びかけたが、混乱はおさまらなかった。清瀬議長はやむを得ず警察官の派遣を要請し、議長室前廊下の妨害を排除し、衛視に守られて入場、午後十一時四十九分、議長席につき開会を宣言し、会期を五十日間延長することを議決し、翌二十日の午前零時より本会議を開会するとの延会の宣言を行った。

次いで、十七分後の同日午前零時六分、本会議が開会され、自民党の単独審議で、新安保条約・地位協定を承認し、これにともなう関係法令の整理に関する法律案を可決し、零時十九分散会した。なお、この本会議に反主流派の三木武夫・松村謙三・石橋湛山・宇都宮徳馬ら数名が欠席し、岸首相との距離を大きくしていた河野一郎も途中で退場したことが話題となった。

社会党は声明を発表し、自民党の単独による会期延長は不当であり、新安保条約の承認は認められないとし、「衆議院の即時解散を要求し、その実現のため戦う」ことも明らかにした。民社党は「民主主義を守るため、この際衆議院を解散し、新安保条約に対する国民の意思を問い、かつ政局の一新をはかることを訴える」との声明を発表した。これに対して自民党は「議長軟禁は遺憾であり、警察官の派遣はやむを得ない。安保特別委員会及び本会議における手続きはすべて有効である」との声明を発表した。

衆議院における五月十九・二十日の事態は、国会の活動を混迷させると同時に、院外における安保阻止運動を盛り上げさせた。連日、労働者・学生らのデモが国会に押しかけるようになった。参議院でも会期延長の議決を一部会派の出席で行ったものの、新安保条約の審議に入ることはできなかった。社会党は六月六日、臨時党大会を開き、岸内閣退陣・衆議院解散への非常手段として同党衆議院議員の総辞職を決定した。

院外での安保反対運動は、日がたつにつれ、議会主義擁護と岸内閣退陣要求に変わっていった。六月十日、アイゼンハワー米大統領訪日の打合せという名目で、日本の治安状況調査のため、羽田空港に到着したハガチー特別秘書の乗用車をデモ隊が取り囲み、ヘリコプターで脱出するという事件が発生した。アイゼンハワー大統領の訪日は中止された。

また、六月十五日、安保改定阻止国民会議の主催する国会請願デモ約十万人が国会を取り囲み、デモ行進解散後、残った全学連の一部が国会構内に突入しようとし、これを阻止しようとした警察隊との間で大乱闘となり、女子学生一名が死亡したほか、双方に数百名の負傷者を出すという事件が起った。なお、国会に対する安保阻止に関する請願者数は、衆議院受付六百三十二万三千六百十人、参議院受付三十六万七百七十五人にのぼった。

事態収拾のため自民・社会・民社の党首会談が開かれる運びとなったものの、六月十七日夕刻、社会党顧問の河上丈太郎議員が国会面会所で刺傷される事件が発生し、会談は実りあるものとはならなかった。参議院では、新安保条約など、自然成立を待たずに採決しようとしたが、社会党の妨害で特別委員会が開会できず、結局、六月十九日、自然承認となった。六月二十日には、参議院本会議が自民党の単独で開会され、同日、特別委員会で採決された「新安保条約関係法令の整理に関する法律案」を緊急上程して可決した。

新安保条約関係議案は国会審議を終え、六月二十三日、東京で藤山外相とマッカーサー米大使の間で批准書の交換が行われた。新安保条約批准後、臨時閣議が開かれ、岸首相は人心一新のため、内閣総理大臣を辞任する決意を表明した。これにより政局は新しい段階に入り、次期首班工作が本格化した。

自民党では、次期総裁は公選によらず話し合いで一本化することで協議を重ねたが、不調に終った。池田通産大臣、大野副総裁、石井総務会長、松村謙三議員、藤山外相が相次いで立候補を表明し、立候補者の調整が行われた。七月十四日、自民党臨時党大会で池田勇人、石井光次郎、藤山愛一郎の三候補で争われ、決選投票となり、池田勇人が第四代の自民党総裁に当選した。

新総裁披露パーティが、同日首相官邸で開かれ、岸首相が暴漢に襲われ負傷する事件が起こった。政局は岸首相の退陣表明で一転し、七月十二日から野党も国会審議に参加し、会期末の処理を行った。会期最終日の七月十五日、池田（自民）・浅沼（社会）・西尾（民社）の三党首会談が開かれ、首班指名のための臨時国会を七月十八日に召集することなどが話し合われた。岸内閣は七月十五日の本会議終了後、総辞職した。

わが国の議会史上、最大の混乱と強行審議と強行採決、そして一千万人を超える国民が直接間接に参加した反対運動のなかで、「安保国会」が展開した。岸首相が政治生命を賭けた新安保条約は成立したものの、この「安保国会」がもたらしたものは、岸首相の狙いとは異なった政治・社会現像が、わが国に生じることになる。それは誰もが予想していなかったものであった。「安保国会」が何であったかを検証しなければならない。

「安保国会」の検証

第一に国会審議については、たしかに強行審議と強行採決が連続した。しかし、審議は衆議院では徹底して行われ、安保特別委員会での総審議時間は百三十六時間十三分にのぼった。審議の内容も実に秀れたもので、社会党を中心に提起した諸問題は、その後のわが国の安全保障問題に大きな影響を与えた。例えば事前協議問題にせよ極東の範囲問題にせよ、野党の追及が大きな歯止めとなり、日米両政府へのブレーキとなった。国会審議の内容がその後の政府に影響を与えたケースは、「安保国会」の特徴といえる。

第二は、「安保国会」に対応して「安保闘争」という言葉が生まれ、国民が国会審議にきわめて強い関心をもった最初であった。審議が始まる前の朝日新聞の世論調査（昭和三十五年一月十二日に報道）によれば、安保改定［よい二九％、よくない二五％］。戦争に巻き込まれる［三八％、そう思わない三〇%」であった。五月十九日～二十日に衆議院で強行採決が行われた後、同紙の世論調査（六月二日に報道）によれば、強行採決［よかった六%、よくない五〇%］、新安保条約の衆議院通過［よかった一四%、よくない三八%］、となっている。

この原因は、野党が審議で新安保条約の危険性を効果的に指摘したこと。保守合同で自民党が生まれ、戦犯の岸首相が新憲法の民主主義を破壊するのではないかとの危機感を持ったことが、数字に現われている。

第三は、安保反対運動の昂揚をもたらした要因だが、総評労働組合運動と社会党・共産党などの政党、知識人・学生の連携が成功したことである。また、石炭合理化の三池争議も安保反対運動を盛り上げた。官公労や民間労組の六・四ストには、五百四十万人の労働者が立ち上った。これらの動きは、その後、地方での革新自治体の誕生につながっていく。

第四は、安保反対の国民運動によって、保守政治が目論んだ米国に依存する国家主義統治構想が、新憲法になじんだ多くの国民には通用しないことが明らかになったことである。自民党政治家に旧来型の政治はできないということを自覚させ、岸首相のような力の政治を続けるなら、保守政権が潰れるとの危機感を持つようになった。また米国も、不平等条約を改正して日本国民の中立化を抑えようとしたことが、逆に中立化を促進し、当惑する結果となった。

第五は、安保闘争の盛り上りは、岸政権を倒すところまではいったが、保守政権を交代させ革新政権を樹立するまでには至らなかった。安保反対では一致しても、革新政権をつくる構想・戦略がまったくなかったことによろう。革新勢力の間での感情的理論闘争が原因であったが、背後にはソ連共産党の影響によるものがあり、米ソ冷戦といわれる国際情勢をまともに受けていた。

そのため、保守政治が自己転換・改革することになった。保守側は革新側の弱点を突くように、岸首相の退陣を機に、次の総裁選挙でマスコミを使って新しい政治を報道させた。安保反対の運動の声が消えるとともに、革新勢力は放心状態となる。そして保守政治の長い支配が続く政治構造となっていく。「安保国会」は、そういう政治や社会の構造変化を引きおこすパラドックス効果をもたらしたといえる。

④ 自民党長期政権と経済至上主義

自己利益社会の形成と議会政治

「安保国会」と「安保闘争」がもたらした日本の変化の前兆は、昭和三十年頃から経済の面で現われていた。それは、戦後の復興が「朝鮮特需」などによる経済成長の時期となっていたことである。吉田時代に敷いた防衛力への支出を抑え、経済成長への政策的配慮により、企業中心の社会が整いつつあった。国民の多くは、強権的政治による軍事国家を避け、生活の安定と豊かさを求めていた。そのためには、個人の自由を尊重する議会民主主義を大事にする政治が必要であった。

「安保国会」を強権で押し切った岸首相の後、まったくイメージを変えて、池田勇人首相が「寛容と忍耐」を旗印に、「議会政治の再建」と「所得倍増」を提唱して、新しい政治をスタートさせたことは、苛立った安保反対運動を溶解させるものであった。

第三十五回臨時国会の昭和三十五年七月十八日に、池田勇人が首班に指名されて以来、平成元年六月、竹下登首相が退陣するまでの約三十年間は、五五年体制下でも自民党長期政権で、割合安定した時期であったといえる。本項では、この約三十年間にわたる議会政治の実態を要約して述べることにする。

この時期を高度経済成長・経済至上主義による「自己利益社会」の形成期といえる。企業という集団の利益を向上させることで、自己の利益を増大しようというもので、経済成長を優先させる政治を展開する自民党政権は安定する。一方で労働組合という集団も企業の成長に依存するようになる。労働者も右型上りの経済成長により豊かな生活を求め、政治的活動を鈍らせていく。

豊かな社会が実感できるようになると、国民の価値観が経済的価値にもとづく自己利益を中心におくことになる。そのため政治や社会などに関心が薄くなり、経済的自己利益をめざす競争が主流となる。まず、教育の場にそれが現れる。子供に進学のための教育をすることや、有名大学に入学させ有名企業に就職させる競争が、偏差値教育という名で全国で展開されるようになり、現在でも続いている。

国会ではどんなことが起ったか。社会党が低迷して政権を獲得する意思をなくし、ネズミを獲らないネコになる。労組の経済的要求を自民党政権にいかに採用させるか、という政治が労使交渉と同じようになり、社会党の活動の重点となる。さらに、昭和三十九年、ソ連と日本共産党が対立して以来、ソ連共産党は対日工作の相手を社会党に移すことになる。狙いは社会党を拡大させ、米ソ冷戦の下で米国による日本のコントロールを低下させようというもので、さまざまな資金援助を行うようになった。

そのため社会党の国会対策は、国会審議の表の場では「殴り合い」裏では「手を出す」という政治が定着する。自民党は派閥・族議員による利益誘導政治が恒常化する。そして自民党内における「振り子の原理」といわれる疑似政権交代が続くようになる。この時期、自民党と社会党は裏側での連立政権であった。

一九八〇年代になると、資本主義は重化学工業中心から先端技術による情報資本主義に変質する。さらにグローバル化によるさまざまな問題が生じる。大量生産―大量消費による高度経済成長時代は去り、タックス・ヘイブン（租税避難）が起り、所得税収入は減少し、福祉社会の維持に国難が生じる。そこで消費税制度を導入したのが、昭和六十三年秋であった。翌年一月には昭和天皇が崩御し、平成時代となり、五五年体制が事実上崩壊していく。この間の国会の実態を、各政権ごとに特徴を述べてみる。

池田政権と変わる自民党

池田勇人首相は、昭和三十五年七月から同三十九年十一月（第三十五回臨時国会から第四十七回臨時国会）まで就任する。京大から大蔵省に入り、事務次官のとき吉田茂に見込まれて政界に出た人物だ。若い頃、病気で何度か挫折をくりかえし苦しみを知った人間である。敗戦と公職追放がなければ、事務次官にも政治家にもなれなかったであろう。大蔵省の後輩で病気仲間の前尾繁三郎や大平正芳らの意見を入れ、低姿勢と国民生活向上の政治を展開していくことになる。

池田政治の中心は「所得倍増政策」だった。「経済成長の見通しは、過去の実績からみて、三十六年度以降三カ年に平均九％は可能であり、国民所得を一人あたり三十五年度の約十二万円から三十八年度には約十五万円に伸ばす。これを達成するため適切な施策を行っていけば、十年後には国民所得は現在の約二倍となる」ということだ。

池田首相は、この新政策をかざして全国遊説を行い、与野党の政治対立に飽きていた国民大衆に訴えていった。

解散をひかえた第三十六臨時国会召集直前の昭和三十五年十月十二日、日比谷公会堂で開かれた自民・社会・民社三党首演説会で、社会党の浅沼委員長が演説中、右翼の少年に刺殺されるという事件が起きた。池田首相は召集日の十月十七日、衆議院本会議で追悼演説に立った。演説で、社会主義者、大衆政治家・浅沼稲次郎の人間性をたたえ、満場をうならせた。その一節を紹介しておく。

君は、また、大衆のために奉仕することをその政治的信条としておられました。文字通り東奔西走、比類なき雄弁と情熱をもって直接国民大衆に訴え続けられたのであります。

沼は演説百姓よ　よごれた服にボロカバン　きょうは本所の公会堂　あすは京都の辻の寺

これは、大正末年、日労党結成当時、浅沼君の友人がうたったものであります。委員長となってからも、この演説百姓の精神はいささかも衰えを見せませんでした。全国各地で演説を行う君の姿は、今なお、われわれの眼底に、ほうふつたるものがあります。

この時代、明治生まれの政治家には与野党という政敵であっても、心の絆があったことがわかる追悼演説だ。

十月二十四日、衆議院は解散となり選挙戦に入った。社会党は刺殺された浅沼委員長に代わって白髪の江田三郎書記長がソフト・ムードで、所得倍増論の池田首相に対抗した。「米国の豊かな生活」「ソ連の社会保障」「日本の平和憲法」のスローガンをかかげ、柔軟路線を印象づけた。この路線は党内の論議を十分経ていなかったため、大きなシコリを残すことになった。

十一月二〇日に行われた総選挙の結果は、第三十七回国会召集日現在の各会派所属議員数は、自民党三〇〇、社会党一四五、民社党一七、共産党三、無所属二であった。自民党の圧勝であった。社会党も大幅に議席を増やしたが、民社党が同じ分を減らした。この特別国会で、自民党は清瀬議長の再選を要請、野党側は安保国会の責任があるとして反対したが、党首会談で話がつき、十二月八日第二次池田内閣が発足した。

この年、九月二十九日から九日間、国会議事堂で、第四十九回列国議会同盟会議が開かれた。東西両陣営から四十八カ国の代表が参加した。わが国の国会にとって初めての国際会議であった。また、十一月八日には米国大統領選挙で、ケネディが当選し、新しい日米関係の年となった。なお、十二月二十四日には天皇・皇后両陛下をお迎えして議会開設七十年記念式典が挙行された。

第三十八回通常国会では、浅沼事件を反省して、政府が「政治的暴力行為防止法案」を提出した。野党は革新勢力への弾圧になりかねないと強く反対し、国会審議が紛糾したが廃案となった。池田政権前半の国会運営は、自民党の園田直国対委員長と社会党の横路節雄国対委員長の見識で、話し合いによる正常な運営を目指していた。第四十二回国会で、エネルギー転換に伴う「石炭合理化関係法案」の審議が紛糾した程度で、概ね正常な国会であった。

池田政権後半には、各政党の内部的理由により国会紛糾が目立つようになる。それは池田首相の〝低姿勢〟による国会運営が自民党の反主流タカ派から批判を受けたもので、第四十三回通常国会の「国民の税月法案」などの紛糾はその例であった。また、昭和三十七年の社会党大会で左派路線の成田書記長が就任したことで、社会党の国会運営方針が対決型になったためであった。

昭和三十七年七月一日、第六回参議院通常選挙が行われた。この選挙はこれまでと大きな変化があった。自民党が参議院で絶対多数を獲得したこと。創価学会を母体とする「公明政治連盟」が九名を当選させ、それまでの無所属であった同志と十五名で「公明会」を結成した。また、タレント議員という言葉もこの選挙からで、藤原あき（自民）が百万を上回る票で全国区から当選した。

昭和三十七年の秋は、国際情勢に大きな変化が出る。十月に〝キューバ危機〟が発生した。ケネディ米大統領は、キューバにソ連のミサイルが輸送されるのを阻止するために、キューバを海上封鎖すると宣言した。第三次世界大戦勃発寸前となったが、ソ連のフルシチョフ第一書記の妥協で、危機は回避された。この事件を契機に、中国とソ連は公然と対立するようになる。日中関係は十一月には「日中総合貿易に関する覚書」が結ばれ、〝LT貿易〟が始まった。日韓関係も対韓協力の合意ができ、日韓会談が本格化した。

第四十四回臨時国会の昭和三十八年十月二十二日に、衆議院は解散となる。高度経済成長政策の歪みが出た頃で、自民党は「消費者物価の安定」等を公約とし、社会党は「所得格差の是正」等を挙げ、民社党は「経済政策の失敗」で、自民党を追及した。選挙の結果は、第四十五回国会召集日現在、自民党二九四名、社会党一四四名、民社党二三名、共産党五名、無所属一名であった。

この選挙後の特別国会では、野党側が副議長を野党第一党に、常任委員長を各会派に、比例配分するよう要求。議長副議長選挙が召集から四日目、首班指名が六日目に行われた。全閣僚留任という異例な形で、第三次池田内閣が発足した。

第四十六回通常国会は、オリンピック東京大会が開かれるという明るいニュースのもと、昭和三十九年一月二十一日審議が再開された(召集日は前年の十二月二十日)。全体的に協調ムードで紛糾はなかった。公職選挙法改正で衆議院議員定数が十九名増え、四百八十六の定数となった。成長したのは経済だけではなかった。池田内閣が国会承認をもっとも期待していた「ILO第八十七号条約」は、第三十四回国会以来、六回目の廃案となる。

七月十日には自民党総裁の任期満了で、池田首相が三選された。秋には、まず九月七日から「IMF・世銀・国際開発協会・国際金融公社」の合同年次大会が、東京で開かれた。百二カ国が参加し、国際経済で日本が重要な国となったことを示す機会となった。

国民待望の第十八回オリンピック東京大会が、十月十日から開かれた。この準備のため東海道新幹線、首都高速道路、地下鉄建設、水資源の確保、都市・生活環境施設などの整備により、首都東京の大改革となった。東京大会の大成功は、敗戦以来のあらゆる苦難をのりこえて日本民族がなし遂げたもので、世界中から大きな評価を受けた。

十月二十五日、民族の祭典オリンピックの聖火が消えた翌日、自民党の三木幹事長を通して池田総裁の総裁・首相辞任の談話が出された。秋口から健康がすぐれず、検査の結果は「喉頭ガン」であった。

佐藤長期政権の実態

池田総裁の後継は、佐藤栄作・河野一郎・藤山愛一郎にしぼられ、調整工作が精力的に行われた。十一月九日に開かれた自民党両院議員総会で、川島副総裁が「首班候補として佐藤栄作君を推薦いたします。池田勇人」と池田首相の裁定文を読み上げ、第五代自民党総裁に佐藤栄作が確定した。同日は、第四十七回臨時国会の召集であった。その日の午後、両院本会議で首班指名が行われ、佐藤栄作首相が誕生した。

佐藤首相は、岸元首相の実弟で、東大を卒業後、鉄道省に入り、運輸事務次官となった。吉田元首相の知遇で国会に議席を持たないまま官房長官となった。昭和二十四年衆議院議員に当選、自由党幹事長のとき造船疑獄問題で犬養法相の指揮権発動で話題となった。保守合同後は自民党総務会長、蔵相など要職を歴任し、実力者として活躍していた。佐藤内閣は昭和四十七年七月七日まで二千七百九十八日にわたり、わが国で最長期間政権を担うことになるが、この間の実態を概観してみる。

第四十八回通常国会は、昭和四十年一月二十五日に再開され、佐藤首相は日韓交渉の早期妥結、ILO第八十七号条約の承認、物価の安定などの解決を、施政方針として示した。これらは池田内閣で解決できなかった懸案事項であった。この国会では自衛隊の図上研究〝三矢研究〟を社会党がとり上げ、政府のシビリアン・コントロールが有名無実になっていることが問題となった。

ILO問題では、野党との話し合いが難行した。衆議院のILO特別委員会で強行採決が行われ、船田中議長の斡旋を各党が了承し、両院を通過、長年の懸案が解決した。新東京国際空港公団法などが成立したのも、この国会であった。六月三日、国会閉会を待って佐藤首相は党役員と内閣改造を行い、池田内閣からの居抜き体制を自前のものとした。

七月四日、第七回参議院通常選挙が行われた。この選挙は、佐藤内閣にとって初めてだけでなく、社会党も委員長が佐々木更三に代わり、創価学会の公明政治連盟も「公明党」と政党に代わって、全国区に候補者を出した初めての選挙であった。第四十九回国会召集日現在の各会派所属議員数は、自民党一四一名、社会党七三名、公明党二〇名、民社党七名、共産党四名、第二院クラブ四名、無所属一名だった。

自民党は絶対多数を得たものの、東京地方区で二名の候補がともに落選した。次いで七月二十三日に行われた東京都議会議員選挙でも自民党は惨敗し、大都市における保守勢力の退潮が明白になった。

参議院選挙直後の七月八日、河野一郎が急逝した。先の内閣改造で閣外に去り、動向が注目されていただけに話題となった。八月十三日には池田前首相が死去した。

佐藤内閣にとって当面の最大の外交課題は、日韓の国交正常化であった。昭和四十年六月には日韓基本条約と関係諸協定が調印された。十月五日に召集された第五十回臨時国会に関係条約を提出し「日韓国会」として、集中的に論議した。社会党と共産党は、北朝鮮を敵視するものとして、院外のデモをはじめ審議阻止作戦をとった。

衆議院では、日韓基本条約等を特別委員会で強行採決し、本会議の審議に野党は牛歩戦術をとり、徹夜国会が続いた。事態収拾に船田議長が各党幹事長・書記長会談で斡旋したが、すべて不調となり、十一月十二日午前零時過ぎから開かれた本会議の冒頭、これまでやったことのない衆議院規則第百十二条（議事日程変更）を適用して強行採決した。野党は厳しく抵抗することになる。参議院でも審議が紛糾し、特別委員会で強行採決が行われ、本会議では徹夜審議を三日間にわたって続行、十二月十一日未明、自民・民社の出席だけで議決した。

野党は自民党の国会運営に反発し、衆議院では一斉に審議に応じない態度をとったため、次の第五十一回通常国会の正常化が政治問題となった。結局、衆議院の船田・田中正副議長が辞任するという形で事態を収拾した。後任は議長に山口喜久一郎、副議長に園田直が選ばれた。新正副議長の課題は、国民から批判されるようになった国会運営について信頼を回復させることであった。

そのためには、まず、正副議長・議運委員長・各会派の議運理事といった国会運営の責任者が個人的にも信頼できる関係をもち、それぞれ所属する政党を離れて、議会政治発展のため、自由に意見を述べ合う場をつくることが必要ということで一致。「議会制度に関する協議会」を設置することになり、昭和四十一年三月十日に発足した。協議会は今日でも続いており、四十五年を過ぎるが、ある時期には、国会正常化や国会運営・制度の改善に成果をあげた。現在（平成二十三年）では形骸化している。

佐藤首相は政権に就いて二年目、国会運営も軌道にのった矢先、自民党議員の疑惑事件が続出し、苦境に立った。昭和四十一年秋に召集された第五十三回国会は「黒い霧国会」といわれた。国有地や国有林の払下げ・共和製糖・台湾バナナなどの疑惑事件を、野党が追及し解散を要求した。佐藤首相はこれに応じず、この臨時国会のすべての議事を自民党の単独審議で行うという異常国会となった。

十二月二十七日に召集した第五十四回通常国会の召集日冒頭、佐藤首相は衆議院を解散した。この総選挙は自民党・佐藤政権にとって、命運をかけたものであった。この選挙から衆議院議員定数が是正され、大都市で十九議席増員、全国百二十三選挙区、四百八十六議席をめぐって、昭和四十二年一月二十九日に投票が行われた。自民党は二八〇名（特別国会召集日現在）と現状議席をほぼ維持し、善戦といわれたが、実は定員増を考えた場合に問題があった。得票率も結党以来初めて四八・八％と五〇％台を割った。現状を維持できたのは、強い危機感があったことだ。

野党は複雑であった。社会党は一四一名（同）と変わらず、有利といわれた状況にもかかわらず、国民の期待を裏切ったとして、「お詫び」声明を出した。民社党は三〇名を当選させた。議会政治擁護をスローガンとしたためであった。注目されたのは、衆議院に初めて進出した公明党で、二十五議席を獲得し、新しい政界の目となった。共産党も五議席と変らなかった。これらは「多党化現象」の始まりといわれた。佐藤政権は最大の危機を切り抜け、長期政権に向け体制の立て直しに専念することになる。

昭和四十二年からの日本政治は、佐藤首相の主導で展開していく。第五十六回臨時国会は「健保国会」といわれ、健保特例法案は保険料の値上げで野党が猛反発し、衆議院社会労働委員会で強行採決が行われた。本会議で徹夜の牛歩戦術が三日間も行われ、正副議長の斡旋で党首会談が開かれ、合意ができた。しかし、社会党代議士会で了承されず、同党の佐々木委員長と成田書記長が辞任した。

昭和四十三年の第五十八回通常国会では、倉石農相が日本海の漁船の安全操業に関連して、「現行憲法は他力本願だ。やはり軍艦や大砲がなければダメだ」と記者団に語り、国会審議が止まるという騒ぎがあった。一方、大気汚染防止法・騒音規制法・消費者保護基本法など国民生活関連法が成立した。この時期、佐藤首相は、高度成長政策の〝ひずみ〟を是正する「社会開発」を実行し、同年九月「水俣病」を公害と認定した。

第八回参議院通常選挙が、同年七月七日に行われた。自民党はどうにか現状を維持したものの、社会党は大幅に減り、公明・民社・共産各党が増え、参議院でも野党の多党化が進んだ（第五十九回国会召集日現在、自民一三七、社会六五、公明二四、民社一〇、共産七、第二院ク四、無所属三）。

自民党は現状維持とはいえ、都市部では自民党も含めて多党化した。すでに前年の東京都知事選挙で革新統一候補の美濃部亮吉が当選しており、新しい都市改策が必要であった。この時期、自民党都市政策調査会長の田中角栄は、「都市改策大綱」をまとめ「日本列島改造論」の土台をつくった。同年十一月二十七日の自民党大会は、佐藤首相を総裁に三選した。

昭和四十四年が明け、第六十一回通常国会は大学紛争問題で大混乱した国会であった。安保条約の期限切れを翌年にひかえ、新左翼といわれる学生が大学運営に抵抗した運動で、「日大闘争」や「東大安田講堂闘争」など知られている。政府・自民党は「大学運営臨時措置法案」を提出し成立に全力を挙げた。衆参両院で野党が強く抵抗し、それぞれ異常な強行採決が行われて成立した。

なお、この国会は紛糾が多く、衆議院で十五回、参議院で五回の自民党単独採決が行われた。さらに、衆議院で四回、参議院で二回にわたって徹底国会が行われた。与野党対決法案は、国鉄運賃値上げ法案・国家公務員総定員法案・防衛二法改正案・健康保険改正案など。特に衆議院では健康保険法改正案の本会議運営をめぐる紛糾の責任をとって、石井議長・小平副議長が辞任した。

佐藤首相は同年十一月に訪米、ニクソン大統領と会談し、共同声明で昭和四十七年中に核抜き、本土並みで沖縄の復帰を実現させることで合意したと発表した。日米首脳会談を成功させた佐藤首相は帰国後、ただちに第六十二回臨時会を召集し、前国会で審議未了となった二十七件の生活関連法案を成立させ、各会派の代表質問の後、衆議院を解散した。

第三十二回衆議院総選挙は、同年十二月二十七日師走選挙となった。自民党は無所属議員を入党させ、三百三議席と圧勝した。社会党は前回から五十議席を減じた。公明党が野党第二党となり、民社は横ばい、共産党も二ケタとなる。野党の多党化が一段と進んだ（特別国会召集日現在、自民三〇〇、社会九〇、公明四七、民社三二、共産一四、無所属三）。

昭和四十五年、激動の一九七〇年代が始まる。第六十三回特別国会では、まず、日米安保条約の固定期間の満了を六月二十二日にひかえ、自動延長か期限つきの新条約とするか、政府・与党内にも議論があった。野党の中に強く廃案を主張するところもあり、「安保国会」の再燃を懸念し、「自動延長」となった。この国会では、沖縄返還の準備として、かねてから衆議院の議会制度協議会で検討を続けていた「沖縄住民の国政参加特別措置法」が成立した。

自民党は同年十月二十九日の党大会で、佐藤首相を総裁に四選させ、政権公約の「社会開発」を実行するため、第六十四回臨時国会すなはち「公害国会」を召集する。公害対策基本法の抜本改正をはじめ、十四の公害対策の法体系を立法した。その中に、公害行政を総合調整するため「環境庁」が設置され、翌四十六年七月に発足する。

昭和四十六年が明け、第六十五回通常国会が再開され、比較的順調に終了した。会期中統一地方選挙が行われ、東京都知事・大阪府知事など革新側が勝利し、物価問題・過疎過密問題・環境問題・福祉問題などで、国民は保守側に厳しい審判を下した。

第九回参議院通常選挙は、同年六月二十七日に行われた。各党ともほぼ現状を維持したが、自民党は目標に達しなかったとして反省の党声明を発表した（次の臨時国会召集日現在の各会派議席数　自民一三七、社会六五、公明二三、民社一三、共産一〇、第二院ク三、無所属一）。

参議院の構成を行うための第六十六回臨時国会は、四選をめざした重宗議長（自民）が「参議院の改革案」を提唱した河野謙三議員（自民）の動きをみて出馬を断念する。河野提案は「このまま参議院の政党化が進めば参議院の独自性がなくなるので、どうすればわが国の二院制度がうまく機能するのか、党派を超えて協議すべきである」という趣旨であった。

この河野提案に自民党の一部が支持し、河野議員は野党と連合して、自民党執行部が推した木内四郎議員を議長選挙で破った。佐藤長期政権に大きな割れ目ができたのである。この変化には、参議院が衆議院のコピーであってはいけないという筋論があったものの、背後には田中角栄前幹事長によるポスト佐藤をめぐる戦略であった。決してキレイ事だけではなかった。なお、副議長には自民党が推した森八三一議員が当選した。

昭和四十六年という年は、国際的に大きな出来事があった。八月十五日に「ニクソン・ショック」と呼ばれる米国のドル防衛策が発表された。ドルと金の交換が中止され、世界経済は大混乱となる。わが国でもインフレ抑止や中小企業対策の総合経済政策を決めた。また、中国の国連加盟問題で、十月二十五日「中国招請・国対追放」のアルバニア案が可決され、中国の国連加盟が決定した。日本は「国府擁護」の逆重要事項指定方式の決議案の提案者となったため、政治責任を問われた。

沖縄返還交渉は、同年五月末には煮つまり、六月十七日は「沖縄返還協定」を調印した。沖縄問題と同時に懸案事項となっていた「日米繊維交渉」も話が煮つまり、天皇の八カ国訪問も十月十四日に帰国されたことを待って、「沖縄国会」といわれる第六十七回臨時議会が十月十六日に召集された。

この国会で、沖縄返還協定を審議する「沖縄協定特別委員会」と、関係国内法案を審議するため、従来設置していた「沖縄及び北方領土問題特別委員会」を活用した。衆議院では沖縄返還協定は五日間審議を行い、野党の抵抗を押し切って採決した。野党は抵抗して国会審議をストップさせた。船田議長の斡旋で、自民・公明・民社の三党が「非核三原則決議」を本会議で行うことで合意し、沖縄返還協定を承認した。なお、衆議院は正常な審議であった。

沖縄返還関連国内法案の審議は、衆議院の特別委員会で百二十七時間余にわたる質疑などが行われ、十二月十四日に衆議院を通過した。参議院では時間切れとなり三日間の会期延長を行ったものの、継続審議となった。第六十八回通常国会召集日の十二月二十九日、参議院は深夜まで審議して、沖縄返還関連国内法案など五件を可決し、衆議院に送付した。

衆議院では年内処理を主張する自民党と、翌年自然休会明けを主張する野党が対立し、結局、自民党単独で特別委員会を設置、自民党と民社党だけが特別委員を届け出、社会・公明・共産の各党は届け出のないまま特別委員会を開会し、自民党単独で可決、同日の本会議で可決成立した。

年が明けた昭和四十七年、佐藤首相は通常国会が終了する段階で退陣するという見通しが大勢となった。一月五日、佐藤首相はサクラメントでニクソン米大統領と会談するため、福田赳夫外相と田中角栄通産相をともなって訪米した。国民世論はこの訪米を後継者の調整とみたが、後継者問題は調整されることなく、佐藤派内の対立は深刻化した。

再開された通常国会では、「第四次防衛力整備計画」の予算先取問題で、総予算の政府修正が行われたり、沖縄返還に関する公用電報の漏洩問題などが起った。二月二十日にはニクソン米大統領が中国を訪問し、米中共同声明を発表した。三月十五日には首相官邸で沖縄返還の批准書の交換式が行われ、五月十五日に沖縄の施政権返還が実現した。佐藤首相は通常国会終了の翌六月十七日、自民党両院議員総会で退陣を表明した。なお、退陣の記者会見で、新聞記者を退場させテレビ報道だけの会見となり、話題となった。

田中首相の夢と現実

佐藤総裁・首相の後継をめぐって激しい争いがくり広げられた。決選投票になれば、三木・大平・中曽根各派が田中を支持する約束が秘かに交わされる。昭和四十七年七月五日の自民党大会で、福田対田中の決選投票となり、田中角栄総裁が誕生した。

田中角栄五十四歳、新潟の貧しい家に生まれ、高等小学校を出て十五歳で上京、夜学に通い土建会社の小使いや雑誌社の見習いで苦労し、二十歳で会社を立ち上げる。敗戦後の新憲法下、二十八歳で衆議院議員に当選した。戦後の首相のほとんどが官僚出身であり、そうでなくても多くは東京帝国大学を卒業した人たちであったことを考えると、新憲法下、日本の政治の地割れの中から民衆の代表として出現したことは、革命的なことであり大閤秀吉に匹敵することであった。

七月六日、第六十九回臨時国会が召集され、田中自民党総裁は第六十四代の内閣総理大臣に指名され、翌七日、田中内閣が成立する。田中政権の政権課題は、「日中国交正常化」と「日本列島改造論」であった。

「日中国交正常化」は、社会・公明・民社各党の協力があった。特に公明党は中国との関係が深く橋わたしの役割をした。自民党の中に根強い反対論があった。昭和四十七年九月二十五日、田中首相は大平外相・二階堂官房長官らをともなって中国を訪問した。田中首相と周恩来総理の英断により、同月二十九日「日中共同声明」が調印され、国交が正常化した。同時に、日本と国府との外交関係も終了し、日華（台）条約も失効した。

「日本列島改造論」は、総裁選挙に勝利することをねらいに出版し、ベストセラーになっていたものである。要点は、①地方に人口を分散させるために工業再配置を推進する、②全国の主要箇所に二十五万人都市を建設する、③そのため効率的な交通ネットワークを整備・建設する、④財政資金を効率的・先行的に運用し、また税制機能を活用する、などであった。この構想は国民的関心を呼んだ。

第七十回臨時国会は、同年十月二十七日に召集され、田中首相は「日中国交正常化」の成果と、「日本列島改造」の基本構想を述べ、十一月十三日衆議院を解散した。第三十三回衆議院総選挙は十二月十日に行われた。自民党は解散時から十三議席を減じた。社会党は百十八と三ケタの議席を回復した。共産党は大都市部を中心に躍進し、野党第二党となった。公明党と民社党は激減した。自民党は過半数を制したものの、共産党の躍進で、「自社対決」から「自共対決」の時代に変わった（特別国会召集日現在の各派議席数、自民二八四、社一一八、共産党・革新共同三九、公明二九、民社二〇、無所属一）。

第七十一回特別国会は十二月二十二日に召集され、衆議院議長に中村梅吉、副議長に秋田大助が選ばれ、第二次田中内閣が発足する。共産党は躍進したことで、議員運営委員会の理事の割り当てを受ける。昭和四十八年一月の特別国会再開にかけて、共産党は「民主化攻勢」として、従来の自・社・民の国会運営にさまざまな改善要求をした。まず、与野党の料亭での会食を批判、次いで開会式での天皇の「おことば」が憲法の禁止する政治行為に当たると批判した。

前年の総選挙の結果、共産党の進出を憂慮した田中首相は、三月末、小選挙区制の導入をまとめるよう政府・与党に指示した。野党はこれに反発して「国会審議をボイコットする。五月の会期末近くになって、中村・河野衆参両院議長の斡旋で、田中首相が小選挙区制を断念して事態が収拾された。小選挙制度をめぐる騒動で重要法案の審議が遅れ、自民党は単独で六十五日間の会期延長を行った。野党は反発して再び審議を拒否、中村議長の斡旋で収拾したものの、その直後、中村議長が国会収拾について放言し、それが問題となって辞職した。後任に自民党の前尾繁三郎が選ばれ、就任直後「単独審議を行わない」ことを野党国対委員長に約束し、自民党の党籍を離脱した。

前尾議長に代っても国会の紛糾は後を絶たず、審議拒否と強行採決がくりかえされた。延長国会会期切れには参議院においても重要法案が山積し、審議が紛糾した。田中首相は「通年国会」を主張し、自民党は「百三十日間」十二月一日までの会期再延長を、前尾議長に要請した。野党は強く反発して衆議院議長室を取り囲み、本会議の開会を阻止しようとした。前尾議長は自民党の要請を半分に値切って、六十五日間の会期再延長を自民党の単独で議決した。野党は前尾議長が責任をとるまで国会審議を拒否すると主張した。八月中旬になって、前尾議長は国会正常化の条件として、議会制度協議会で制度上・運営上の問題点を検討すると表明、野党も審議に応じた。

なお、国鉄・健保・防衛の各法案と買い占め売り惜しみ防止法案・公害健康被害補償法案・筑波大学設置法案などは成立したが、日本列島改造関係法案は継続審議となった。

長期の特別国会が終わり、田中首相が西欧・ソ連を歴訪中の十月六日、第四次中東戦争が始まった。同月十七日アラブ石油生産諸国は、石油価格値上げと生産削減を内容とする「石油戦略」を発表した。原油価格は一バレル二・六二ドルから約四倍の一〇・四六ドルにはね上り、インフレと物価高によってわが国の経済や国民生活は大混乱に陥った。さらに十一月二十三日に愛知揆一大蔵大臣が急死した。田中首相は、その後任に、日本列島改造論に批判的であった福田赳夫を起用し、総需要抑制策を実行することになる。

第七十二回通常国会が、石油ショック対策のため十二月一日に召集され、「石油需給適正化法案」「国民生活安定緊急措置法案」が緊急対策として成立する。福田蔵相は「インフレ克服」を強調して、昭和四十九年度総予算を編成した。日本列島改造関係のプロジェクトは事実上棚上げされた。「石油ショック」は、国民に世界が転換期にあることを思い知らせた。わが国の経済成長が「産油国」の犠牲によってなされてきたことや、中東戦争が日本の山村の生活までおびやかすという経済構造が、国民にも理解された。

昭和四十九年六月ごろには、物価安定策・総需要抑制策の成果が出て、狂乱物価もようやくおさまりをみせ始める。日本列島改造関係法案では、「国土利用法」と「国土庁設置法」が成立した。通常国会が終わると、政治は参議院通常選挙へと動いていく。

七月七日、第十回参議院通常選挙が行われた。この選挙で自民党は野党から「企業ぐるみ選挙」と批判され、投票日の五日前、堀米正道中央選挙管理委員会委員長が記者会見して、「（企業ぐるみ）関係者の良識ある行動を求める」との見解を発表した。選挙戦はかろうじて過半数を得ることができた。参議院は激烈をきわめ、結果は自民党が追加公認一名によって完全な保革伯仲時代となった（次期臨時国会召集日現在の各会派議席は、自民一二七、社会六二、公明二四、共産二〇、民社一〇、第二院クラブ四、無所属五）。選挙中から田中首相の政治運営を批判していた三木副総理が、七月十二日辞意を表明した。引きつづき福田蔵相も同調する動きをみせた。自民党の分裂を懸念した保利茂国務大臣が説得したが、不調に終わり、保利大臣も辞め、挙党体制は崩れた。

第七十三回臨時国会は、参議院の構成だけにとどめようとする自民党と、田中首相の所信表明を要求する野党が対立した。会期も衆議院議運委員会では結論が出ず、本会議で前尾議長が直接発議するという異例の形で八日間を議決した。なお、参議院では十六常任委員会のうち自民党は内閣・地方行政・外務・文教の四委員会で、いわゆる〝逆転委員会〟が生じた。

昭和四十九年の秋も日本の政界に大きな動きが起る。まず、田中首相はメキシコ・ブラジル・米国・カナダの四か国を訪問した。ねらいは念願の資源外交展開の一環であった。メキシコ原油の開発・アマゾン開発・西カナダのタールサンド開発について相手国と合意した。この資源の自主的確保は、米国のメジャーに依存する日本の資源不足をいかに解決するか、石油ショックの苦い経験がもたらした資源外交であった。この代償が二年後、ロッキード事件としてはねかえってくる。

自民党は参議院選挙の敗北から党内にさまざまな動きが生じる。自民党執行部は体質改善に取り組むため、「党基本問題及び運営等に関する調査会」を発足させた。十月には月刊誌『文藝春秋』十一月号が「田中角栄――金脈と人脈」という記事を載せた。野党は、〝金脈問題〟として田中首相を追及した。

田中首相は十月二十八日から田中首相はニュージーランド・オーストラリア・ビルマの三カ月を訪問、帰国後、政局はあわただしくなった。十一月十一日、第二次田中内閣の改造で事態に対処しようとしたが、肝心の田中首相は組閣後、疲労と政局不安などから極度に体調を崩し、心身ともに極限状態となる。十一月十八日、フォード米大統領が訪問、田中首相は二度にわたり首脳会談を行い、日米共同声明を発表した。それから四日後の十一月二十六日、田中首相は「私の決意」と題する退陣声明を発表した。二年五カ月にわたった田中政権は、世界の転換期のなかで終わる。

クリーンを売り物にした三木政権

「石油ショック」は、わが国に狂乱物価をもたらし、その対策としてとられた総需要抑制策は、景気を急速に冷却下させ、インフレと不況の同時進行というスタグフレーションを生じた。昭和三十年代以来つづけてきた高度経済成長は終幕を迎えた。そしてわが国の政治状況も与野党伯仲時代に突入、大きな転換期の最中に、金脈問題を機に田中首相は辞意を表明したのである。

自民党では後継総裁の選出をめぐって紛糾し、党内は真二つに割れた。党内の派閥抗争は、民社党との保革連合論や新党論が飛び出すほど混迷した。さまざまな曲折を経て、総裁選任で一任を受けた椎名副総裁が心友の前尾衆議院議長と相談して、昭和四十九年十二月一日、三木武夫を総裁へと裁定する。椎名副総裁の調整で自民党は分裂の危機をまぬがれた。

十二月九日に召集された第七十四回臨時国会冒頭、首班指名が行われ、三木内閣が発足した。三木首相は明治四十年徳島県に生まれ、明治大学に学んだ後、米国に留学。昭和十二年全国最年少の三十歳で衆議院議員に当選、親米的自由主義者として軍部からにらまれていた。戦後は昭和二十二年の国民協同党の結成に参加し、中央委員長となった。片山連立内閣の逓信大臣として入閣、その後、国民民主党、改進党の幹部として活躍し、保守合同後は三木派として政権を支えてきた。その政治歴は戦前・戦中・戦後にわたる多彩なもので、みずから「議会の子」と称し、政治改革を主張、クリーンを売り物にしてきた。

第七十五回通常国会が、昭和五十年一月二十四日に再開され、前半の審議は順調であったが、会期延長後の後半は紛糾した。まず、参議院議員の定員を二十名増やして五百十一名とし、大都市圏の定数是正や選挙運動の規制、選挙の公営化などを図ろうとする「公選法改正案」と、政治献金額に制限を設けたり、政治団体の収支報告を義務づけるなどを内容とする「政治資金規正法改正案」が問題となった。政治改革を第一とする三木首相にとって、看板の二法案は、参議院において会期最終日にかけた徹底審議で紛糾した。なかでも政治資金規正法改正案は本会議で賛否同数となり、河野議長が憲法第五十六条にもとづいて初めて裁定権を行使し、可決した。

第七十六回臨時国会は、前国会の紛糾のあおりで継続審査となった重要な歳入法案——酒・タバコ・郵便の値上げ法案を成立させるため、九月十一日に召集された。野党は景気回復のため補正予算を先議すべきであるとし、値上げ法案の成立を急ぐ自民党と対立した。さらに「スト権スト問題」がこれにからみ、国会審議は複雑に紛糾し、衆議院では前尾議長の裁定で、参議院では河野議長の要請でかろうじて事態を収拾した。

「ロッキード国会」といわれる第七十七回通常国会は、昭和五十一年一月二十三日に自然休会明けとなり再開された。衆議院予算委員会での総予算審議も順調に進んでいた二月六日、米国上院外交委員会の多国籍企業小委員会の公聴会で発覚した事件であった。「ロッキード事件」と呼ばれ、全日空社がロッキード社からエアバス購入に約五億円（全日空ルート）、政府が対潜哨戒機P３Cを購入するに約二十一億円（児玉ルート）のワイロが、日本の政界に流れたというものであった。

全日空ルートで田中前首相が逮捕され、児玉ルートでは当時の中曽根自民党幹事長に疑惑があったが、児玉氏が国会に証人として出頭できない状態となり、捜査は脱税で終った。日本の国会は真相解明のため国会決議までして、米国上院に資料の提供を要請した。三木首相は政敵・田中前首相を政界から追放すべく、フォード大統領に親書まで送り資料の提供を求めた。その結果、米国司法省と日本の法務省で「日米司法取決め」が行われ、米国の捜査資料を非公開を条件に、日本の捜査当局に提供されることになる。

野党はこれに反発し、徹底して審議を拒否した。これに先立って、衆議院では十一年ぶりに予算委員会で証人喚問が行われた。野党は暫定予算と日切れ法案には協力したが、三木首相の辞任を要求した。四月に入り、自民党と民社党で審議再開の合意ができ、同月九日、自民・民社だけで衆議院本会議で昭和五十一年度総予算を可決した。

社会・公明・共産の三党は激しく反発し、参議院も含めて国会が機能しなくなった。事態を憂慮した前尾・河野衆参両院議長は収拾に乗り出し、同月二十一日、国会史上初の「両院議長裁定」を五党首会談で示して、各党が了解した。その骨子は、①ロッキード事件の解明、②国政調査権への政府の協力、③予算関連法案の審議促進、などであった。これにより、総予算は五月八日に成立し、衆参両院に「ロッキード特別委員会」が設置され、事件の真相解明が本格化した。この国会で成立したのは、佐藤内閣で調印されたままの「核拡散防止条約」が承認された。これは昭和天皇の意思を、前尾衆議院議長が生かしたもので、このため前尾議長は衆議院解散を食いとめたわけである。

「ロッキード国会」は会期延長もなく終わり、六月十三日には自民党所属国会議員が六名が離党し「新自由クラブ」を結成した。七月二十七日には、田中前首相が外為法違反で逮捕された。前首相の逮捕は政界に大きな衝撃を与え、自民党内で三木首相批判が強まった。三木首相は臨時国会で解散を断行して、政権維持を図ろうとしたが、田中・大平・福田の反主流派は「挙党体制確立協議会」を組織して、次期総裁候補に福田赳夫を推すことを決めた。

政局が緊張するなかで、第七十八回臨時国会が九月十六日に召集された。三木首相は自民党内抗争に勝目はないとして、衆議院解散をあきらめ、任期満了選挙とする意向を固め、党内抗争は休戦し、前国会で継続となっていた重要法案を処理して閉会した。

新憲法下初の衆議院議員の任期満了にともなう総選挙が、昭和五十一年十二月五日に行われた。党内抗争が続く自民党は、事実上の分裂選挙となった。結果は、自民党の惨敗で無所属議員を追加公認してようやく過半数を確保した。衆議院でも与野党伯仲状況となった（次の国会召集日現在の各派議席数、自民二六〇、社会一二三、公明五六、民社二九、共産一九・新自ク一八・無所属五）。

三木首相は十二月十七日、退陣表明にあたる「私の所信」を発表した。

与野党伯仲で成果を挙げる福田政権

自民党は昭和五十一年十二月二十三日、両院議員総会を開き、第八代総裁に福田赳夫を満場一致で決めた。翌二十四日、第七十九回臨時国会（任期満了後召集される国会は臨時国会という）が召集され、衆議院議長に自民党の保利茂、副議長に社会党の三宅正一が選ばれた。社会党は国会役員の配分を昭和三十三年以来主張しつづけていたが、与野党伯仲は議論を要することなく野党に常任委員長を配分した。

首班指名で福田赳夫は、衆議院本会議において、過半数を超えることわずか一票の二百五十六票をもって、第六十七代の内閣総理大臣に指名された。福田首相は明治三十八年に群馬県に生まれ東大卒業後、大蔵省に入り主計局長などを歴任、昭和二十七年の総選挙で政界入りした。岸政権下で幹事長、農相などを歴任し、池田政権では政調会長時代に高尾経済成長政策を批判、「党風刷新連盟をつくった。佐藤内閣では幹事長、蔵相、外相などで政権の中枢にあった。ポスト佐藤では敗れたものの、蔵相としてインフレの鎮静化を成功させた。三木政権では副総理として経済運営を統括したが、ロッキード事件以後、田中派・大平派に推されて総裁候補となった人物だ。

第八十回通常国会が、昭和五十二年一月三十日に再開された。福田内閣にとって、衆参両院にわたる与野党伯仲状態の現実は厳しかった。衆議院の十六の常任委員長のポストのうち四委員長は野党が占めた。しかも、自民党が委員長を占めた十二の常任委員会中、予算委員会をはじめ七委員会では野党の委員数が与党を上回るという逆転委員会となり、まさに薄氷を踏むような国会運営となった。さらに十八名に躍進した「新自由クラブ」は保守党とはいえ、自民党批判を深め野党色を強めた。

伯仲国会のクライマックスは、昭和五十二年度総予算の修正であった。衆議院予算委員会は自民党二十五、野党は二十五と同数であったが、委員長を自民党が占めたため、いわゆる〝逆転委員会〟であった。野党は「一兆円の減税等を含む予算組み替え動議」を提出することになり、この動議が可決されることが必至となった。自民党は話し合いで決着させることになった。三月九日、与野党幹事長書記長会談で、「所得税の税額控除三千億円」などで合意し、予算の修正を「内閣修正」で行うことになった。

この国会で紛糾したのは、日韓大陸棚協定・沖縄地籍法案などであった。参議院の審議期間確保のため、十二日間の会期延長を野党の反対を押し切って議決、野党が反発、そのため保利・三宅衆議院正副議長が党籍を離脱して正常化した。なお、政府はこの国会に七十六件の法案を提出し、八五・五％にあたる六十五件が成立した。過去六回の通常国会のなかで一番の成績であった。与野党伯仲という状態でこのような成績をあげたのは、政府・自民党が伯仲状況を十分に考慮し、野党と話し合い、修正という方法によって合意点を探ったことにある。ちなみに、この国会での政府提出法案の修正率は約三二％であり、自民党絶対多数時代には一〇％程度であった。

昭和五十二年七月十日には、第十一回参議院通常選挙が行われた。自民党は参議院での伯仲状況を回避すべく、絶対多数を目標にした。野党の社公民は、連合政権構想を発表して与野党逆転をめざした。選挙の結果は、自民党は過半数ぎりぎりで、絶対多数を得ることはできなかった。野党は社会党と共産党が大都市で後退した。社会党は改選議員で五議席を失い、成田委員長と石橋書記長が責任をとって辞任した（次国会召集日現在、各会派議席数　自民一二五、社会五六、公明二八、共産一六、民社一一、第二院ク五、新自由ク五、無所属三）。

参議院選挙後召集された第八十一回臨時国会では、昭和四十六年以来参議院議長をつづけて参議院改革に取り組んできた河野議長が辞め、後任に自由党の安井謙が、副議長に社会党の加瀬実が選ばれた。第八十二回臨時国会召集日の前日、九月二十八日に日航機が日本赤軍にハイジャックされる事件が発生した。犯人はダッカ空港に乗っ取り機を着陸させ、日本政府に拘留中の過激派九名の釈放などを要求した。福田首相は「超法規的措置」として「人の生命は地球より重い」として、要求に応じ世界の話題となった。

第八十二回臨時国会は、通常国会で継続となった健康保険法改正案や国鉄運賃法改正案などで紛糾した。第八十三回臨時国会では、これらの重要法案も成立した。第八十四回通常国会は、与野党が話し合いの姿勢で臨み、昭和五十三年度総予算も、所得減税など予算の形式的修正でなく、事実上の「実質修正」（予算書を修正しない）で処理した。

昭和五十三年八月二十日に、福田内閣は日中平和友好条約に調印した。第八十五回臨時国会が九月十八日召集され、同条約を承認した。自民党ではこの年の秋、総裁任期が満了し総裁選挙が予定されていた。福田首相と大平幹事長の間で総裁選の事前運動が凍結されていたが、福田首相が七月中旬「来年の東京サミットで議長の責任を果したい」と、再選に意欲を表明したことから、政治休戦は破れていた。

第八十五回国会が終了すると、政局は総裁選一色となった。十一月一日、自民党は政党史初めての党員党友による〝総裁予備選〟を告示した。同月二十七日開票された結果、大平正芳は四十七都道府県の過半数にあたる二十五の府県で一位を獲得した。田中派の必死の協力が勝因であった。

福田総裁はこの結果をみて、本選挙出馬辞退を決意し、記者会見で「予備選の結果は尊重すべきだといってきたので、本選挙には出ない決意だ。敗軍の将、兵を語らず、天の声にも、変な声がたまにある」と事実上退陣を表明した。この福田から大平への総裁交代の裏には、三木首相下のとき福田政権は二年で大平政権へ交代するという「密約」があった。

伯仲国会を変えた大平首相の死

昭和五十三年十二月一日、自民党は臨時党大会を開き、第九代総裁に大平正芳を選出した。大平総裁は就任の挨拶で「党の融和と結束」を訴えたが、幹事長人事で紛糾し、十二月六日に召集された第八十六回臨時国会の召集日に、首班指名の本会議を両院で開けない事態となった。同月七日、大平・福田会談で「党改革推進本部」を設けることで話がつき、同日、両院で首班指名が行われ、大平正芳が内閣総理大臣に指名された。

大平首相は、明治四十三年香川県生まれ、苦学して東京商科大学を出て、大蔵省に奉職。池田勇人蔵相の秘書官などを経て政界に入った。池田内閣の「寛容と忍耐」の政治運営に関わり、前尾繁三郎から宏池会を受け継いだ。田中政権の実現に尽力し、三木内閣のとき〝大福提携〟を行い、福田政権の実現に協力した。幹事長として福田首相に協力していたが、新しく制定した総裁予備選で福田首相と競った。大平内閣は十二月七日深夜発足した。

第八十七回通常国会は、昭和五十四年一月二十五日に再開された。同月三十日、伯仲国会の運営を指導してきた保利衆議院議長が、病気のため辞任し、後任に灘尾弘吉が選ばれる。衆議院では逆転委員会を中心に薄氷の国会運営が続く。昭和五十四年度総予算は「景気維持」と「財政再建」を柱として編成され、大平首相は財政再建を政治課題とし、「一般消費税」が議論された。予算審議は野党が福祉予算の増額など修正要求を行い激しい論議が行われた。

公明・民社両党は「両党の修正要求を、予算書の書き直す（形式修正）なら、予算や関係法案に賛成する」と提案した。両党の要求は所得減税と老齢福祉年金の増額と雇用対策で、伯仲国会のもとで「自民党と中道グループによる連合政権」への第一歩であった。自民党のなかに形式修正に応じるとの意見もあったが、大平首相の判断で拒否した。このため総予算は、衆議院予算委員会で一票の差で否決され、本会議で十四票差で逆転可決し、参議院で四月三日成立した。

この国会では、米国のダグラス社やグラマン社などの航空機輸入をめぐる疑惑が問題となった。「E2C機購入予算削除」の要求が出され、瀬尾議長の斡旋で、関係予算の執行を凍結する措置をとった。また航空機輸入をめぐる疑惑を解明するため、「ロッキード特別委員会」を「航空機輸入調査特別委員会」に改称した。現職国会議員の証人喚問をめぐって紛糾し、参議院では閉会中審議の手続も時間切れで、できなかった。

昭和五十四年六月二十八・二十九日の両日、東京サミットが開かれ、欧米主要国の首脳がアジアで一堂に会するという歴史的国際会議であった。東京サミットの成功を受けて、大平首相は、衆議院での与野党伯仲状況を打破すべく解散を決意した。春の地方統一選挙での自民党の善戦もあり、衆議院解散のため、第八十八回臨時国会を八月三十日召集した。九月七日、野党が提案した内閣不信任案を上程したところで、衆議院は解散となった。

衆議院総選挙は十月七日に行われた。この選挙で大平首相は、自民党の安定多数の獲得を目的にするとともに、財政再建のため「一般消費税」の導入を公約した。ところが商工業者を中心に反対論が続出し、選挙の途中で新税導入の旗を降さざるを得なくなった。野党はこの選挙を与野党逆転の好機とし、政府・自民党を徹底的に攻撃した。

自民党は、無所属当選者を追加公認して二百八十五議席とし、過半数をどうにか超えたが、前回より二議席減であった。社会党は前回より十六議席減じ、長期低落に歯止めをかけることができなかった。公明・共産の両党はそれぞれ議席を伸ばした。共産党は二倍を超える議席を確保した（特別国会召集日現在の各会派議席数、自民二八五、社会一〇七、公明五八共産四一、民社三六、新自ク四、社民連二、無所属五）。

大平首相が、引き続き政権を担当する決意を表明するなかで、まず三木元首相と福田前首相が責任をとることを要請した。中曽根康弘・中川一郎陣営も同調し、いわゆる〝四十日抗争〟が始まった。昭和五四年十月三十日、第八十九回特別国会が召集されたが、自民党内で首班指名候補者の調整がつかなかった。衆議院議長に瀬尾弘吉を再選し、副議長に社会党の岡田春夫を選び、会期を十八日間と議決しただけであった。

自民党内の抗争は、党を真二つに割る方向へと進んだ。反主流派は「自民党をよくする会」を発足させ、衆参で百五十一名を集め、福田赳夫を首班指名とすることを決めた。主流派も党執行部が衆参で百九十七名を集め、大平総裁を首班指名で推すことを決めた。局面打開のため〝総理・総裁分離論〟も検討されたが、不調となった。

自民党は、首班指名の候補者をしぼれないまま、十一月六日となり、この日は総選挙の日から三十日目でもあり、これ以上の政治空白は憲法の精神からも許されなかった。衆議院本会議の首班指名で、大平一三五、福田一二五、飛鳥田（社）一〇七、竹入（公）五八、宮本（共）四一、佐々木（民）三六、田（社民連）二、無効七となった。上位二名の決選投票の結果、大平二三八、福田一二一、無効二五一、白票一で大平正芳が再び首班に選出された。

参議院本会議では、大平七八、飛鳥田五一、福田三八、竹入二七、宮本一六、佐々木一〇、田三、河野（洋）（新自ク）二、白票一〇となった。決選投票の結果、大平九七、飛鳥田五二、無効一、白票八七で衆議院と同様、大平正芳が首班に指名された。

この首班指名は、野党陣営にもさまざまな波紋を投げかけた。新自由クラブが衆議院での第一回投票から大平候補に四票を投じていた。大平・河野間で「政策合意メモ」が交わされていた。世論が不可解としたのは、社会・公明・民社の動きであった。自民党が事実上分裂状態にあるにもかかわらず、絶好の政権獲得もしくは政権参加を逃がしたことである。

そして国会は一党から二人の首班候補を出して首班指名を行ったことである。落選中の前尾繁三郎元衆議院議長は「もはや政党政治ではない」（中央公論誌）と語り、瀬尾衆議院議長は前尾氏に「地獄を見た」と語った。大波乱のあげく、第二次大平内閣は十一月九日ようやく発足した。

第九十回臨時国会は、十一月二十六日に召集され、前国会の自民党抗争で、政府の所信表明と各党の代表質問が行われただけで、実質審議がないまま閉会した。

第九十一回通常国会は、十二月二十一日に召集された。まず、総選挙で問題となった消費税導入の芽をつむため、野党が要求した「財政再建に関する決議」を衆議院本会議を行った。翌五十五年一月二十五日から通常国会が再開され、本格論戦が始まった。この国会の四月一日から「安全保障特別委員会」が設置され、これまで特別委員会であった「科学技術委員会」と「環境委員会」を、衆議院に設ける国会法が成立した。

この年は、参議院通常選挙が通常国会後に行われることになっており、予算修正問題も与野党話し合いで「実質修正」で合意し、大平政権も無理な国会運営を避けた。参議院選挙の日程を調整するための会期延長が行われ、閉会を待つだけになった矢先、野党が仕掛けた内閣不信任案が原因で、大きな政治事件が起きることになる。

五月十四日、社会・公明・民社の三党首会談が行われ、社会党の飛鳥田委員長が「ＫＤＤ汚職など政治腐敗」「物価高」などを理由として、会期末に大平内閣不信任決議案を提出する意向を表明した。この時期、内閣不信任案を提出する格別の政治状況ではなかったが、平穏なまま通常国会を終わらせることに躊躇した野党は、議論があったが、これに応じた。

翌十六日、社・公・民の三党が提案して同日の本会議に上程した。自民党には前年の〝四十日抗争〟の不満が残っており、非主流派の福田・中曽根・三木の三派から六十九名の欠席者が出て、賛成二百四十三、反対百八十七の五十六票差で内閣不信任案が可決された。大平内閣は衆議院の解散を行うことを決めた。五月十九日(月)午後一時、瀬尾衆議院議長は議長応接に各党代表を招いて、解散の証書が伝達されたことを伝え、解散の手続をとった。

世にいう〝ハプニング解散〟である。参議院通常選挙の投票日が六月二十二日と確定していたので、内閣は衆議院総選挙も同日を投票日とすると決定し、憲政史上初めての衆参同日選挙となった。選挙戦は熾烈をきわめ、選挙の途中で大平首相が心筋梗塞のため入院し、六月十二日、七十歳の生涯を閉じた。内閣は伊東正義官房長官を内閣総理大臣臨時代理とし、国政に支障を生じないよう万全の態勢を整えた。自民党は党内抗争を棚上げして、弔合戦を展開した。衆参同日選挙の結果は、両院とも自民党の圧勝で、与野党伯仲状況の打開という大平首相の宿願は、みずからの死を代償になしとげられた〈次の国会召集日現在、各会派席数、〈衆議院〉自民二八七、社会一〇七、公明三四、民社三二、共産二九、新ク一二、社民連三、無所属六、〈参議院〉自民一三六、社会四七、公明二七、共産一二、民社一二、新政ク七、第二院ク四、無所属六〉。

鈴木善幸政権と行財政改革

衆参両院同日選挙で自民党が圧勝したことをうけて、政局は大平首相の後継をめぐってあわただしい動きをみせた。自民党最高顧問会議が話し合いにより総裁候補を一本化するよう執行部に要請するため開かれる直前、田中派・福田派が鈴木善幸総務会長を後継に推すことを非公式に決めた。他の派閥も同調し鈴木総裁が内定した。この後継者選出劇について、前尾最高顧問は「芝居が始まる前に幕が下りた」と、最高顧問会議が開かれるまでに、田中元首相の意向で鈴木総裁が決まっていたことを皮肉った。

第九十二回特別国会は、昭和五十五年七月十七日に召集され、衆議院議長に福田一、副議長に岡田春夫が選ばれ、鈴木自民党総裁が第七十代の内閣総理大臣に指名された。鈴木首相は、明治四十四年岩手県に生まれ、農林省水産講習所から大日本水産会などを経て、社会党から衆議院議員となった。昭和二十三年の吉田内閣時代に民自党に入り、池田勇人の側近として活躍し、自民党総務会長の職を通算八期五年十一カ月という経歴が示すように、文字どおり自民党のまとめ役であった。初閣議で

「増税なき財政再建」などを国民に約束した。

鈴木内閣は、昭和五十五年七月から同五十七年十月まで二年三カ月の間、政権を担当することになる。衆参両院で与党自民党が安定多数の議席を獲得していたため、国会運営に困ることはなかった。昭和五十六年一月二十六日に再開された初めての通常国会（第九十四回）では、政府提出の法案の成立率は九三・二％と、保守合同以後では最高記録となった。第九十五回臨時国会（昭和五十六年九月）では、鈴木首相が「政治生命を賭ける」と言明した「行財政改革関連特例法案」が成立した。

昭和五十七年一月に再開された第九十六回通常国会では、自民党と社会党のペースで展開する国会運営を不満として、公明・民社・新自ク・社民連の中道四党が「合同国会対策協議会」を発足させた。この国会では、参議院の全国区拘束式比例代表制を導入する「公職選挙法改正案」が、参議院自民党の議員立法として提案された。自民党は全国区に多額な経費がかかるための対応として提案。社会党は労組組合員の減少による全国区当選者が少数となったことに対応するために賛成した。公明党と共産党が強く反対して紛糾した。会期を九十四日間延長して成立をみた。会期延長後、ロッキード事件全日空ルートの第一審判決があり、政治倫理が政治問題となる。

自民党では鈴木総裁の任期が昭和五十七年十一月二十六日に切れることになっていた。国民は、鈴木首相が総裁選に出馬、再選確実と考えていた。ところが十月十二日、鈴木首相は官邸に二階堂幹事長ら党四役を招き、総裁選挙の立候補の推薦を辞退する意向を伝えた。退陣の所信で次のように述べた。

「新しい時代の扉を開くためには、わが党は、過去の総裁選挙によってもたらされた不信としこりを一掃し、清新にして気鋭な人材の結集をはかることが不可決である」

「戦後政治の総決算」の中曽根政権

自民党では後継総裁の選出方法が政治問題化した。予備選を回避しようという派閥と予備選を行うべしとの派閥が対立し、調整が不調となり、予備選挙となる。中曽根康弘・中川一郎・河本敏夫・安倍晋太郎の四人が立候補して、予備選挙の開票が十一月二十四日に行われた。中曽根候補が五七・六％という高い得票率を得た。田中派の協力を得たといわれた。河本・安倍両候補が本選挙への立候補を辞退し、翌二十五日の自民党臨時党大会で、中曽根総裁が決定した。

昭和五十七年十一月二十六日、第九十七回臨時国会が召集され、中曽根自民党総裁が内閣総理大臣に指名された。中曽根首相は、大正七年群馬県に生まれ、東大を出て内務省に入り、戦時中は海軍主計将校となる。敗戦後の昭和二十二年の衆議院総選挙に民主党から立候補して、二十八歳で当選した。吉田首相に論戦をいどんだことで知られ、保守合同以後は河野派に属し、自主憲法制定、首相公選制を主張した。科学技術庁長官・原子力委員長を皮切りに閣僚を歴任、自民党では総務会長・幹事長などを経て実力者の地位を固めた。

中曽根政権は、昭和五十七年十一月の第九十七回臨時国会に成立し、昭和六十二年十一月（第百九回臨時国会閉会中）まで約五年間国政を担当する。これは戦後の内閣では、佐藤内閣・吉田内閣に継いで歴代三位の長期政権であった。その間の主な出来事を国会を中心に要約して述べることにする。

首相に就任した第九十七回国会の所信表明で、「平和の維持と民主主義の健全な発展」と「たくましい文化と福祉の国日本」を政治国とすると発言し、当面の課題として「臨時行政調査会の基本方針を尊重して、行財政改革に全力をあげる」と公約した。鈴木内閣時代臨時行政調査会が第一次答申を提出していた。当時、中曽根氏は行政管理庁長官として担当官僚であり、前内閣の公約を引き継いだ。

第九十八回通常国会の自然休会中、昭和五十八年一月十一日，中曽根首相は電撃的に韓国を訪問し、全斗煥大統領と首脳会議を行い、日韓新時代への幕を開けた。引き続き訪米してレーガン大統領と会談し、ロン・ヤスと言い合う関係をつくる。そして訪米中「日本列島不沈空母発言」が突び出し、再開後の国会で野党から追及されることになる。

この国会では、一月二十六日、東京地裁のロッキード裁判で、検察側が田中元首相に求刑を行ったことを契機に、衆議院に野党は「議員辞職勧告決議案」を提出した。取り扱いをめぐって議運委員会で議論が行われ、継続審議となったが、政治倫理問題が浮上することになる。この国会の開会中に統一地方選挙があり、さらに閉会直後、参議院通常選挙が予定されており、状況によっては衆議院解散、同時選挙もありうるというなかでの国会審議であった。与野党の攻防も激しかったが、政府提出法案の八八件が成立した。

昭和五十八年六月二十六日、第十三回参議院通常選挙が行われた。全国区にとっては初の拘束名簿式比例代表制による選挙であった。この選挙の投票率は五七％と、参議院選挙史上最低を記録した。自民党は改選議席を三議席上回って、安定多数を獲得したが、社会党は四議席を失い、飛鳥田委員長が辞任し石橋政嗣委員長に交代した。なお、参議院の構成を決める第九十九回臨時国会が七月十八日に召集され、議長に自民党の木村睦男、副議長に社会党の阿具根登が選ばれた（召集日現在の各派議席数　自民一三六、社会四三、公明二七、共産一四、民社一三、新自ク四、無所属二）。

第百回臨時国会は、九月八日「行改国会」として召集された。前国会から継続審議となっていた「国会行政組織法改正案」等を含む行政改革関連の六法案が提出された。野党は政治倫理の追及と大幅減税を要求し、緊迫した国会となった。行政改革関連法案は、衆参両院に特別委員会が設けられ、集中審議が行われ、十一月二十八日に成立した。

政治倫理問題は、十月十二日、東京地裁がロッキード丸紅ルートで田中元首相に有罪判決を下し、野党は継続審議となっていた「田中議員辞職勧告決議案」を、本会議に上程するよう要求した。自民党は、辞職勧告決議案の憲法上の問題を指摘し、野党の要求を拒んだため国会審議は空転した。たまたまその時期の十一月十一日に来日したレーガン米大統領が国会で演説を行い、十一月二十五日には胡耀邦《こようほう》中国共産党総書記が国会演説を行った。

国会は自民党の単独審議で、減税法案や給与法案を成立させた。事態を憂慮した福田衆議院議長が各党首と会談し、中曽根首相が解散の意向をもっていることを示唆するとともに、政治倫理確立のため協議機関を設けることを各党に要請して収拾した。会期最終日の十一月二十八日、参議院での法案の処理を待って、野党が提出した「中曽根内閣不信任決議案」を衆議院本会議に上程したところで解散となった。

第三十七回衆議院総選挙は、先の臨時国会で成立した公職選挙法改正によって選挙運動期間が十五日間に短縮され、十二月三日公示し、同月十八日に投票が行われた。自民党は〝行革推進〟を公約とし、野党は〝政治倫理の確立〟にしぼった。また、社会・公明・民社の三党は、五十八区五十九候補について、選挙協力を行った。自民党は、公認候補の当選者が二百五十名となり、過半数を割る惨敗であった。追加公認九名で二百五十九名とし、かろうじて過半数を上回った。

自民党はこの議席数では、安定した国会運営ができる数字ではなく、自民党の田中六助政調会長と新自由クラブの山口敏夫幹事長が非公式に話し合い、両党で政策協定を結んで院内統一会派をつくることで合意した。第百一回特別国会は十二月二十六日に召集され、通常国会の役割をするものであった。召集日の午前九時、中曽根首相と田川誠一新自ク代表が会談し、「自由民主党・新自由国民連合」の院内会派が結成された（召集日現在の各派議席数　自民・新自二六七、社会一一三、公明五九、民社三九、共産二七、社民連三、無所属三）。

召集日には、衆議院議長に自民党の福永健司、副議長に社会党の勝間田清一が選ばれ、中曽根首相が再び首班に指名され、十二月二十七日第二次中曽根内閣を成立させ、年末年始の自然休会となった。

第百一回国会は、昭和五十九年二月六日に再開された。総予算の編成などで例年より遅れたが、昭和五十九年度総予算も、政府の減税案に野党が上積を要求し、話し合って四月十日に成立した。

この国会に数多くの重要法案が提出された。専売公社改革のための専売五法案、電々公社改革の電々三法案をはじめ、費用の一部を本人負担とする健康保険法改正案、教育改革のための臨時教育審議会設置法案などであった。これらのうち電々三法案が継続審査となったが、他は成立した。政治問題化していた政治倫理確立についての協議は、衆議院に「政治倫理協議会」（座長小沢一郎議院運営委員長）を設置し議論が続けられ、「政治倫理綱領案」などをまとめた。

昭和五十九年の秋は自民党にとって総裁選挙が予定されていた。中曽根総裁の再選が確実視されていたが、突如〝二階堂進副総裁擁立〟の動きが表面化した。公明党と民社党が自由党の宏池会や田中派に働きかけたものであった。金丸総務会長らの説得で二階堂副総裁が辞退し、中曽根総裁の再選が確定した。田中元首相が二階堂擁立に反対したと伝えられている。

第百二回通常国会は、昭和五十九年十二月一日に召集され、継続となっていた電々三法案と公務員給与法案を成立させ、自然休会に入った。翌六十年一月二十四日再開され、健康上の理由で辞任した福永議長の代りに坂田道太が選ばれた。中曽根首相は、昭和六十年代の幕開けにあたって、「戦後政治の総決算」などを政治の課題にすることを、施政方針演説を表明した。また、従来の行政改革に加えて「税制改革全般にわたる改革」に着手する意向をも示した。この国会で「男女雇用機会均等法案」が成立し、「女子に対するあらゆる形態の差別の撤廃に関する条約」が承認された。

懸案の政治倫理問題は、会期末の六月二十四日、政治倫理審査会の設置などを内容とする国会法改正案が成立。同時に「政治倫理綱領」「行為規範」「政治倫理審査会規程」を議長に答申し、同月二十五日、衆議院本会議で議決した。参議院ではこれらの議決は次の国会に持ち越したが、ロッキード事件発生以来の政治倫理問題は決着した。

第百三回臨時国会は、十月十四日に召集された。前国会で解決できなかった「衆議院の定数是正問題」が、政治問題となった。政府・自民党は、七月十七日に最高裁で違憲判決が出た衆議院の定数是正のための「公職選挙法改正案」の成立をめざした。野党は中曽根首相の防衛費のGNP一％枠突破発言や靖国神社公式参拝などを「戦後政治の総決算」の具体的な行動であると追及した。衆議院定数是正問題について自民党執行部は「六・六案」を成立させることを最優先としたが、野党の反対と自民党内の反対論者を説得することができず、結局、坂田議長の見解で、次期通常国会で早期是正を図ることで結着した。

第百四回通常国会が、昭和六十一年一月二十七日再開された。中曽根内閣の重要課題は、①税制改革、②国鉄改革、③衆議院の定数是正、④東京サミットの成功、等であった。総予算の審議では、社会・公明・民社の所得税と住民税の減税について共同修正要求に対して、自民党が拒否したが、幹事長・書記長会談で実務者間協議を始めることで合意し、四月四日成立した。問題は前年からの懸案であった「衆議院の定数是正問題」であった。

昭和六十一年二月十八日、自民・社会・公明・民社・新自ク・社民連の六党の合意で、「定数是正問題協議会」（座長渡部恒三）が設置された。四月十四日、座長見解を出したものの、中曽根首相が衆参同日選挙に強い意欲をもっていると伝えられたため、法改正の周知期間が論議となった。野党は衆議院解散を封じるため、長期の周知期間を主張して対立した。結局、坂田議長の調停で事態の収拾を図り、五月八日、各党に見解を示した。①是正は八増七減とし、一票の差を三倍以内におさめる。②

二人区解消のため、和歌山二区、愛媛三区、大分二区それぞれ隣接区との境界変更を行う。③「周知期間」を置き、新しい公選法は公布の日から起算して三十日以後に公示される総選挙から施行する。

野党側は、わずかに衆参同日選挙の可能性を残したものの、自民党内にそのための会期延長や臨時国会の召集に反対する意見があるため困難と判断して、議長見解を受け入れた。五月二十一日、与野党党首会談が開かれ、野党側が中曽根首相に衆議院解散の意向をただしたところ、「全く考えていない。白きも白し富士の白雪……」と答え、野党もこれを了とし、翌二十二日の会期最終日、坂田議長見解による「公職選挙法改正案」が成立した。

中曽根首相は第百四回国会終了後、早期に臨時国会を開く意向を表明した。衆参同日選挙を行うためである。虚をつかれた野党は反発した。自民党内でも同日選挙の可否をめぐって紛糾した。五月二十四日、中曽根首相が五役会議に出席、最後まで反対していた宮沢総務会長を説得し、臨時国会召集について党内の意見をまとめた。政府は同月二十七日の閣議で「衆議院の違憲状態の早期是正と円高対策のため」臨時国会を六月二日召集すると決定した。

六月二日、第百五回臨時国会が召集された。野党各党は同日選挙の強行に「議会民主主義を裏切る暴挙だ」と反発し、臨時国会召集の閣議決定の撤回を要求した。結局、衆議院では本会議を開くに至らず、議席の指定も会期も決めず、召集日、即日解散となった。坂田議長は解散詔書伝達のため各党代表の参集を求めたが、出席したのは自民党だけであった。

六月十八日に参議院通常選挙が公示され、同月二十一日には衆議院総選挙が公示された。投票日は七月六日の同日選挙である。争点は「中曽根政治の是非」と「大型間接税問題」であった。野党は中曽根首相に対して、戦後政治の総決算にかかげる危険な政治体質と追及。また衆議院解散に至る中曽根首相の発言を「ウソつき発言」と攻撃した。大型間接税問題は世論の反発が強く、中曽根首相は「国民が反対し党員が反対するものはやらない」と公約した。

選挙の結果、自民党が衆議院で解散時の二百五十を五十も超える三百議席を獲得した。無所属の四名と新自クの解党者が全員自民党に参加で、三百十議席という史上空前の最多数となった。社会党は衆議院で二十五を減じ、結党以来最少の八十五議席となったが、無所属一と社民連二を加え「社会党・護憲共同」会派で八十八議席とし、石橋委員長は退陣した。公明党は二名を減じ五十七議席となった。民社党は二十六と十一議席を減じ、社民連の二人を会派に入れ二十八議席とした。共産党は二十七議席であった（最終議席は、特別国会召集日現在の議席）。

参議院でも自民党が圧勝した。特別国会召集日現在の各派議席は、自民・自由国民会議一四三、社会党四〇、公明・国民会議二五、共産一六、民社・国民連合一二、新政ク四、第二院ク・革新共闘三、サラリーマン新党三、無所属五、であった。

第百六回特別国会は七月二十二日に召集され、衆参両院の構成と首班指名のためであった。衆議院議長に自民党の原健三郎、副議長に社会党の多賀谷真稔、参議院議長に自民党の藤田正明、副議長に社会党の瀬谷英行を選んだ。首班指名では中曽根首相を三選、第三次中曽根政権が発足した。

第百七回臨時国会が九月十一日召集された。国鉄分割・民営化関連八法案が提出され、いゆる「国鉄改革国会」といわれた。鈴木内閣・中曽根内閣は行財政改革を最重要課題としていたが、その中でもっとも困難視されていたのは国鉄改革であった。戦後の復興や経済成長に国鉄が果した役割は大きかったが、〝親方日の丸〟の経営により昭和三十九年ごろから欠損を生じ、昭和五十年度には一兆円を超す赤字を出すようになった。国からの助成も増大し、国家財政の大きな負担要因であった。

昭和五十七年七月三十日、臨時行政調査会の第三次答申が国鉄経営の健全化が国家的急務であるとし、「国鉄の事業を分割し、各分割体を、基本的には民営化する」との経営形態の変更を打ち出していた。その後、「国鉄再建監理委員会」などを設け、さまざまな提言が行われていたが、国鉄改革への道のりは容易ではなかった。衆参同日選挙で圧勝した中曽根自民党政権は、第百七回臨時国会で一挙に国鉄改革に攻撃をかけた。

まず、衆参両院に「日本国有鉄道改革に関する特別委員会」を設置して集中審議を行った。衆議院では約七十六時間、参議院では約六十三時間の慎重かつ徹底的な審議を行った。両院の委員会採決の際、社会党所属委員が欠席するということがあったが、十一月二十八日、国鉄改革関連八法案が成立した。昭和六十二年四月一日には、国鉄を分割し民営化した新鉄道会社は、国民の期待を乗せて発足した。

この国鉄改革で、電々公社、専売公社の三大公共企業体が民営化された。その評価にはさまざまなものがあるが、一つだけ事実を言えば、三大公共企業体の労組も、民間の労組となり、社会党への物心両面の支援に大きな変化をもたらすことになった。社会党の長期低落に一層の拍車がかかることになる。

第百八回通常国会は十二月二十九日に召集され、翌六十二年一月十六日に再開した。この国会は売上げ税に明け、売上げ税に終わった異常な国会であった。前年十月の政府税制調査会の答申を受けて、十二月には自民党税制調査会総会で「四兆五千億円の増減税同額、所得・住民・法人税の減税、これに対し売上税の導入及びマル優廃止を財源とする」税制改革案を決定した。野党が「売上税の撤回」を強く要求するなかで、政府は税制改正要綱を閣議決定し、社会・公明・民社・社民連は〃売上税等粉砕闘争協議会〃を発足させた。

再開された通常国会は、売上税問題で冒頭から紛糾した。中曽根首相の施政方針演説のなかに「売上税の（う）の字もない」と野党が反発し、補足説明を中曽根首相が行うという異例なことになった。衆議院予算委員会では、野党が審議拒否に出て、自民党は単独審議で総予算の提案理由説明を聴取したり、公聴会開会承認要求を決定したりした。国会審議が空転し、予算委員会で提案理由説明をやり直して、総括質疑に入ったのが三月三日であった。翌四日には、中曽根首相の選挙公約（大型間接税はやらない）違反問題で審議は中断し、紛糾をきわめた。

この時期、流通業界などを中心に売上税反対の動きが盛り上がった。三月八日の岩手県参議院補欠選挙で「反売上税」をかかげた社会党候補が自民党候補を大差で勝利したことが契機となり、自民党内でも公然と売上税に反対する声が強くなった。自民党執行部は統一地方選挙前半戦が終わる四月十二日まで総予算を採決しないと野党に伝え、暫定予算と日切れ法案の処理を行った。統一地方選中、自民党は売上税法案の修正を示唆したが、福岡県知事選などで敗北し、野党側は「売上税粉砕」で結束を固めた。

自民党は対野党折衝の手がかりを失い、四月十五日、衆議院予算委員会で総予算の採決を強行した。野党側は「採決の無効」を主張し強く反発、国会は五里霧中の空転状況となった。自民党の竹下幹事長と原衆議院議長の周辺は、混乱状態の国会を収拾するため、売上税法案を「議長預り」という案を軸に野党と折衝した。野党は廃案が明確でないとして応じないため、自民党は衆議院本会議を強行した。野党は、砂田予算委員長解任決議案や宮沢大蔵大臣不信任決議案を提出して、牛歩戦術をとり、十年ぶりに徹夜国会となった。

事態を憂慮した原議長が、自民・社会・公明・民社各党の幹事長・書記長を招き、売上税法案などを廃案とする含みの調停案を示し事態を収拾した。原議長の見解は、①税の直間比率の見直しが必要、②衆議院に「税制改革に関する協議会を設置して各党が話し合いを進める、③売上税法案などの取り扱いは協議機関の結論をまち、会期中に結論を得られない場合は各党の合意にもとづいて措置するよう努力する。というものであった。

総予算は四月二十三日衆議院を通過し、五月二十日参議院で成立した。衆議院予算委員会での実質審議は、総括質疑の十三時間二十分と公聴会の約七時間だけで、論議も売上税問題だけで、防衛問題や福祉、経済摩擦などは取り上げられることなく、国会のあり方が国民から批判された。なお、原議長の調停にもとづく「税制改革協議会」は、五月二十五日、自民・社会・公明・民社各党が参加して発足した。共産党は参加を要求したが、議長調停案を拒否した経過からメンバーからはずされた。

第百九回臨時国会が七月六日召集された。中曽根首相の自民党総裁としての任期が、昭和六十二年秋に切れ、退陣が確実視されるなかであった。前国会で売上税法案が廃案となったのを受けて、内需拡大などのための補正予算と関連法案とともに、マル優など、利子非課税制度の原則廃止や所得税・住民税などの減税措置を中心とする、税制改革の一部が実現した。それは「税制改革協議会」の中間報告を受けてのことで、野党はマル優等の廃止に反発したが、公明・民社両党が柔軟に対応したことによる。この時期、野党内では社会党の力が劣えたことが目立っていた。

九月一九日、臨時国会が終るとともに中曽根首相の退陣をめぐる自民党内の政権レースは、竹下登・宮沢喜一・安倍晋太郎の三人のニューリーダーに、長老の二階堂進が加わって、一段と拍車がかかった。同月二十二日、天皇陛下が腸疾患で宮内庁病院に入院、宮内庁は慢性すい炎と発表した。

竹下政権と消費税制度

ポスト中曽根をめぐる自民党総裁選挙は、各派閥の事務総長を中心に一本化の話し合いが続けられたが、不調に終わった。結局、中曽根総裁の裁定に一任することになった。十月二十日未明、中曽根総裁は竹下登幹事長を指名し、竹下総裁が確定した。昭和六十二年十一月六日、第百十回臨時国会が召集され首班指名で、竹下首相が誕生し同日竹下内閣が成立した。

竹下首相は、大正十三年島根県生まれ、早大を卒業して、島根県議を経て昭和三十三年衆議院議員に初当選。佐藤内閣・田中内閣を支え、いわゆる雑巾掛けをして苦労を続けた政治家であったが、大蔵大臣を五期つとめ実績があった。昭和六十年二月に、田中派に属しながら「創政会」を結成し、政権をめざした。創政会は「経世会」に発展する。中曽根政権では、自民党幹事長として活躍し、念願の首相の座を獲得した。竹下内閣は副総理に宮沢喜一蔵相を、幹事長に安倍晋太郎を起用し、挙党態勢で発足した。最大の課題は中曽根内閣から継承した「税制の抜本的改革」であった。

第百十回臨時国会の首班指名で首相に就任した竹下登は、第百十四回通常国会の開会中、平成元年六月二日に総辞職するまで約一年七カ月、国政を担当することになる。その間、税制改革以外に、「牛肉・オレンジ貿易」等で紛糾した日本交渉、全国自治体に一億円配布した「ふるさと創生」、「リクルート事件」、「土地高騰問題」、「浜田幸一予算委員長の暴言辞任騒ぎ」そして「昭和天皇の崩御」など、いろいろな問題があったが、税制改革を中心に竹下政治を整理しておく。

第百十回臨時国会が閉会となった翌日の十月十二日、竹下首相は政府税制調査会の三十人の委員を新たに発令し、同日の総会で「税制の全面的見直し」を諮問した。野党側は翌年（昭和六十三年）の通常国会が「税制抜本改革」の勝負と理解し、緊張が走った。

竹下首相の所信表明を行う第百十一回臨時国会が、昭和六十二年十一月二十七日に召集され、竹下首相は「税税改革で重要なことは、開かれた議論を通じ、税制改革についての国民的合意を形成していくことだ」と述べた。また、野党の代表質問に「間接税については、予見を与えることなく、国会における各党、各会派及び国民の各界各層の意見を聞きつつ、成案を得るように努めたい」と答弁した。中曽根政権の姿勢と違った対応に、野党側は一息入れることになる。

第百十二回通常国会が昭和六十二年十二月二十八日に召集され、翌六十三年一月二十五日に再開した。閉会式に、病気療養中の天皇陛下のご名代として皇太子が出席するという出来事があった。税制改革については、助走期間が必要とし、関連法案を通常国会に提出しない方針をそれとなくかもし出し、野党側と基本的論議を行うことにした。

野党側は、大型間接税の導入が昭和六十一年の同日選挙の公約違反であり、昭和五十四年の財政再建決議に反すると主張した。これに対して、竹下首相は「財政再建決議は間接税の改革を否定していない。売上税国会での原議長の調停は直間比率是正の実現を要請している」と答弁した。この時期になると、民社党の支持労組には所得減税にともなう間接税の改革に理解する動きが出てきた。また、公明党の矢野委員長も減税の見返りとして、与野党税制協議会の再開に応じる姿勢をみせるようになっていた。

税制改革の議論が冷静に行えるようになったのは、衆議院予算委員会での竹下首相の「大型間接税六つの懸念」発言からであった。①逆進性、②不公平感、③低所得者への過重負担、④税率引上げの容易さ、⑤事務負担の増加、⑥物価の引上げ、の六つの問題点のことであった。その後、⑦商品価格に転嫁できるか、⑧消費者が負担した税が納税される保証があるのか、⑨地方税の減収により地方の財政運営に支障が出るのではないか、の三点が追加されて「九つの懸念」となった。これらの懸念を政府側から提起することで、その是正案を国会で議論するという効果があった。

この通常国会の最中の四月末、政府税制調査会の中間答申が出た。そこには「現在の個別間接税の矛盾を是正する緊急性も考慮すると、国民に広く薄く安定的な負担を求める新しい消費税の導入は必要やむを得ないと判断した」との内容があった。この答申をうけて、自民党税制調査会が「税制の抜本改革大綱」を六月十四日決定した。その中の消費税に関する要点は、①消費に広く薄く課税する一般消費税型（帳簿方式）。税率は三％。六十四年四月実施。②物品税、入場税などは消費税に吸収し、廃止。その他は軽減、あるいは現行のまま残し、消費税を併課、であった。かくして消費税制度が固まっていく。

リクルート事件

七月に入って、税制改革について与野党のかけ引きが活発になった。その矢先、七月六日、朝日新聞はリクルート・コスモス社の非公開株が、中曽根前首相、安倍自民党幹事長、宮沢蔵相の秘書に売買され、いずれも公開直後に売却されたと報道した。七月には竹下首相の元秘書、塚本民社党委員長の秘書にも同じ事実があったことが報道された。政界は大騒ぎとなった。臨時国会では、リクルート問題の真相解明で混乱が起こり、税制改革に大きな影響を与えることになる。

消費税制度を導入して税制の抜本改革を行う、臨時国会の召集問題が難航する。野党は、昭和六十三年度減税法案を税制抜本改革関連法案から切り離して、臨時国会冒頭に成立させるように主張した。政府自民党は野党の食い逃げを心配して一括審議を主張し、臨時国会の召集時期が政治問題となった。

苦慮した政府自民党は、七月十四日、首脳八者会談を開き、減税先行でやむを得ないとの方針を決めた。これに大蔵省事務当局が抵抗し、小沢一郎内閣官房副長官と大蔵省当局が火花を散らす論争を行い、税制抜本改革関連法案の成立を保証すると説得し、減税先行が確定した。それを受けて翌十五日、政府は第百十三回臨時国会を七月十九日に召集することを決定した。

第百十三回臨時国会は、昭和六十三年七月十九日の召集日冒頭から紛糾し、会期を九月二十六日まで、七〇日間とすることを、野党の反対を押し切って議決した。減税先行問題は与野党間の話合いが進み、「昭和六十三年分の所得税の臨時特例法案」として、衆議院大蔵委員長提出の議員立法として全会一致で、七月二十七日に可決され、同日本会議で可決し、参議院に送付した。同月二十九日、参議院本会議で可決・成立した。

政府は二十九日の閣議で、消費税を柱とする税制の抜本改革を目指した税制改革六法案を閣議で決定して、国会に提出した。同日、竹下首相は衆参両院で所信表明演説を行った。内容は、七月二十三日、海上自衛隊の艦船と民間釣り船の衝突で、多数の死者を出したことによる哀悼の意から始まり、土地問題、日米間の貿易問題などに触れ、税制抜本改革への決意を表明した。八月一日〜三日まで衆参両院で代表質問が行われ、各党が取り上げたのは消費税制度であったが、野党はリクルート問題の真相を明らかにするよう迫った。

衆議院の予算委員会に国会審議の舞台が移ると、社会党と共産党は、リクルート問題について関係者の証人喚問を要求した。自民党は反対して、予算委員会は不正常な審議をくり返すことになる。税制改革関連法案の提出委任者の宮沢大蔵大臣が、秘書のリクルート問題に対して明確な答弁ができず、国会の紛糾が続いた。

小沢官房副長官を軸に、与野党の非公式な話し合いが続き、九月九日になってようやく衆議院に税制問題等特別委員会が設置され、税制改革とリクルート問題の二つを審議することになった。特別委員長には金丸信前副総理が就任した。税制改革六法案の本会議での趣旨説明と質疑が行われたのが、九月二十二日、法案提出から五十六日目で、会期七十日間が切れる間際であった。二度の会期延長で百六十三日間、臨時国会としては史上最長となる。

消費税導入を中心とした税制改革六法案が、衆議院を通過したのは十一月十六日であった。その間、江副リクルート社前会長の臨床質問などが行われた。また、自民・公明・民社の三党が、税制改革とリクルート問題を分離するため、「リクルート問題に関する調査特別委員会」を設置することで合意し、未公開株の譲渡リストの資料提出や、江副氏らを証人喚問するなども行われた。

自民・公明・民社は、それぞれに修正協議を行っていた。特に衆議院通過の前日は、徹夜の交渉となった。消費税執行の弾力的運営、退職金減税、寝たきり老人対策などの修正が行われた。参議院での審議はわりあい順調に進んだが、宮沢大蔵大臣のリクルート問題での答弁に野党が納得せず、十二月九日辞任することになった。竹下首相が大蔵大臣を兼任し、同月二十四日、税制改革関連法案は参議院本会議で可決された。

この「消費税国会」について、朝日新聞の石川真澄編集委員は『戦後政治史』（岩波新書）で、「国会では野党の抵抗が強かったが、竹下や同派の重鎮である金丸信（元副総理・衆議院税制調査特別委員長）らは「国対族」（国会対策委員会での活動が長い議員）として野党とのパイプが太く、それを利用して公明・民社両党などの協力を取り付け、単独審議を避けるなど、国会運営技術の枠を尽した」と、皮肉っぽく論評している。

竹下内閣で導入した「消費税制度」は、多くの問題点や欠点をもつとはいえ、バブル経済が破裂することになる平成初期の財政を支えることになる。自民党政治にとっては、懸案問題の解決であり、竹下政権の長期政権は確実とみられた。十二月二十七日、竹下首相は内閣改造を行い、翌二十八日に臨時国会は閉会となる。三十日に第百十四回通常国会が召集された。その日、法務大臣に就任した長谷川峻が、リクルート社から政治献金を受けていたことが報道され、即日辞任した。これがその後、竹下政権を崩壊させる前兆となる。

昭和六十四年（一九八九）の元旦は、前年九月十九日に昭和天皇の病状が重体と発表されていて、静寂さと憂愁のうちに明けた。一月七日午前六時三十三分に、天皇が崩御された。午後二時三十分、小渕官房長官は元号を「平成」とすると発表した。二月初旬までは天皇崩御に関わる業務で政治休戦とし、二月二十四日に予定された「大葬の礼」の準備にあたった。

その間、一月二十四日に原田憲・経済企画庁長官がリクルートコスモス社から、政治献金を受けていたことが報道され辞任した。同月三十日に原健三郎・衆議院議長が、リクルート社から千五百万円相当のパーティ券を買ってもらったことが報道され問題となった。二月七日から第百十四回通常国会が再開されたが、リクルート事件が再燃する。衆議院予算委員会では、中曽根前首相のＮＴＴスーパーコンピュータ疑惑で、リクルート社から巨額なカネが動いたとか、竹下首相の秘書とリクルート社の間で政治献金疑惑があるといった、新しい問題が取り上げられるようになる。

野党は中曽根前首相を証人喚問することが、平成元年度総予算の衆議院通過の条件だと主張し、国会審議の空転が続いた。自民党内では、中曽根証人喚問に応じるべきとの意見と、竹下首相への疑惑を究明すべきとの意見が対立し、総主流派体制が崩れ党内抗争となる。

四月になっても総予算の衆議院通過に目途がつかない事態となる。四月二十一日、与野党幹事長会談は、中曽根証人喚問で決裂する。さらに竹下首相に、江副リクルート社会長から五千万円の借金があったとの情報が流れた。同月二十五日、竹下首相は記者会見で「総予算の成立を果たし、政治責任を取って退陣する」と表明した。竹下首相の退陣表明にもかかわらず、中曽根証人喚問をめぐって与野党の対立が続く。四月二十七日、自民党は、衆議院予算委員会で単独強行採決を行い、翌二十八日、自民党単独で本会議を強行開会し、総予算を採決した。憲政史上初のことであり、批判が高まる。多賀谷副議長は辞表を提出した。

五月二十一日には、公明党大会で矢野委員長・大久保書記長が辞任し、石田幸四郎委員長、市川雄一書記長が就任する。翌二十二日には、藤波孝生（自民）、池田克也（公明）の両衆議院議員がリクルート事件の受託収賄罪で在宅起訴された。

竹下自民党総裁の後継には、五月三十一日に竹下首相が党四役会議で、宇野宗佑・外務大臣を推薦し、自民党内の長老グループと若干が反発したが、見切り発車した。同日、中曽根前首相は、リクルート疑惑の責任をとり、自民党を離党した。なお、平成元年度総予算は、五月二十七日、参議院議決に至らず、自然成立した。

六月二日、衆議院本会議は、原・多賀谷正副議長の辞職を許可し、田村元議長、安井吉典副議長を選んだ。国会は宇野宗佑を内閣総理大臣に指名した。宇野首相は幹事長に橋本龍太郎を指名、宇野―橋本体制となった。

第四章　混迷する平成時代の議会政治

平成時代になって、わが国の政治の主な争点は「政治改革」をめぐる対立であった。その始まりは、竹下首相が総辞職するにあたって、自民党の衆参両院議員に要請した課題であった。それは平成元年五月に自民党の政治改革委員会（会長・後藤田正晴）がまとめた『政治改革大綱』の実現であった。

この大綱は衆議院に比例代表制を加味した小選挙区制を導入し、政権交代を可能とするとともに、国会・地方議員の政治資金について適切な対応策を網羅していた。また、派閥や族議員の弊害を除去し、国民にわかりやすい健全な議会民主政治を実現しようとするものであった。平成時代の二十数年間の政治は、この『政治改革大綱』の実現をめぐって、真剣に日本を改革しようとする勢力と、改革の仮面をつけて既得権を守ろうとする勢力の闘いであった。それは今日も続いている。

①　五五年体制の崩壊

平成元年六月三日に宇野宗佑首相が誕生した。宇野首相は大正十一年滋賀県に生まれ、神戸商大在学中に学徒出陣。昭和三十五年衆議院議員に当選し、通産大臣や外務大臣などを歴任、俳人として知られていた。首相に就任直後、「女性スキャンダル」が報道され国民から批判を受けているなか、第一五回参議院選挙となる。

同年七月二十三日に行われた参議院選挙の結果は、自民党は比例区で十五名、地方区で二十三名しか当選させることができず惨敗で、過半数を割った。昭和三十年自社五五年体制となり初めてのことである。翌二十四日、宇野首相と橋本幹事長は責任をとって退陣を表明した。自民党の敗因は、消費税に対する国民の反発と、リクルート事件をはじめとする政治腐敗に対する批判であった。四十六名を当選させた土井社会党委員長は「山は動いた」と成果を謳った（次国会召集日現、在各会派議席　自民一〇九、社会七二、公明二一、共産一四、連合参議院一二、民社・スポーツ・国民連合一〇、参院ク五、税金党平和の会四、各派に属しない議員五）。

海部・小沢政権

宇野総裁の後継をめぐって、竹下前首相には影響力はなかった。金丸・経世会会長は経世会から総裁を出すことを断念し、三木派の海部俊樹を推すことになる。平成元年八月八日、自民党の両院議員・都道府県代議員による投票で、海部総裁が当選した。幹事長に小沢一郎が決まる。竹下前首相はこの人事に反対した。

第百十五回臨時国会は八月七日に召集されており、同日九日、首班指名が行われた。参議院では野党が多数。衆参両院で首班氏名が異なるのは三十六年ぶりであった。憲法の規定で両院協議会が開かれ、衆議院の指名が国会の指名となった。

第百十六回臨時国会が九月二十八日召集された。この秋、ベルリンの壁が崩壊するなど、国際情勢に大きな変化が起る。小沢自民党幹事長は、党の内外で「リクルート事件により、選挙制度の改革を行う最後のチャンスがきた。さらに国際情勢の変化もあり、日本が責任ある政治を行うためには、派閥解消を叫んでも駄目だ。選挙制度を改革して政権が交代する仕組みをつくらない限り、日本の政治は腐敗を続ける」との発言を行った。これを受けて、十一月末、自民党の政治改革推進本部(本部長・伊東正義、本部長代理・後藤田正晴)が、「選挙制度改革要綱案」を発表した。内容は小選挙区比例代表並立制を柱に、政治資金規正・政治倫理確立等であった。

十二月二日、地中海のマルタ島でブッシュ米大統領とゴルバチョフ・ソ連書記長による米ソ首脳会談が開かれ、東西冷戦を終結させた。国際情勢の激変は、当然わが国の政治に大きな影響を与えた。冷戦で支えられていた日米安保体制の見直し、バブル経済に浮かれた日本人がどうなるか、課題は山積していた。

十二月に入って田中元首相の引退声明があった。同月十一日参議院で野党が提出した「消費税廃止法案」が可決され、十四日には衆議院で審査未了廃案となる。参議院で与党少数の臨時国会を、海部政権は乗り切った。次の課題は、平成二年七月に任期満了となる衆議院議員の選挙、すなわち解散への対応であった。

第百十七回通常国会は、平成元年十二月二十五日に召集され、常会冒頭に衆議院解散が予想されていた。年が明け、平成二年一月二十四日、海部首相がヨーロッパから帰国するのを待って、衆議院本会議冒頭解散となった。総選挙の結果、自民党は過半数を割れば政権交代という事態であったが、追加公認を加え二八六名の安定多数を得た。社会党は五一増の一三六名、公明党は一一減の四五名、共産党は一〇減の一六名、民主党は一二減の一四名となった。野党では社会党の一人勝ちとなり、公明・民社両党は社公民路線に疑問を持ちはじめた。

第百十八回特別国会が召集され、紛糾したのは人事院勧告による公務員給与法案と補正予算の審議方法であった。これまでの自社五五年体制の馴れ合い政治では、給与法案に賛成し補正予算に反対する社会党の国会運営を容認していた。補正予算には防衛費など社会党が賛成できないものがあり、給与法案と補正予算を別の本会議で採決して、社会党の矛盾を目立たなくしていた。

小沢幹事長は自民党のこれまでのやり方を変更し、給与法案と補正予算の同時審議を要請した。これは参議院が与野党逆転の中で野党も責任を持ち、賛成の理由や反対の理由を国民に明らかにすることが、政党の責任と迫った。社会党はこれまで表では自民党に抵抗の姿勢をとっていたが、裏側では国対政治といわれる事実上の連立政権で、この時期本気で政権交代する意思は失われていた。「小沢一郎はファッショだ」と社会党は怒ったが、小沢幹事長にとってはこれが国会改革のスタートであった。

四月二十三日、海部首相と小沢幹事長が会談し、前年自民党の政権改革推進本部が作定した「選挙制度改革要綱案」を参考にして、政治改革に着手することになる。五月十日、海部首相は特別記者会見を行い、「政治改革に内閣の命運を賭ける」と発言した。第八次選挙制度審議会の答申を受けてのことである。自民党内の反対派と社会党は反発を強くした。この時期、総辞職にあたって「政治改革」の実現を強く要請した竹下前首相の熱は褪《さ》めていた。

そこで小沢幹事長が考え出したのは、与野党の幹事長・書記長クラスによる西欧各国の選挙制度と政治改革の実態調査であった。米ソ冷戦終結と共産主義国家崩壊に、西欧諸国がどう対応しているのか。日本はこのままでよいのか、という狙いがあった。七月十日、調査団は成田空港を出発。マスコミは「目的は選挙制度調査、土産は政界再編」と冷やかした。調査団は仏、英、西独の政党指導者や政府関係者、有識者と面談し、ベルリンの壁が崩壊した現場に立った。

調査団は国際政治の激動を実感し、戦後続けてきた日本の馴れ合い政治では駄目だという認識で一致した。三年後の平成五年八月の非自民細川連立政権に、この調査団のほとんどが参加することになる。七月二十五日に訪欧調査団が帰国し、秋の「政治改革国会」の準備を始めた矢先の八月二日、イラク軍がクウェートに侵入し湾岸紛争が勃発した。

海部内閣は対応に苦慮し、臨時国会召集の見通しもつかない状況で、米国の要請を受けて四〇億ドルを拠出した。十月になってようやく第百十九回臨時国会が召集された。政府は憲法の範囲で人的貢献をしようと自衛隊を活用すべく「国際平和協力法案」を提出した。野党は強く反発、政府は憲法九条と国連憲章の解釈などで混乱した。事態を憂慮した小沢幹事長は、廃案を条件に、日本が国際社会から孤立することを避けるため、各党に「国際平和協力（ＰＫＯ）に関する合意書」を同意するよう呼びかけ、自公民の三党で合意が成立し、社会党と共産党が反対した。

この展開は、これまでの「自社五五年体制」を崩壊させ、自民小沢支持派と公明・民社による新しい政治をスタートさせるものであった。平成三年が明けると、湾岸紛争は国連多国籍軍により「湾岸戦争」となった。第百二十回通常国会が一月二十五日再開されると、米国は湾岸戦争への対応にもたつく日本に、米国は九〇億ドル（当時一兆二千億円）の支出を要請してきた。これには補正予算と財源法がいる。補正予算は衆議院の優越で成立させても、財源法は、野党が多数のため、衆議院で再議決できる多数は自民党にはなかった。野党は、社会党と共産党が強く反対し、公明・民社両党も反対した。

公明・民社両党を説得するため、小沢幹事長は憲法の新しい運用を考え提示した。それは「護憲開国論」といわれ、その趣旨は「日本国憲法は国連憲章を体した世界最初の憲法である。前文の国際社会へ貢献する精神により、憲法九条を読み替えるべきだ。国連の決定があれば自衛隊を海外に派遣して国連の指揮下で活動することは憲法に反することではない。必要な資金協力も違憲ではない」というものであった。公明党・民社党が財源法について賛成することになり、九〇億ドルの拠出が実現した。

海部政権の湾岸戦争への対応はどうにかできたが、これとからんだ国内問題が支障をおこすことになる。九〇億ドル財源法の成立に公明・民社に協力を得た代りに、四月の統一地方選挙で、東京都知事選挙の候補者に、小沢幹事長は公明党と民社党と共同候補者を擁立することになる。自民党都連はこれに反対し、党本部と対立して現職知事を擁立した。結果は都連が推した現職の鈴木知事が当選し、小沢幹事長は責任をとって辞任する。幹事長職を離れた小沢一郎は、六月末、心臓病で入院し、秋まで療養することになる。

小沢の心臓病発症で、海部内閣の政治改革は大きな影響を受ける。

第百二十一回臨時国会は八月五日に召集され、第八次選挙制度審議会の答申を受け、衆議院に小選挙区比例代表並立制法案と、政治資金の規制強化を中心とする法案を提出した。この時期になると、自民党はリクルート事件の反省も薄れ、政治改革に政治生命を賭けようとする海部首相、小沢一郎、羽田孜らは熱にうかされた病人だ、との批判が噴出した。

自民党内では、梶山静六・国対委員長が反対派の急先鋒で、社会党と連絡をとりながら政治改革法案潰しに懸命であった。公明党や民社党も、小沢一郎が病床に伏していることでは、賛成に回ることは無理であった。その中で小此木彦三郎・政治改革特別委員長が、議員会館の階段で事故死する。海部首相が政治改革を挫折させることはできないと、衆議院解散決意をするが、自民党内で抑えられた。

平成三年九月は、自民党総裁の任期満了期であった。自民党の主要派閥の支持を失った海部首相は、政権の継続を締めざるを得なかった。

政治改革に倒れた宮沢政権

海部総裁の後継に宮沢喜一、渡辺美智雄、三塚博の三人が手をあげた。最大派閥の経世会（竹下派）は、自派から総裁を出すことにこだわり、病気から回復した小沢前幹事長を擁立することになった。小沢は「総理にふさわしい先輩がいる。自分はその任にあらず」と頑なに断った。

自民党総裁選は、経世会が誰を推すかによって決まる流れとなり、小沢会長代行が三人の候補者と面談して、宮沢喜一の総裁が確定する。平成三年十一月五日、第百二十二回臨時国会が召集され、宮沢喜一が首班に指名され、宮沢内閣が成立する。宮沢首相は大正八年広島県に生まれ、東大から大蔵省に入り、参議院議員から衆議院議員に移り、自民党開明派として宏池会に属し、外務大臣・大蔵大臣を歴任、昭和四十年代から首相となることを宿望されていた。念願の首相就任であった。

宮沢内閣の課題は、海部政権が残した「政治改革」と「ＰＫＯ協力法案」であった。政治改革については、各党間で「政治改革協議会」が設けられていて、その結論を待つことになった。ＰＫＯ協力法案は、国際公約であり先行させることになる。

ＰＫＯ協力法案は湾岸紛争を機に、自公民で合意したものがベースとなっていた。変更したのは「自衛隊と別組織」を「自衛隊を派遣する」という程度であった。社会党と共産党が強く反対した。衆議院のＰＫＯ特別委員会では強行採決が行われた。参議院では継続審査となり、平成四年の第百二十三回通常国会で、参議院始まって以来の大混乱を巻き起こし、社会党と共産党が歴史に残る牛歩戦術を展開して成立した。なお、この通常国会から国会法の改正により一月に召集されることになる。

平成四年七月二十六日に、第十六回参議院通常選挙が行われた。自民党が七〇名を当選させ復調したが、前回の非改選議員が三九名であったため過半数の議席には届かなかった。社会党は二四名で惨敗、連合はゼロであった。公明党一四名、共産党六名、民社党五名、日本新党四名、二院ク一名、スポーツ平和一名、諸派二名、無所属四名という結果となった。この選挙で話題となったのは、元自民党で熊本県知事であった細川護熙が結成した「日本新党」が、比例区から四名当選させたことが、新しい政治の流れかと期待された。また、一方で投票率が五〇・七％と参議院選挙史上最低を記録し、政治不信の深まりを感じさせた。平成四年八月七日に召集された第百二十四回臨時国会は、参議院の構成のためであった。

同年八月二十五日、金丸自民党副総裁が、佐川急便から五億円の政治資金を受けていたことが報道された。この事件をきっかけにして、この年の十二月十八日、経世会は分裂して、羽田孜・小沢一郎グループが「改革フォーラム21」を結成する。羽田代表・小沢代表幹事のもとに、衆議院三五名、参議院九名が結集した。政治改革の実現がグループの第一目標であった。同年十月三十日に召集された第百二十五回臨時国会は、政治改革・佐川問題が議論された。

第百二十六回通常国会は、平成五年一月二十二日に召集された。国民世論の大勢は、政治改革の実現を熱望し、自民党内も政治改革をめぐって対立点が明確になってきた。二月二十日には、改革フォーラムの小沢代表幹事と山岸章・連合会長が会談し、政治改革について協力していくことで意見が一致した。

三月六日、金丸前自民党副総裁が脱税容疑で逮捕された。前年秋に議員辞職し政界を引退していた金丸氏の逮捕は、政界だけでなく日本中に衝撃を与えた。自民党は足元どころか、背中に火がつき、四月一日に宮沢首相が記者会見して、政治改革の断行を表明した。翌日には両院議員総会まで開いて、国民に公約した。これまで消極的だった社会党も、政治改革でイニシャチブをとれば次の総選挙で有利になると戦術を転換した。

社会・公明両院は「小選挙区比例代表併用制案」を中心とする改革案をまとめた。自民党はこれに対抗して「単純小選挙区制案」をまとめて国会論争となった。その妥協案として、民間政治臨調がまとめた「小選挙区比例代表連用制」で調整することを試みたが、自民党の梶山幹事長に政治改革をやる気がなかった。衆議院の政治改革特別委員会の審議は暗礁に乗り上げた。

五月末、宮沢首相はテレビで「この通常国会中に政治改革を必ず成し遂げる」と国民に向って公約した。ところが六月中旬、梶山幹事長が経団連との朝食会で、「改革はやるが、衆議院選挙と同時選挙をやってからだ」と発言した。この発言を契機に、社会・公明・民社の野党を中心に、「宮沢内閣不信任決議案」が、六月十七日に提出された。

翌十八日、衆議院本会議に宮沢内閣不信任決議案が上程され、自民党の「改革フォーラム21」の三十四人全員が賛成投票をした。結果は、賛成二五五、反対二二〇で可決された。自民党から三十八人が賛成し、十六人が意図的に欠席した。宮沢首相は、同夜、臨時閣議を開き、衆議院を解散することを決定した。総選挙は七月十八日に行われ、自民党は第一党ではあったが過半数を大きく割り込み、非自民連立政権が成立することになる。かくして、昭和三十年から始まった「自社五五年体制」は幕を下ろした。

② 非自民連立政権の樹立と崩壊

平成五年六月十八日、深夜の衆議院解散で自民党内は大騒ぎとなる。宮沢内閣不信任決議案に賛成した三十五人の「改革フォーラム21」の衆議院議員は、千代田区紀尾井町の事務所に集まり対応を協議した。誰からも離党の話は出ず、「国民との公約を破ったのは、自民党の執行部だ」として、自民党執行部首脳を党紀委員会に提訴することになった。その準備中に、「不信任案に反対した武村正義ら十名が、自民党を離党して『新党さきがけ』を結成した」との情報が入った。

六月二三日、「改革フォーラム21」の衆参両院の国会議員四十四人全員で、自民党を離党し「新生党」を結成、党首に羽田孜が就任した。六月二十七日には、新生・社会・公明・民社・社民連の五党首会談が開かれ、選挙協力の合意事項が出来た。日本新党と新党さきがけは、この党首会談に参加しなかった。理由は、武村「新党さきがけ」代表が自民党との提携を考えていたからである。

七月十八日の総選挙の結果は、自民党が二百二十三名と過半数を得ることはできなかったが、第一党となり、誰もが単独少数政権か、どこかと連立して、自民党が政権を継続すると思っていた。その思惑を破ったのは、新生党代表幹事の小沢一郎であった。小沢代表幹事は非自民党連立政権を樹立すべく、極秘の動きで、細川日本新党代表を首相に、土井元社会党委員長を衆議院議長とする人事構想をもとに、八党派による非自民連立政権を樹立することに成功する。

八党派とは、日本社会党・新生党・公明党・日本新党・民社党・新党さきがけ・社会民主連合・民主改革連であった。七月二十九日、八党派の代表者は「連立政権樹立に関する合意事項」と「八党派覚え書き―確認すべき基本政策について―」を署名した。

平成五年八月五日、第百二十七回特別国会が召集され、細川護熙首相が誕生した。三十八年間続いた自民党単独政権は崩壊し、自社五五年体制時代は終った（特別国会召集日現在、各派議席数、自民党

自由国民会議二二八、社会党護憲民主連合七七、新生党改革連合六〇、公明党五二、さきがけ日本新党五二、民社党一九、共産党一五、無所属八）。

細川首相は昭和十三年熊本県に生まれる。上智大学から朝日新聞記者となり、自民党から参議院議員二期当選し、熊本県知事を経て、平成四年日本新党代表に就いて、新しい政治の流れをつくるべく活躍していた。熊本藩主の細川家の子孫として知られ、先の第四十回総選挙で衆議院議員に初当選したばかりであった。

細川首相は内閣が発足した平成五年八月九日、記者会見し、「年内に政治改革関連法案が成立しなければ、政治責任をとる」と、国民に公約した。これは七月二十九日に八党派の党首が署名した「連立政権樹立に関する合意事項」の第一項にある政治改革についての合意を、あらためて確認したのである。内容は、

一、連立政権は、①小選挙区比例代表並立制による選挙制度改革、②徹底した政治の腐敗防止のための連座制の拡大や罰則の強化、③公費助成等と一体となった企業団体献金の廃止等の抜本的政治改革関連法案を本年度中に成立させる。

というものであった。

これらの政治改革を断行するため、九月十七日、第百二十八回臨時国会が召集され、公職選挙法改正案・選挙区画定審議会設置法案・政治資金規正法改正案・政党助成金法案の四法案が審議された。衆議院には十月十三日に提出され、審議に特段の紛糾はなく、十一月十八日に本会議を通過し、参議

院に送付された。参議院での審議は難航に難航を重ねた。理由は、衆議院では解散前に政治改革の論議が十分行われていたのに対し、参議院では関心が低く、事前の話し合いもほとんど行われていなかったためであった。

参議院自民党は、政権交代を心よく思っておらず、徹底的に抵抗した。十二月に入ると、細川連立政権内で抗争が始まる。武村官房長官が「景気対策もあり、政治改革より平成六年度予算編成を優先すべきだ」と主張し、小沢新生党代表幹事は「総理の公約がある。景気対策は大型補正でやればよい」と主張した。結局、政治改革を優先させることになり、十二月十五日の会期最終日、議会史上初めて、年末年始を超えた四十五日間の会期延長を行った。

年が明けた平成六年一月二十日、参議院政治改革特別委員会は自民党委員が造反して、賛成多数で可決した。翌二十一日の本会議で与党の社会党から十七人の反対票が出て、十二票差で否決となった。反対したのは左派グループで、この時点で細川連立政権を倒す工作が、自民・社会・新党さきがけの一部議員で始まっていた。細川政権は自民党に、両院協議会を開いて話し合って成立させるか。衆議院で再議決の議事を行い、否決すれば衆議院を解散する、と選択を迫った。

自民党は両院協議会に応じ、政治改革に協力せざるをえなくなった。激論となり、細川首相と河野洋平自民党総裁による党首会談で決着した。自民党の要求をほとんどのみ、衆議院の総定数を五〇〇人とし、小選挙区の定員を三〇〇人、比例区の定員を二〇〇人とするなど大幅な修正が行われ、一月二十九日に成立した。

第百二十九回通常国会が平成六年一月三十一日に召集された。細川首相は公約を実現し、国民の大多数は政治改革を評価した。「好事魔多し」という言葉があるように、二月三日の深夜、細川首相は突然に、「七％の国民福祉税構想」を与党間の協議不十分のままで発表したが、世論の反発と与党内の合意をとれず失敗した。しかし、細川首相は政治改革が成功した次に「経済構造改革」を構想していた。これには自民党の渡辺美智雄らが非公式に協力を申し出ていて、その後の政局を複雑にした。

細川首相は、通常国会の審議が本格化する合間をみて訪米し、クリントン大統領と会談。この時期、北朝鮮の核疑惑で東アジアが緊迫しており、米側から「日本の政権の中枢に北朝鮮のエージェントがいる」と指摘されるほど厳しいものがあった。細川首相が帰国するや、個人の金銭問題や女性問題など、スキャンダル報道が行われるようになる。

三月に入って経済構造改革に対応するという名目で、細川首相は内閣改造を断行しようとするが、社会党・新党さきがけに反対され挫折する。衆議院の予算委員会で、細川首相の佐川急便からの政治資金疑惑が追及されるようになる。これには責任を問われる問題はなかったが、野党からは倒閣をねらいに執拗な攻撃を受けるようになる。

四月に入って細川首相は、辞意を固めることになる。その際、小沢新生党代表幹事に要請したのは、連立政権を継続させるため、与党各派間の基本政策をつくり直すこと、さらに国会運営をやりやすくするため、大会派を結成することであった。これらの準備が整ったところで、四月八日、細川首相は辞意を表明し総辞職した。

細川首相の後継は、経済改革に協力的な渡辺美智雄が自民党から離党することを条件に、首班とするとの動きがあった。いくつかの思惑違いと、社会党の理解が得られず、羽田孜《はたつとむ》・新進党党首を後継とすることになる。四月二十二日に、社会党・新生党・公明党・日本新党・民社党・改革の会・民主改革連合の七党派による『新たな連合政府樹立のあの確認事項』が合意された。同月二十五日には首班指名が行われ、七党派による非自民羽田連立政権が成立した。新党さきがけは、この連立政権に参加しなかった。

四月二十五日、七党派による羽田連立政権が成立し、羽田新首相が認証式や挨拶まわりをしているうちに、政権の基盤を崩壊させる大事件が発生した。羽田首相は衆参両院でぎりぎり過半数を得て、どうにか非自民政権を維持できる見通しがついたとき、小沢新生党代表幹事から、細川前首相が要請した「統一会派結成」について、私（当時新生党所属参議院議員）に指示があった。「民社党の大内啓伍委員長からの連絡で、村山社会党委員長が、社会党と公明党を除く統一会派の結成を了承したとのこと。今日の組閣前に手続をしたいので関係者を指導してほしい」。

直ちに準備を始め、午後六時に新生党・日本新党・民主党・改革の会・民主改革連合の五会派あわせて、衆議院一三〇人の統一会派「改新」を、土井衆議院議長に届け出た。ところが、手続中に社会党から「統一会派など了承していない」と抗議があったが、社会党が参加する統一会派ではないので、手続を進めた。

同日午後七時から、羽田内閣の組閣のため、連立与党首脳会議が開かれ、村山社会党委員長が冒頭、

「社会党抜きで統一会派の結成は、信義に反するとの意見が出ている。ちょっと帰ってくるわ」と言い残して席を立ち、その後、首脳会議に戻らない事態になった。社会党はその夜、羽田連立政権からの離脱を決めた。

「改新」事件の火付け役であった大内民社党委員長は、翌日、責任をとって委員長を辞め、後継に米沢書記長が就いた。ポスト細川をめぐって、非自民側が激動しているとき、自民党の亀井静香議員の話によれば、自民・社会・新党さきがけ・民社の四党による連立政権を工作していたとのこと（『自民党はなぜ潰れないのか』幻冬舎新書）。大内民社党委員長の「改新」劇と、どう関わり合いがあったのかは謎である。

四月二十八日、ようやく羽田連立内閣が発足することになる。衆議院は与党二〇五人に対して野党三〇四人、参議院は与党六四人に対して野党一八八人。国会史上もっとも与党の少ない政権となった。平成六年度総予算は、社会党も編成に関わったことで成立に協力することになり、羽田政権の命運は総予算までとなった。羽田首相は昭和十年長野県生まれ、成城学園大学卒業後サラリーマンを経て、昭和四十四年衆議院議員に当選。農水大臣、副総理兼外務大臣を努めた。

六月二十三日に平成六年度総予算が成立し、野党は予想どおり羽田内閣不信任決議案を提出してきた。翌二十四日、羽田首相から「解散したいが、政治改革潰しと言われないだろうか」と私に相談があったので、「自民党守旧派のあがきを潰すため解散しかない。政治改革の制度はできている」と進言。夕刻になって小沢新生党代表幹事から、「新生党の各県連は解散選挙のため、至急候補者を決め、総選挙体制に入れ」との指示があった。誰もが羽田首相の腹が決まったと感じた。

ところが、解散か総辞職か、政府与党首脳会議が徹夜で開かれ、六月二十五日朝方になって、総辞職することが決まった。理由は謎である。非自民連立政権が、事実上消えた日だった。

③ 自社さ連立政権と新進党

ポスト羽田をめぐり政局は緊迫した。社会党が自民・新党さきがけと提携しようとする左派と、非自民政権を続けたいとする右派の争いであった。「自社さ」政権をつくりたい人達は、前年の暮から工作をしていた。自民党の改革派の中には、社会党と提携することに反発する動きがあり、政治改革に熱心に取り組んだ海部元首相を首班に擁立する声が高まった。

海部元首相の説得に時間がかかり、六月二十九日午後二時半にようやく出馬を決意。西岡武夫・衆議院議員が代理人として、与党代表者会議に出席し、政策協定に合意した。海部元首相が自民党を離党し、改革連立政権として首班指名に出馬する記者会見を行ったのは、六月二十九日午後六時すぎであった。

一方、自民・社会・新党さきがけの三党の連立政権協議は、公式には六月二十九日の首班指名の当日、一回だけで社会党委員長・村山富市を首班候補とした。すべて裏交渉であった。しかも、自社さ三党が合意した「新しい連立政権の樹立に関する合意書」なるものの冒頭には、昨年七月二十九日の非自民連立政権樹立のために八党派が合意した「連立政権に関する合意事項」及び「八党派覚え書き」を継承発展させると、盗作であった。「自社さ連立政権」が、いかに議会民主政治を冒瀆していたものかわかろう。

首班指名の衆議院の本会議が開かれたのが六月二十九日午後八時八分、約二時間の間に与野党入り乱れて多数派工作が行われた。すべての国会議員が、それぞれ複雑な思いをもち首班指名で投票した結果は、村山富一・社会党委員長を首班とする、自民・社会・新党さきがけの三党による連立政権の成立であった。

衆議院の第一回投票で二二〇人、参議院で六三人が「海部俊樹」と書いたが、非自民連立改革政権は敗北した。「海部俊樹」に投票したなかには、中曽根元首相や自民党離党に悩んだ渡辺美智雄がいた。村山自社さ政権が成立した背景には、この時期カーター元米大統領が北朝鮮を訪問し、朝鮮半島の緊張緩和をしたことが大きな影響を与えた。

村山首相は大正五十三年大分県生れ、明治大学専門部卒業。大分県議、自治労大分県本部役員、昭和四十七年に日本社会党から衆議院議員に当選。国対委員長、委員長となった。野党に転落し政権復帰にもがいていた自民党が、社会党を利用して、「自社さ」連立政権として政権を奪還した。社会党にとっては、四十六年ぶりの首相という名を得た。

自社五五年体制下、政治の表では米ソ冷戦の影響を受けて「イデオロギー的対立」を演じてきた両党が、裏談合政治から表の連立政権を組んだわけだから国民は驚いた。両党とも路線の変更が必要となった。平成六年七月十八日に召集された第百三十回臨時国会の所信表明演説で、村山首相は「自衛隊合憲・日米安保堅持」を明言し、これまで反対を続けてきた「日の丸・君が代」を国旗、国歌として認めることになる。これら重要政治課題を党内手続なく決めたため、支持者からも国民からも批判された。

前国会の首班指名で「海部俊樹」と書いた衆参二百八十三名で、政治理念や基本政策で志を同じくする人たちから、新党結成の動きが出る。六月三十日に連絡協議会を発足させた。七月三十日には「改革推進協議会に発展させ、九月六日には「改革推進協議会」を「新党準備会」に発展させた。参加したのは、新生党・公明党・日本新党・民社党に、自民党を離党した自由党・高志会・新党みらい・改革の会・社会党を離党したリベラルの会であった。各グループから代表者を出し、世話人会で新党の準備が始まることになる。

九月三十日、第百三十一回臨時国会が召集され、政治改革関連で残されていた「衆議院小選挙区区割法案」が成立した。なお、この臨時国会で社会党がソ連共産党から資金援助を受けていたという、かつての自民党調査団の報告書が報道されたり、自民党が岸内閣で米国のCIAから資金をもらっていたなどの報道があり、「自社さ政権」の民主政治への問題点が国会で取り上げられた。

新党準備世話人会の協議は、十二月に入って「新進党」を結成することで準備ができた。同月八日、新進党に参加する両院議員二百三十七名で、党首選挙が行われた。海部元首相が党首に当選、十日には横浜「みなとみらい21」で新進党結成大会が開かれた。新進党は新党とはいえ、既成政党の合流で、旧政党の枠で人事を行わざるを得なかった。旧グループが溶け合うのに一年はかかるということで、党役員も規約も一年間の暫定としてスタートした。党首選挙で、海部対羽田が対立し、内紛をかかえた出発で、海部党首・小沢幹事長対羽田グループの対立となった。

平成七年が明け、村山政権に抵抗する社会党の山花貞夫グループが院内会派離脱届を出すことになる。一月十七日提出する予定になっていた。ところが早朝、阪神淡路大震災が発生する。山花氏ら十七人は予定通り離党届を出したが、大震災の中で頓座する。山花グループを支持する人たちは、社会党内に数十人いるといわれ、もし大震災が発生しなければ、村山自社さ政権の存立にかかわることであった。

第百三十二回通常国会は一月二十日に召集され、阪神淡路大震災対策に集中することになる。三月二十日には東京の地下鉄サリン事件が起る。そういった大事件が続出するなか、七月二十三日、第十七回参議院通常選挙が行われた。政権交代後初の国政選挙であり、新進党としてもはじめての国政選挙であった。

結果は、自民党は比例区一五、地方区三一で四十六人を当選させ、前回の七〇を大幅に減じた。社会党は比例区九、地方区七で十六人と前回の二四と比べ惨敗となった。新進党は比例区一八、地方区二二で四十人を当選させた。共産党は比例区五、地方区三で八人、新党さきがけは比例区二、地方区一で三人、民改連は地方区二、二院クは比例区一、平和市民は地方区一、諸派・無所属地方区九が当選した。社会党は基本政策を投げ棄て、自民党と連立政権を組んだことに対する国民の批判を受けた、といえる。この参議院選挙が社会党という名で行った最後の国政選挙であった。

村山首相は参議院選挙敗北の責任を取って、退陣の意向を固めた。しかし、「自社さ」政権の維持のため続投することになる。「自社さ」三党は、参議院選挙敗北の原因を、公明党の支持団体「創価学会」の活動にあるとし、平成七年九月二十九日に召集された第百三十四回臨時国会で、「宗教法人法改正案」を提出した。池田大作・創価学会名誉会長を証人喚問するのが目的であったが、新進党が委員長室にピケをはるなど抵抗し、事態収拾を与野党で合意し成立させた。

新進党結成一年目となり、党首改選となった。日本で初の「オープンプライマリー」という一般有権者が参加できる選挙方法で行われ、小沢一郎氏と羽田孜氏が立候補し、小沢氏が党首に当選した。小沢氏は党首選に出馬するより幹事長を望んだが、羽田氏支持者の中に小沢排除を画策する人たちがいたため、やむなく出馬した経過があった。このため小沢党首のもとでの新進党の党内抗争は激しくなる。

平成八年の年が明け、村山首相は伊勢神宮での記者会見で「引き続き政権を担当する」と国民に約束していた。ところが翌五日、一転して退陣を表明した。これは前年十二月二十九日、大蔵大臣の武村正義と話し合ったうえでのことで、平成八年度予算に入れた「住専予算」が憲法上問題があり、国会審議に耐えられないことが退陣の本当の理由で、政治的「カゴ抜け詐欺」といわれた。

④ 経済危機に失政した橋本政権

村山首相の後継を決める臨時国会が平成八年一月十一日に召集され、自民党総裁の橋本龍太郎が首班として指名された。橋本首相は昭和十二年東京都生まれ、吉田茂の側近、橋本龍伍の長男として生まれ、慶應大学を卒業してサラリーマンの後、昭和三十八年衆議院議員に当選、大蔵大臣、自民党幹事長を歴任した。自民党は二年五カ月ぶりに首相の座を奪還した。一月十九日、社会党は党名を「社会民主党」に変更した。一月二十二日には、第百三十六回通常国会が召集され、「住専国会」といわれた。「住専」とは、一九七〇年代の住宅ブームで都市銀行などを母体行にした〝住宅ローン専門の金融会社〟(住専)が起こした経済事件である。バブル時代に市中銀行、農林中央公庫、農協の上部団体である県信連などが、だぶついた巨額の資金を「住専」に湯水のように融資した。特に農協＝県信連から住専へは杜撰な手続で行われた。一九九〇年代になって、バブルが崩壊し巨額の不良債権が発生し、住専処理は日本の金融システムの最重要問題となった。

自社さ政権では、農林族の加藤紘一・自民党幹事長を中心に、農林系金融機関救済のため六八五〇億円を、武村正義大蔵大臣と共謀して、平成八年度一般会計予算に計上した。民間金融機関を税金で救済することに、大蔵省当局が抵抗したものを押し切った村山首相と武村蔵相は、国会審議に耐えられないとして、突然辞職したのである。

野党第一党の新進党は、小沢党首を先頭に、憲法違反として抵抗、総予算が衆議院予算委員会で採決される予定の三月四日から長期間、委員会開会を阻止するためのピケを張った。事態の収拾は自民党と新進党で合意文書を交わし、①予算の総則を修正し、六八五〇億円の金融安定化資金は制度が整備した上で措置する、②現行の金融、税制、財政制度及び経済構造全般にわたる改革を行う、という趣旨のものであった。日本版ペコラ委員会を設置して、バブル時代に腐敗した財・税制とすべての経済問題を改革しようということが背景にあった。

この「日本版ペコラ委員会」構想は、竹下・宮沢元首相とも相談のうえ、バブル時代に乱れていたすべての金融機関の不良債権を処理するための構造改革を中心に、超党派で健全な資本主義社会を創造しようとするものであった。主張したのは、自民党では梶山内閣官房長官、野党では新進党の小沢党首であった。この自民党と新進党の合意を壊したのは、橋本首相と加藤自民党幹事長であった。それぞれにこの大改革によって、個人的スキャンダルが発覚するのを恐れたからである。この改革に成功していたなら、日本は現状のようなことにはならなかったと思う。

平成八年九月二十七日に衆議院が解散となった。翌二十八日、自社さ政権に不満をもつ旧社会党や新党さきがけの一部の国会議員五十名で「民主党」を結成し、菅直人・鳩山由起夫の二人代表制とした。同年十月二十日、小選挙区比例代表並立制による総選挙が行われた。結果は自民二三九、新進一五六、民主五二、共産二六、社民一五、さきがけ二、その他一〇となった。橋本自社さ政権は継続していく。

新進党が不振であったのは、自民党からの内部攪乱で総選挙直前に五月雨式に離党者を出したことなどが、国民から批判されたことによる。総選挙後、新進党のあり方について、小沢党首と細川・羽田元首相が会談したが、挙党体制はできなかった。年末の十二月二十六日、羽田グループの衆・参両議員十三人が離党し「太陽党」を結成した。

年が明け平成九年一月二十日、第百四十回通常国会が召集された。この時期になると、住専問題をはじめ金融機関の不良債権問題が、経済全体の足を引っぱり、橋本自社さ政権の経済失政が目立つようになる。さらに朝鮮半島の緊張が高まるなか、「沖縄基地特措法の延長」が政治問題となる。社民党が反対で成立が危ぶまれた。四月には村山前内閣で決定した消費税率が五％に上がり、不況が深まった。

竹下元首相と小沢新進党党首、中曽根元首相と小沢党首が話し合いを続けた結果、自民党と新進党の中で、経済改革や安全保障について共通な認識をもつグループで勉強会を発足させた。「日本の危機を考える会」で、政界再編を視野に入れていた。四月二日、橋本首相と小沢新進党首が会談し、「沖縄基地問題に関する合意書」を合意した。「沖縄基地特措法の延長」は、新進党の賛成で成立するが、自民党の野中広務らは「翼賛政治」と批判した。

七月に入ると、自民党内部で対立が激しくなる。「自社さ政権」維持派と、「新進党と提携派」の対立で、八月十五日には後者の中心人物、梶山官房長官が自民党執行部の一新を求めて辞意を表明した。自民党は九月の党人事と内閣改造で「自社さ政権」を継続することになる。十一月になると橋本自社さ政権の経済政策が失敗し、三洋証券の破綻（同月三日）、北海道拓殖銀行の破綻（同十七日）、山一証券の破綻（同二十四日）など、金融危機状況となる。

あくまで「自社さ」政権にこだわる橋本自民党執行部の無策が続く中で、新進党では党首選挙が行われた。小沢党首と鹿野道彦が出馬した。新進党の党首選挙であったが、与野党にわたり「小沢包囲網」ができ、失政を続ける「自社さ政権」を崩壊させようとする小沢を党首の座から追い落そうとする総力戦となる。小沢党首が再選されたが、新進党に入ったひび割れを修理できる状況ではなかった。新進党の党首選挙が終わると、小沢党首は旧公明党や旧民社党のグループに解散を求め、党内融和を呼びかけた。ところが旧公明党との関係で、参議院と地方に残した「公明」との合流問題が課題となった。これが新進党解党の原因となる。翌年の参議院選挙への対応で、創価学会系の議員の当選確保が必要となった藤井富雄・公明党代表が、これまでの方針を変えて「比例区・地方区ともにすべての参議院選挙は公明党として独立して行う」と通告してきた。そのために、政党助成金法の手続として、新進党の旧公明党の参議院議員十八人が新進党を分党して「黎明クラブ」を結成し、その後「公明」に合流することになった。新進党は分党という手続のため解党する必要があった。

この話し合いをしている最中に、旧民社党系有志が「新党友愛」を結成、鹿野グループが「国民の声」を結成、さらに衆議院の旧公明党グループが「新党平和」を結成することになる。十二月二十七日の新進党解党の両院議員総会で、小沢党首は分党のため解党になった経過を説明せず、「すべて自分の責任である」として、本当の解党に至る責任を自分で背負ってしまった。仕方なく小沢グループは「自由党」を結成した。マスコミは小沢一郎の純化路線として、二大政党による政治はどうしたか、と強く批判した。

平成十年の年が明け、新進党が解党するという状況で、橋本自社さ政権はますます経済失政を続ける。七月十二日には、参議院議員選挙が行われた。自民党は改選議員で四十四人しか当選せず、非改選を加えて一〇三人と惨敗した。原因は経済に対する失政で、選挙前は行革を中心に緊縮財政を主張、選挙中に「恒久減税」を主張、政策のぶれが国民の不信感を高めたことにあった。

選挙の結果は、民主党が、二十七人が当選し躍進。壊滅確実といわれた自由党は六人が当選、共産十五、公明九、社民五、諸派・無所属二十が当選した。七月十三日、橋本首相は引責辞任を表明した。

⑤ 守旧派の犠牲となった小渕首相

平成十年七月二十四日、自民党総裁選が行われ、小渕恵三総裁が誕生した。第百四十三会臨時国会が七月三十日に召集され、首班指名と参議院の構成が行われた。首班には小渕総裁が選ばれた。社民党と新党さきがけは、自民党と連立政権を組む力はなかった。「自社さ政権」は結果として、社会党と新党さきがけを崩壊させたわけだ。自民党は単独政権を発足させたが、参議院では少数勢力となった。

小渕首相は、昭和十二年群馬県生まれ、早稲田大学卒、昭和三十八年衆議院総選挙に当選し、自民党佐藤派から田中派に属し、竹下内閣の官房長官、海部内閣の幹事長、橋本内閣の外務大臣を歴任した。閣内に宮沢喜一元首相を大蔵大臣に就任させ、長銀問題など金融危機の真っ只中で、小渕内閣は発足した。

この臨時国会で、民主党の菅代表は「金融危機を政局に利用しない」と、加藤紘一・自民党幹事長と約束する。政府自民党が野党の政策提案を丸のみして、金融再生法や金融機能早期健全化法等を成立させ、金融危機を乗り切っていく。金融危機への対応に、自由党が協力している間に、かねてから親交のあった小渕首相と会談を重ね、日本の抜本改革について意見を協調させていく。

平成十年十一月十九日、小沢自由党党首から小渕首相に「いま直ちに実行する政策」を提示し、小渕首相がこれに同意して、自自連立に向け協議を行うことで合意した。平成十一年一月九日、一応の協議を終え、小渕首相と小沢党首は政策合意書に署名し、自自連立を発足させた。

第百四十五回通常国会は、平成十一年一月十九日に召集され、自自連立で政権を運営していくことになる。自自連立を継続させる主要な課題は、小沢党首がこだわった「国会審議活性化法案」の策定と成立であった。主要な内容は、「政府委員制度の廃止、政府参考人の創設」「政務次官の廃止、副大臣及び政務官の創設」「党首討論制の導入」等であった。各党と精力的に協議し、六月末に成立した。

八月に入って、自自連立に公明党が参加する協議が始まる。十月四日に合意し「自自公連立政権」が発足する。主な合意の内容は、「安全保障基本法の制定」「消費税の社会福祉目的税化」「教育制度の抜本改革」「地方分権」「基本的社会保障の整備」等々であった。ところが、公明党が自自連立に参加するや、合意した国の重要政策の協議に入ることを、自民・公明両党は避けるようになる。

自由党は連立合意で約束した重要政策の協議と実現を迫ったが、両党は応じなかった。自由党は自公連立のための緩衝役として利用されたのだ。自由党内は連立離脱派と連立継続派に分かれた。

平成十二年が明け、自民党と公明党は自由党の政権離脱を防ぐため、重要政策の一つであった「衆議院の比例区定数削減」を実現することになる。同年一月二十日、召集された**第百四十七回通常国会**

の冒頭、二十名削減する公職選挙法改正案を成立させた。これにより自由党の連立離脱は小休止する。

小沢党首は、なんとか新しい政治をつくるべく小渕首相と話し合いを続けた。その内容は「日本一新構想」で、①日本人の心と誇りを取り戻す、②自己中心的社会から、規律ある自由に基づく開かれた社会に改める、③経済の活力を回復し、だれもが生き甲斐をもって暮らせる社会をつくる、④地球の平和と環境に自ら進んで貢献する、⑤二一世紀を担う新しい憲法をつくる、というものであった。

自由党の離脱問題は、平成十二年三月の年度末になって再浮上することになる。小沢党首は、自自公連立協議で合意した「重要政策」について、協議し実現する意思があるのかどうか、小渕首相と神崎公明党代表に確認するため、党首会談を要請した。四月一日午後六時から行われた三党首会談で、小渕首相と神崎代表は「実行することは不可能」と回答、小沢党首は「四月三日の自由党両院議員総会でこれからの態度を決め伝える」とした。

この会談が終わった直後、小渕首相に記者会見用に野中幹事長が渡したペーパーには、「小沢自由党を連立政権から切り捨てる」という意味のことが書かれていた。自由党執行部の意向に逆らえる小渕首相ではなかった。小渕首相がテレビの前で会見する中継を見ていた専門医は、小渕首相の表情に脳梗塞の初期症状が現われていたと語っている。

同日深夜、小渕首相は順天堂病院に入院する。小渕内閣は四月四日に総辞職するが、その憲法手続には多くの疑惑を国民に感じさせた。小渕首相は自由党の政権離脱について、どのような考えを持っていたのか。三党首会談の日程が決った翌日、私は小渕首相の側近に呼ばれ、小渕首相から小沢党首

へのメッセージを預っていた。その内容は、

「小沢党首のいうとおり、自民党も自由党もいったん解党して、新しい理念と政策のもとに、同じ考えの人たちで結集して日本を再生させなくてはいけない。しかし、いまの自民党指導者はそれを理解できない人たちばかりだ。とりあえず、小沢党首の好きなようにしてくれ。総選挙の前後にあらためて相談しよう」

というものであった。

五月十四日、小渕前首相は脳梗塞で死去した。自民党守旧派の犠牲になったといえる。

⑥ 国民の政治不信を生んだ森政権

小渕首相の後継として、森喜朗が国会で首班指名され、内閣総理大臣に就任するまでに、憲法の手続において国民の不信を生む、いくつかの不条理な出来事があった。小渕首相が順天堂病院に四月二日午前一時頃入院した以降のことについて、当時の青木幹雄官房長官の言動は次のとおりであった。
① 四月二日午後七時、小渕首相と会う。同日午後十一時に記者会見して「首相が過労のため緊急入院した」とだけ発表。
② 翌三日(月曜日)午前になって、青木官房長官は小渕首相の病名について、「脳梗塞」と発表し「有珠山の噴火対策もあり、小渕首相から官房長官が首相の臨時代理の任にあたるよう『万事頼む』と指示された」と記者会見で述べた。

ところが、村上正邦・参議院自民党議員会長が、三日に開かれた派閥の朝食会で、小渕首相の病状について説明し、五人組（青木官房長官、森幹事長、亀井静香政調会長、野中広務幹事長代行、村上参議院議員会長）で話し合って後継は森幹事長と決まったと経過を説明した。それを朝日新聞が翌四日の朝刊で報道し、「密室五人組の談合」で次期首相が決まったことが明らかになった。

青木官房長官の言動が虚言だと批判されるなかで、内閣及び自民党内で正当な手続によらず、小渕内閣は四月四日に総辞職し、翌五日森新内閣が成立した。自民・公明両党に、自由党から分裂した保守党の三党による連立政権となった。森自公保連立政権に対し、世論は「談合クーデター」と批判した。

同年五月十四日に、小渕前首相は死去する。その直後、順天堂病院医師団は記者会見し、「小渕総理は入院した時点で昏睡状態であり、四月二日午後七時、青木官房長官が会って『万事頼む』と言われたということは、医学的に不可能である」と発表した。青木官房長官の説明は虚言であったことが明確になった。小渕首相の病状について、真先に医師団が記者会見を行うという民主政治の鉄則を青木官房長官が実行しなかったことが致命的であった。

また、憲法第七〇条の「内閣総理大臣が欠けたとき」には、首相が意識不明の場合が含まれていないという憲法問題もあった。しかし、森政権の成立手続において著しく議会民主政治に逆らい憲法を冒瀆したことは、わが国の憲政史上なかったことである。残念なことは、このような森政権成立の憲法違反事態について、国会での追及する議論が少なかったことである。しかし、国民の目にはこれが民主政治の不条理と映り、森政権の正当性に疑問を提起することになる。

森首相は六月二日、衆議院を解散し同月二十五日総選挙が行われた。自民党は解散前を三十七人減と惨敗する。公明・保守両党と連立してようやく過半数を得た。第百四十八回特別国会召集日現在の各派議員数は、自民二三三、民主一二九、公明三一、自由二二、共産二〇、社民一九、保守七、無所属一九となる。

民主党は躍進し、自由党は分裂直後で今度こそ崩壊と言われたが、比例区で六五八万九四九〇票を獲得し、注目された。

森首相は就任以来、数々の放言で批判を受けていた。「日本は天皇を中心とする神の国」という発言などである。総選挙後、自民党内部からも批判がでる。十一月二十日、野党からは「森内閣不信任決議案」が提出され、加藤紘一グループの「加藤の乱」が起ったが、不発に終った。

年が明けて平成十三年一月三十一日、第百五十一回通常国会が召集された。二月十日、ハワイ沖で宇和島水産高校実習船が米原潜に衝突され、九名の行方不明者を出す事件が発生する。森政権の危機管理能力が疑われる。一国の指導者としての資質に欠けるとの批判を浴びた。三月十日に退陣を明らかにし、こともあろうに通常国会の真っ只中で自民党総裁選挙が行われることになる。森首相が退陣表明の直前、参議院のドン村上正邦・自民党議員会長がＫＳＤ事件で逮捕され、議員を辞めたため、参議院に大きな影響が出た。

⑦ 対米追随と格差社会の小泉政権

平成十三年の四月という、通常国会での法案審議で重要な期間に、自民党総裁選挙が行われた。その理由が森前首相の資質や失政により、与党内政権交代をやろうということだ。「憲政の常道」からいえば、野党第一党の民主党が政権を担当すべきことである。ところが野党にその主張がなかった。総裁選挙は橋本龍太郎、小泉純一郎、麻生太郎で争われた。野党の中には、小泉候補が勝つことはないという予見があった。その場合、自民党の小泉支持派が離党して民主党と連携するとの見方があった。

事実、民主党の首脳と小泉候補が総選挙中に極秘に会っている。小泉候補が「自民党を壊す」と息巻き、田中眞紀子の熱狂的応援で、八〇％の支持を得て当選するとは誰も予想しなかった。ライバルの橋本候補が「靖国神社参拝」を公約した小泉候補に、「宗教を政治に利用するとは、常識に欠ける」と怒ったが、後《あと》の祭《まつり》であった。かくして四月二十二日の自民党党大会で、小泉純一郎総裁が決まる。

四月二十六日、衆参両院は小泉総裁を首班として指名する。公明党と保守党との連立政権を続けることになる。小泉首相は昭和十七年神奈川県生まれ。慶應大学を卒業して福田赳夫衆議院議員秘書を勤め、昭和四十七年の衆議院総選挙で当選した。「永田町の変人」といわれ、厚生大臣を歴任した。

小泉首相が国民的人気を得たのは、就任直後の「ハンセン病熊本地裁判決の上訴問題」の断念であった。熊本地裁の判決は憲法上正当なものであり、行政手続として断念すべきであった。それを上訴断念という政治的パフォーマンスに利用した小泉首相の態度に問題があった。小泉政権は平成十八年九月まで五年五カ月続くが、小泉政治の実態は人気取りの政治的パフォーマンスと、対米追随の新自由主義構造改革であった。その結果が、わが国にとって最悪の「格差社会」を実現した。

米国新自由主義による構造改革の推進者は、総裁選挙中のにわか仕込みで小泉首相に教えた竹中平蔵慶大教授であった。小泉首相は竹中教授を経済財政政策担当として入閣させた。ハンセン病判決を政治的に利用して、世論の支持を得た後、構造改革の断行を看板に、第十九回参議院通常選挙に臨むことになる。

七月二十九日の参議院選挙の結果は、自民党が地方区で四四、比例区で二〇と六四名の当選者を出した。前回（平成十年）は四四の当選者であったので、小泉ブームの大勝利であったが、それでも単独過半数には及ばなかった（臨時国会召集日現在の各派議員数、自民一一一、民主五九、公明二三、共産二〇、自由八、社民八、無所属の会四、保守五、二院ク一、諸派無所属八）。

平成十三年九月十一日には、米国で同時多発テロ事件が発生した。米国は、ブッシュ大統領を先頭に激怒し、アフガニスタン攻撃、さらにイラク戦争と、世界でテロ撲滅という名の戦争が続く。世界中で、ブッシュ大統領の影響をもっとも強く受けたのは、英国に次いで日本の小泉政権であった。

民主党は小泉首相に対して、道路問題などの改革で平成十三年暮の予算編成で、自民党を割ると期待していたが、道路族との妥協もでき政界再編の可能性なしと判断した。民主・自由・社民の三野党は連携して、小泉自公保政権を打倒する戦略を明確にしていく。

平成十四年が明け、小泉内閣で内部抗争が始まる。外務大臣に就任した田中眞紀子と、外務省事務当局との間に軋轢が生じた。それを外務省側で調整しようとしたのが鈴木宗男衆議院議院運営委員長であった。田中外相は小泉首相によって更迭される。この手続は憲法違反であった。辞表が提出されていない大臣を辞意だけで、辞めさせ、新しい外相を認証させたわけだ。

田中外相更迭後、小泉首相は急速に支持率を落していく。外務省の事務当局から疎んじられていた鈴木宗男議員も、北方領土疑惑等が刑事事件となって逮捕される。参議院議長の井上裕が千葉県下の汚職疑惑で議員を辞職する。小泉政権は風前の灯となったが、これを切り抜けることができたのは、野党第一党の民主党国対委員長の熊谷弘の小泉政権への協力という造反行為であった。熊谷は平成十四年の暮に結成された「保守新党」に参加し、小泉自公保連立政権の首脳となる。

小泉内閣の支持率を再浮上させたのは、平成十四年九月十七日の小泉首相の北朝鮮訪問であった。金正日総書記は、日本人拉致の事実を認め（拉致した日本人十三人、死亡八人、五人が生存）、「日朝平壌宣言」に署名した。十月十五日には拉致事件の被害者五人が帰国する。拉致問題は、金正日総書記の説明に大きな疑問が生じた。特に、横田めぐみさんなどの生存をめぐって問題は解決していない。

小泉首相が拉致問題で支持率を回復させた平成十四年秋、野党の民主党は、政権獲得戦略について悩んでいた。十一月二十九日、鳩山由紀夫代表が記者会見して、突然、民主党と自由党の合併構想を発言した。小沢自由党党首を代表とする可能性まで触れたため、民主党内が混乱し、鳩山は代表を辞め、菅直人が代表となった。

平成十五年が明けた一月、民主党と自由党の代表者による「政権構想協議会」が発足した。延々と協議を続けたが五月に打ち切りとなった。自由党は六月末、民主党との合併はないことを確認し、翌年の参議院通常選挙を独自に対応することを決めた。また、数年にわたり練り上げた「日本一新十一基本法案」を七月初旬に提出した。

ところが七月中旬になって、菅民主党代表が突然自由党との合併話を蒸し返してきた。背景には秋に衆議院の解散総選挙が予定されており、民・自合弁に積極的な鳩山グループが離党して自由党と合流する動きがあったことによる。小沢党首はかねてから民主党が政権交代のため合併を決意するなら、民主党の要求をすべてのむ、との方針であり、七月二十三日深夜、合意書に署名した。民・自合併の諸準備を整え、九月二十六日に合併党大会が開かれた。党名は民主党、執行部役員は旧民主党のままで、規約及び政策も継続した。

小泉首相は、第百五十六回通常国会で「イラク復興支援特別措置法」を強行採決で成立させ、ブッシュ米大統領のイラク侵略にのめりこんでいく。民・自合併の九月二十六日、第百五十七回臨時国会を召集し、十月十日衆議院を解散した。総選挙は十一月九日に行われ、民主党は一七七議席と躍進し、比例代表では自民党を上回った。自民党は二三七議席と単独過半数を割り込んだが、公明党の三四議席を政権の「生命維持装置」として、小泉自公政権を続けた（特別国会召集日現在の各派議席数、自民二四五、民主一八〇、公明党三四、共産党九、社民六、グループ改革五、無所属一）。

平成十六年の元旦は、小泉首相の靖国神社参拝で明ける。二月には公明党の了解をなんとかつけて、陸上自衛隊本隊がイラクに出発する。新生「民主党」は菅代表を中心に小泉政権に対峙していく。第百五十九回通常国会が一月十九日召集され、この国会でまず政治問題となったのが「国民年金保険料問題」だ。

小泉首相は、自身は勤務実績がないのに厚生年金に加入していたことを国会で追及され、「人生いろいろ、会社もいろいろ、社員もいろいろ」と、はぐらかし答弁で逃げ切った。菅代表は武蔵野市役所の事務ミスが原因の未納問題が発覚して代表を辞任した。小沢一郎が後継代表に就任することを決意したが、任意加入時期に未加入問題があり、官邸が謀略に利用することがわかり、岡田克也が民主党代表となった。会期末には「年金改革法案」の強行採決が行われ、参議院通常選挙となる。

七月十一日に行われた参議院選挙の結果は、自民党が苦戦した（臨時国会召集日現在の各派議席数、自民一一四、民主八三、公明二四、共産九、社民五、各派に属しない議員七）。自衛隊の多国籍軍への参加や年金問題などで小泉ブームが下火になったことが自民党不振の原因であった。

平成十七年は、郵政改革で明け郵政改革で暮れた。郵政改革は、平成十四年に「郵政公社法等」を成立させ、特殊法人の公社として郵政事業を行うこと決定し、同十五年四月に「日本郵政公社」を発足させていた。ところが翌十六年九月、小泉首相は突然「郵政民営化の基本方針」を閣議決定した。これには米国政府の理不尽な圧力があった。

第百六十二回通常国会が、平成十七年一月二十一日に召集され、自民党内は郵政民営化をめぐって激論が交わされていた。四月末、自民党総務会では、法案の内容も了承もせずに国会提出を了承するという異常な事態となった。七月五日の衆議院本会議で、自民党から三十七名が反対し、十四名が欠席という大量造反が出た。賛成二三三、反対二二八の五票差で、郵政民営化法案は可決された。

参議院での審議も、自民党内で紛糾した。八月五日の郵政民営化特別委員会で可決されたが、同日、参議院の自民党所属議員が次々と反対を表明するに至った。八月八日の本会議で、自民党から二十二名が造反し、反対一二五、賛成一〇八の十七票差で否決した。

小泉首相は、参議院が「郵政民営化法案」を否決した四分後、自民党役員会で衆議院を解散する意向を伝え、解散の手続を始めた。理由は「郵政民営化を国会は必要ないと判断した。郵政解散です。郵政民営化に賛成か反対、はっきり問いたい」というものであった。参議院での否決を「国会は必要ないと判断した」と言いかえるところに小泉首相の狡猾さがあり、総選挙を郵政民営化の国民投票としたことに憲法上の問題があった。日本の有識者やマスメディアは、この小泉劇場に拍手を送った。日本国憲法の国民主権、代表制民主政治、三権分立、両院制度のことごとくを、米国のブッシュ大統領のために冒瀆した「郵政解散」であった。

郵政総選挙は、自民党内で激烈をきわめ、小泉首相は造反した議員を公認せず、「刺客」を送り込んで、当選を妨害した。公認を得られなかった造反候補者たちは、無所属のまま出馬したり、国民新党や新党日本を結成して対応した。九月十一日の総選挙の結果は、自民党の二九六議席に対して民主党は一一三議席であった。自民・公明の与党は、三三七議席を占めることになり、憲政史上初の、与党で三分の二を超える再議決を可能とする議席数となった（特別国会召集日現在の各派議席数、自民二九六、民主一一四、公明三一、共産九、社民七、国民新六、無所属一七）。

小泉郵政解散総選挙は、戦前の翼賛選挙を連想させた。また、都市部の無党派層はマスメディアの応援する「小泉劇場の虜《とりこ》」となり、驚くべき小泉政治パフォーマンスが展開した。恐るべきことは、この小泉政治の異常さを許した衆参両院議長をはじめ、野党政治家たちの不見識さである。さらに「代表制議会民主政治の危機」を批判せず、「新しい政治」と評価した、マスコミや有識者の無不勉強さであった。

総選挙の投票日の翌十二日、民主党代表の岡田克也は、敗北の責任をとり辞意を表明した。後任に前原誠司が選ばれる。一方、小泉首相は総選挙での大勝利でもって、独裁政治劇場を展開する。第百六十三回特別国会で、郵政民営化法を瞬時で成立させた。本来なら小泉首相が崩壊させた憲政政治を、国会が反省し修復させるための「国会決議」などが必要であったが、これに気がつく政治家はいなかった。前原民主党は、重要課題について小泉政治に対峙する姿勢はなく、話し合いの対案路線を採用した。

小泉首相にとって、総選挙で大勝利したものの、秋からの政局は自分のペースのものではなかった。九月三十日には大阪高裁が、靖国神社参拝をめぐる訴訟の控訴審で、違憲判決を下した。さらに自民・民主・公明の各党有志が「国立追悼施設を考える会」を発足させた。一月中旬には、耐震強度偽装事件が発覚し、小泉規制緩和構造改革路線問題が提起された。十一月中旬には、自民党結成五十年を記念して、「新憲法草案」を発表したが、党内も国民にも不評であった。

平成十八年が明け、第百六十四回通常国会が一月二十日に召集された。同月二十三日、総選挙に立候補して竹中大臣はじめ自民党が後押し、落選したライブドア社長・堀江貴文（ホリエモン）が、証券取引法違反で逮捕された。この国会は「耐震強度偽装事件」や「ホリエモン問題」等で野党は、小泉政権を攻撃する材料に事欠かず、大いに盛り上った。しかし、民主党の永田寿康・衆議院議員が、予算委員会でホリエモンと武部勤・自民党幹事長との間で交わしたメールを取り上げ、これが偽物であることが判り、政治問題となる。永田は議員を辞め、前原氏も民主党代表を辞任することになる。

四月七日、民主党は衆参両院議員で代表選挙を行い、「変わらずに生きるためには、自ら変わらなければならない。まず、私自身が変わります」と政見演説で述べた小沢一郎が、菅直人を破り、民主党代表に就任する。四月二十三日に行われた千葉七区の衆議院補欠選挙で、九五五票差で民主党が勝利、小沢一郎の選挙神話が復活する。会期末には平成の姥捨山といわれる「後期高齢者医療制度」を強行成立させ、小泉首相は最後の国会会期を終えた。

小泉首相は、退陣を一カ月後にひかえた八月十五日の終戦記念日、五年前の自民党総裁選挙で公約した靖国神社参拝を強行した。反対する国民や近隣諸国の顔色を見ながらのことであった。

⑧ 政権投げ出しの安倍・福田政権

平成十八年は九月に入って、政局が自民党の総選挙と民主党の代表選挙に絞られてきた。民主党は四月に党再生の代表選挙を行い、小沢一郎で体制を整えたばかりで、小沢再選に問題はなかった。自民党は、安倍晋三・谷垣禎一・麻生太郎が出馬の意向を表明した。その自民党で所属国会議員の約七十%が、安倍晋三を支持する動きとなった。政治理念や政策で安倍氏と対立してきた人たちまで、公然と安倍を支持する異様さが目立った。

安倍政権

九月二十日の自民党総裁選は、予想どおり安倍の圧勝となった。同月二十六日には第百六十五回臨時国会が召集され、安倍晋三が内閣総理大臣に指名された。安倍首相は昭和二十九年東京都生まれ、成蹊大学卒。岸元首相の孫・安倍晋太郎の長男で「政界のプリンス」といわれた。平成二年の総選挙で衆議院議員に当選、小泉内閣の内閣官房副長官、自民党幹事長、内閣官房長官を歴任した。

首相に就任する直前の九月二十二日に、創価学会名誉会長・池田大作と会談したことで話題となった。拉致問題でナショナリズムをくすぐる活動をして人気を博し、「美しい国」をスローガンに、「憲法を頂点とした戦後レジームを見直す」と、保守政治を宣言した。十月上旬、安倍首相は中国を訪問し、「戦略的互恵関係」で一致したものの、韓国に移動した日に、北朝鮮は「核実験を行った」と発表した。核保有国になったことを、安倍首相の中国・韓国訪問にあてつけたことであった。

北朝鮮の核実験を機に、自民党政調会長の中川昭一や外務大臣の麻生太郎らが、「日本の核保有について議論があってよい」と発言、国内外から批判が続出した。十一月八日の安倍首相と小沢民主党代表の党首討論で、「非核三原則」について議論が行われた。安倍首相は「政策判断である」と発言した。「非核三原則は国是」という根本認識をしない首相の出現である。唯一の被爆国として核兵器の恐怖を体験し、太平洋戦争で三百万人を超える死者という犠牲の上に再建された日本国の国是であることを認識しておくべきだ。

十二月に入って、安倍首相は、郵政民営化法案に反対して自民党を離れた衆議院議員十一名を復党させた。復党の手続を中川秀直幹事長が担当し、条件に「踏み絵的誓約書」を提出させたため、復党させた方も復党した方も国民から批判された。平沼赳夫議員だけが拒否し話題となった。

安倍政権の国会運営は、強行採決を特徴としていた。「美しい国での醜い政治」となった。平成十八年（第百六十五回臨時国会）では、「教育基本法改正案」で強行採決して以来、平成十九年の第百六十六回通常国会にかけて十七回にわたって衆参両院で強行採決を行っている。これらの中には、防衛庁を「省」に昇格させる「防衛庁設置法改正案」、憲法改正の是非を問う「国民投票法案」などがあった。これらの重要法案は、必ずしも民主党が厳しく反対するものではなかった。

「憲法改正国民投票法案」については、憲法が国民主権によって制定されるという原理から言えば、これまで制定されていないことが問題であった。過激な憲法改正論や教条的護憲論という政治状況では、冷静な憲法論ができない事情があった。ようやくその状況が生まれたが、自民党と民主党の協議担当窓口の功名心のため、内容に多くの欠陥を残したまま強行採決となったことに批判があった。その結果、わが国での健全な憲法制定（改正）は当分は不可能となったといえる。

安倍内閣は、発足当初は世論調査で七〇%という高い支持であったが、国会運営と閣僚の不詳事で窮地に落ちていく。佐田玄一郎行革担当相の政治資金事務所費問題での辞任（平成十八年十二月）。松岡利勝農水大臣の「事務所費」問題と公共事業疑惑問題で、松岡大臣の辞任の動きもあったが、内閣弱体化を避けることを優先したため自殺するという悲劇（平成十九年五月二十八日）。後任の赤城徳彦大臣も「事務所費」問題が浮上し、国会の内外で批判の的にさらされたまま、参議院選挙になだれ込んだ。

第二十一回参議院選挙が近づくと、全国いたるところに各党のポスターが張られた。目立ったのは自民党の安倍首相が空をみつめて「成長を実感に！」というコピーのものであった。そして民主党は小沢代表が怒った顔をして「政治は生活・国民の生活が第一」というコピーが対象的だった。選挙中、安倍首相は「私を選ぶか、小沢代表を選ぶか」と、首相の信任選挙にしてしまった。

平成一九年七月二十九日に行われた選挙の結果は、自民党の惨敗、民主党の圧勝で、安倍政権は参議院で過半数を割り、**与野党逆転**した（臨時国会召集日現在の各派議席数、民主一一二、自民八四、公明二〇、共産七、社民五、国民新党四各派に属しない議員十）。

民主党の勝利は、地方一人区の二九地方区で二十三人を当選させたことにあった。自民党は六人の当選で歴史的地すべり現象を起した。自民党内には安倍首相退陣論があったが、本人が政治家としての判断ができず居座った。一方、勝利した小沢民主党代表は、所属国会議員に檄《げき》文を出した。「日本を一新する天命が、ついに我々に下りました。今度の成果は間違いなく大きな一歩です。しかし、まだ最初の一歩に過ぎません」と。次の衆議院総選挙で政権交代が実現するか、国民は政治に強い関心を持つようになった。

安倍首相は、八月二十七日内閣改造を行い、官房長官に与謝野馨、幹事長に麻生太郎を起用して、アフガン問題のテロ特措法の延長や「消えた年金問題」などの難問に対応するため、第百六十八回臨時国会を九月十日に召集し所信表明演説を行った。ところが二日後の十二日、衆議院で安倍首相の所信表明に対する民主党の代表質問が行われる初日、本会議開会の数十分前、安倍首相は出席して答弁することを拒み、午後二時に記者会見して辞意を表明した。

理由は、小沢民主党代表に党首会談を拒否され、テロ特措法の延長が困難となり、政権を続ける自信がなくなったということであった。与謝野官房長官が数時間後、記者会見で「辞任は健康上の理由もある」と説明した。安倍首相は入院し、臨時代理を置くこともなく二週間の政治空白をつくって、自民党総裁選挙を行うことになる。

福田政権

九月二十三日、自民党総裁に福田康夫が麻生太郎を抑えて就任した。総裁選の実態は、麻生派を除く八派閥の談合だった。同月二十五日には、福田自公連立政権が発足する。福田首相は、昭和十一年東京都生まれ、福田赳夫元首相の長男。早稲田大学卒業後サラリーマン、議員秘書の後、平成二年の衆議院総選挙で当選、小泉内閣官房長官となる。内閣は安倍内閣の居抜きといわれ、派閥均衡政治を再現させた。

福田政権が発足しておよそ一カ月が過ぎた頃、民主党との「大連立構想」が浮上し、大騒ぎとなる。

過去何回か、自民党が弱体化して政権担当に不安が生じると、読売新聞は社説で「大連立構想」を主張して世論を誘導していた。この時は、渡辺恒雄会長が仲介者とした人物が小沢代表の信頼する人であったがため、現実の話となった。福田首相にとっては、不安定な政権を安定させるために、格好の話であった。福田首相と小沢代表は、十月三十日と十一月二日に、公式に「大連立」について会談することになる。

小沢代表によれば、福田首相は「テロ特措法」も妥協する、小沢代表年来の主張である「国際安全保障論」を、政府の憲法解釈を変更して実現化するとの話があったとのこと。さらに、小沢代表としては、民主党に政権交代した時、安定した国政運営ができるよう一旦「大連立」する、その条件に参議院選挙で公約した「農業政策、年金、子育て、高速道路無料化」などの目玉政策を実行させる、という戦略的大連立構想であった。

十一月二日、小沢代表は「戦略的大連立のための政策協議」を始めることについて、民主党役員会に提案したが、了承されなかった。小沢代表は「大連立構想」が破綻した責任をとって、辞表を提出した。これをめぐって、民主党内は大騒ぎとなった。民主党国会議員の大勢が辞任を慰留し、小沢も思い留った。

「大連立構想」が破綻した後、福田政権は「テロ特措法の延長」をはじめ、政権運営に苦慮した。民主党の協力も得ることができないうえに、与党の公明党が「テロ特措法を衆議院で再議決することに反対」の姿勢であった。さらに民主党は「大連立構想」の非公式協議をマスコミから批判され、自民党との接触を一斉拒否し、政権運営が壁にぶつかっていた。

十一月三十日、政界を引退している野中広務元自民党幹事長から、私に連絡があり、現状の国会の事態を憂慮し、自民党と民主党で非公式協議ができるよう、小沢代表を説得してほしいとのこと。小沢代表の理解と指示で、自民党の伊吹幹事長と私が非公式協議を始めた。「テロ特措法の延長」を行うため、安全保障の基本問題を協議することになった。小沢代表が中国訪問から帰国して対応することになっていたところ、公明党が突然変心して「臨時国会を再延長し、新テロ法案を衆議院で再議決する」方針となった。公明党が変心した背景には、次の内閣改造で大臣ポストを一名公明に増やすとか、内閣官房副長官のポストを一つ渡すという情報があった。十二月十四日、臨時国会は正月をまたぐ異例なことで、三十一日間再延長された。

年が明けた平成二十年一月十一日、参議院は「新テロ法案」を否決し、衆議院に返付され、与党の自民党と公明党は、ためらいもなく再議決を断行した。再議決という憲法上の手続があるにしても、政治的正当性がなければ憲法に反することである。この再議決で与野党は信頼関係を失い、国会運営は泥沼に入った。

第百六十九回通常国会は一月十八日召集され、「道路財源問題」「消えた年金」「後期高齢者医療問題」等々が、ねじれ国会の中、与野党の激突の種であった。

「道路財源問題」は、福田政権が道路族によって成立したことを象徴するもので、福田首相の守旧性が混乱の原因であった。四月一日からガソリン税の暫定税率が適用期限となることに対して、福田内閣はさらに十年間続けるため租税特別措置法案を提出した。民主党を中心に野党は、四月からガソリン暫定税率を撤廃し、約二十五円減税すること等を要求し、福田内閣を総辞職か解散に追い込む方針で臨んだ。

ねじれ国会を活用した野党の攻撃は、道路官僚の問題行改や税金浪費の実態を国民の前に明らかにした。福田首相の政治判断の遅れもあり、三月末までに租税特措法改正案が成立せず、ガソリン暫定税率が三十四年ぶりに期限切れとなり、一カ月本則に戻り安くなり、国民は参議院で与党少数の意味を実感した。

福田首相の、道路特定財源を平成二十一年度から一般財源化する等の記者会見も、政府と自民党の矛盾を見せ政治問題となる。結局、租税特措法改正案は参議院で議決されず、四月三十日衆議院で、参議院は否決したものとみなし、三分の二の多数で議決した。五月十二日には、参議院は道路整備財源特例法改正案を否決し、翌日衆議院は再議決した。

「消えた年金問題」は、平成十九年七月の衆議院選挙で安倍首相が公約した「三月には、最後の一人まで解決する」を、後継の福田首相が実現できなかったことへの批判を受けたことだ。「後期高齢者医療問題」は、小泉内閣時代に立法された制度が、福田内閣になった平成二十年四月一日に施行された。その内容は「平成の姥捨山」と呼ばれ、国民の強い反発を受けた。

会期末になって、第百六十九回通常国会の総括として、参議院の野党は「福田首相問責決議案」を提出し、可決した。福田首相に職責を担当する資質なしという趣旨のものであった。問責決議案に法的効果はないとはいえ、政治的には重く、福田政権をゆさぶった。このように「ねじれ国会」の効果を国民に見せつけ、第百六十九回国会は、六月十五日終わる。

七月七日からのGSサミットは、洞爺湖で行われた。福田首相にとっては父の赳夫が東京で開催し議長国となる機会を、角福戦争で逸した因縁の催事であった。「地球温暖化防止・CO_2抑制」をテーマにして、福田首相は政権の浮揚に利用しようとした。世界の人々が注目したのは、金融投機資本主義を放置してよいのか、という問題であった。これに対しては、何のコメントもなかった。

政権浮揚にことごとく失敗した福田首相は、最後の賭けとして、自民党四役と内閣の改造を行った。衆議院議員の任期切れが翌年（平成二十一年）九月に迫るなか、総選挙に勝てる体制づくりであった。幹事長に総裁選挙のライバル麻生太郎を口説いたが、これは「政権禅譲の密約」との情報が流れ、改造人事は失敗した。公明党も福田首相から距離を置き始め、景気対策も政府与党内で混乱した。

九月一日（月）の夕刻、突然、福田首相が午後九時半に緊急記者会見をすることになった。辞意の表明であった。理由は、民主党の審議拒否で重要案件が決まらないことだとし、新しい布陣にまかせるため政治空白を避けるタイミングを選んだと発言した。かくして、わが国では一年間に二人の首相が政権を投げ出すという悲劇が発生した。

⑨ 自民党最後の首相・麻生太郎

自民党総裁選挙は、麻生太郎・与謝野馨・小池百合子・石破茂・石原伸晃の五人が立候補した。九月二十二日、自民党大会で麻生太郎が全体の三分の二の得票で、第二十三代総裁に選ばれた。総裁選挙の最中に、米国経済は世界恐慌につながる破滅への道を進んでいた。九月十五日、リーマン・ブラザーズが経営破綻等を契機に、世界中で歴史的な株安が発生し、金融危機は米国から始まり、ヨーロッパ、アジアと世界恐慌の前夜となった。

九月二十四日、第百七十回臨時国会が召集され、麻生太郎が第九十二代内閣総理大臣に就任した。麻生首相は、昭和十五年東京都生まれ、学習院大学卒。麻生セメント社長等を経て昭五十四年衆議院総選挙で当選。外務大臣、自民党幹事長等に就任した。

麻生首相は九月二十九日の衆参両院での所信表明で、「この度、国権の最高機関による指名、かしこくも御名御璽をいただき、第九十二代内閣総理大臣に就任しました」と発言し、小沢民主党代表を名ざしにして補正予算や関連法案への賛否の態度を表明するよう強要した。これは天皇の政治利用に類するもので、麻生首相の議会政治に対する見識を疑うものであった。

これに対して小沢代表は、衆議院本会議の代表質問で、改めて「国民の生活が第一」を政治目標とする、日本型セーフティネットを構築する「新しい生活をつくる五つの約束」を宣言した。福田内閣から麻生内閣に変った最大の目的は、衆議院総選挙に勝利するため派手なパフォーマンスができるタレント性のある麻生太郎を活用することであった。衆議院議員の任期満了を一年切った時期でもあり、「選挙管理内閣」であり、麻生首相は臨時国会冒頭の衆議院解散を狙っていた。

ところが、米国のリーマン・ショックから始まった世界不況、さらに政権放棄を続けた自民党に対する支持者離れが重なり、麻生首相は混乱する。月刊誌『文藝春秋』十一月号には、年内解散を国民に公約する形で、麻生首相の名で「強い日本を！　私の国家再建計画」を発表したが、不況の深刻化に、「政局より政策、何よりも景気回復を」となり、衆議院の解散は後退していく。

麻生政権は、人気回復をねらい十月三十日に、「新総合経済対策」を発表。いろいろな問題点があったが、批判されたのは二兆円の「定額給付金の支給」であった。所得制限せずに全世帯に一世帯約六万円支給というもので、総選挙用のバラ撒き買収といわれ、閣内からも異論が出た。また、麻生首相は消費税率の引き上げについて「大胆な行政改革を行った後、経済状況を見た上で、三年後に消費税の引き上げをお願いしたい」と発言、注目された。

平成二十一年が明け、第百七十一回通常国会が一月五日に召集された。不況対策に関連する補正予算や関連法案の審議のため、正月早々の召集であった。この国会で話題になったのは、所得税法改正案の審議で附則一〇四条に消費税改正の方針を規定したことである。その要点は「経済状況を好転させることを前提に、平成二十三年度までに必要な法制上の措置を講ずるものとする」というもので、政権交代の可能性もありうる事態のなかで、この規定の運用がどうなるか、話題となった。

この年に起った政治疑惑問題は、半年以内に総選挙確実という三月三日、東京地検特捜部が西松事件に絡んで、小沢民主党代表の大久保隆規秘書を、政治資金規正法違反で逮捕したことから始まる「小沢の政治と金」の問題であった。容疑は、西松建設のダミーの政治団体であることを知りながら、そこからの寄附を政治団体からの寄附として、政治資金収支報告書に記載したという「虚偽記載」であった。

この強制捜査は、これまでのやり方を根本的に変更するものであった。①選挙に影響を及ぼす時期に強制捜査はしないこと、②「虚偽記載」などは行政指導による処理を慣行としていたこと、であった。さらに問題は、特捜が、ダミーとして、西松建設の政治団体から自民党の国会議員数人に同じやり方で寄附が行われていたことについて、元警察庁長官で、当時内閣官房副長官であった漆間巌が「西松事件の捜査は自民党関係者には波及しない」と非公式発言をしていたことがわかり、捜査に政治的意図を感じさせた。

大久保秘書は起訴され、小沢代表は五月連休直後、総選挙で政権交代を確実にするため戦略的に代表を辞任し、後任に鳩山幹事長が代表に選ばれた。民主党優位の状況が変わらないなかで、次に特捜が強制捜査したのが「郵便不正事件」だった。民主党副代表・石井一の関与を狙ったもので、厚労省の村木局長の逮捕に至ったが、石井を立件することはできなかった。一方、村木局長の逮捕が、特捜の証拠偽造であることが後で判明し、検察のあり方が厳しく批判された。この捜査も総選挙を直前にした異常な出来事であった。

この時期、これらの異常な強制捜査に対して、二つの見方があった。ひとつは「特捜青年将校による二・二六事件のような独走だ」というもの、もうひとつは「麻生政権が指示した、政権交代を阻止するための検察ファッショだ」という見方であった。現に森英介法務大臣が、「大久保秘書逮捕に関与した」状況証拠的な情報もあったが、メディアは取り上げなかった。

さまざまな異常な政治疑惑があるなかで、麻生首相は総選挙で勝利するため、資金不足の民主党に「干乾し作戦」を展開した。衆議院解散を七月二十一日に断行し、総選挙を任期満了まで二週間足らずの八月三十日とした。選挙の結果、自民党は結党以来の最低一一九議席しか当選させることができず、平成六年以来、十五年ぶりに野党に転落した。

民主党は一九三議席増の三〇八議席という歴史的勝利となり、宿願の政権交代を実現する。なお、昨年暮自民党を離党した渡辺喜美は、衆議院解散の八月に「みんなの党」を結成して総選挙に臨み、五議席を獲得した。

⑩ 政権交代の意義を放棄した民主党

平成二十一年八月三十日に行われた第四十五回衆議院総選挙は、わが国の憲政史で歴史的意義のあるものであった。日本国憲法下での総選挙で、即ち、国民の投票によってそれまで与野党として対峙していた政党が、政権交代をしたことは始めてであった。総選挙後、政党や会派が話し合って衆議院の過半数を占めて、連立政権をつくることは何度かあったが、国民の意思による政権交代が実現したことは、わが国の議会民主政治において画期的なことであった。

民主党が圧勝した理由は、まず、小泉政治がつくった格差社会で困窮する多数の国民が、政権担当能力のない首相を続けた自民党に対して絶縁する総選挙であったこと。次に、民主党が「国民の生活が第一」という政治目標を旗じるしにして、生活を護り格差を是正する具体的な政策をマニフェストとして国民に約束したことである。国民が、新しい政治が始まると期待したことに対する成果であった。政権交代で始まる民主党政治を、国民の大勢は支持したのに対し、民主党は政権担当することが、いかに厳しいものか冷静に考える状況にはなかった。

総選挙の投票日が近づくにつれ、勝利が確実視されるなかで、二つの問題が民主党関係者から主張され、政権担当能力が危惧された。ひとつは、過剰な官僚排除論である。もうひとつは、武村正義らの、かつて細川改革政権を潰したグループが、小沢一郎の民主党政権からの排除をメディアを通じて主張したことだ。

八月三十日、総選挙が終わり、民主党政権づくりの段階になって、当時の菅代表代行らの「官僚罵倒発言」や「官僚組織破壊論」は、多数の常識ある国家公務員を冒瀆するもので、その後の民主党政権運営に支障をきたすことになる。さらに、民主党マニフェストの基本であった「党の主要役員を入閣させ、政権運営と政策の協議決定を内閣で一元化して行う」という公約を無視して、小沢一郎を幹事長に就任させたものの、選挙と国会運営に職務を限定して、「政策の協議決定には参加させない」という条件をつけてのことであった。

これは武村らが「小沢は細川政権を潰した張本人であり、政権に入れると鳩山政権はすぐ潰れる」との意見に影響を受けた「反小沢グループ」が、鳩山代表に働きかけたことによる。鳩山代表にしては、政権交代の立役者は小沢であり、小沢を抜きにした政権はありえないと悩み、肝心の幹事長人事が遅れる。九月三日、鳩山代表が小沢前代表を説得して「政策の協議決定に関わらない」幹事長が出現することになる。

議院内閣制で政権運営を行う国家で、政権与党の幹事長が、「政策の協議決定」に参加できない仕組みは異常であり、これでは政権が運営できるはずはない。小沢はその問題点を承知しながら、政権発足に支障をきたさないため、鳩山代表の説得に応じた。小沢は特別国会には是正されると思っていたが、「反小沢グループ」は「小沢封じ込め」を続けていく。ここが国民に見えない民主党の問題点で、政治の深層を知る有識者たちは、民主党政権の先行きに強い不安を感じていた。

鳩山政権

平成二十一年九月十六日、第百七十二回特別国会が召集された。召集日正午現在の衆議院各派議席数は、民主党＝無所属クラブ三一二、自由民主党一一九、公明党二一、共産党九、社会民主党＝市民連合七、みんなの党五、国民新党三、国益と国民の生活を守る会三、無所属一、であった。

なお、同国会召集日現在の参議院各派議席数は、民主党＝新緑風会＝国民新＝日本一一八、自由民主党＝改革クラブ八五、公明党二一、共産党七、社会民主党＝護憲連合五、各派に属しない議員四、欠員二、であった。民主党新政権は、衆参両院をこの布陣で対応していくことになる。

平成二十一年九月十六日、国会は第九十三代首相に、民主党代表・鳩山一郎を指名した。鳩山首相は昭和二十二年東京都生まれ、東大卒業後学究生活を続けていた。祖父・一郎が元首相、父・威一郎らが元外相と政治家一族と知られ、昭和六十一年の衆議院総選挙で初当選した。武村正義らと共に「新党さきがけ」を結成、細川内閣の官房副長官、菅直人らと民主党を結成し、民主党と自由党の合併後に幹事長、代表を歴任した。

鳩山首相は、政権交代後の初閣議で、「今日の日を、日本が明治以降続けてきた政治と行政のシステムを転換する歴史的な第一歩にしなければ、この内閣の意味はない」と発言して、鳩山政権の基本方針を提示した。内容は、総選挙の政権公約（マニフェスト）の主要な政策であった。もっとも力点を置いたのは、「政治主導の徹底・政策決定の内閣への一元化・官邸主導」であった。鳩山内閣発足当初の支持率は七二％で、国民から期待された。

ところが鳩山内閣は、翌二十二年六月八日には総辞職することになる。歴史的政権交代で国民の多数から支持を受けていた政権が、一年間も維持できなかった理由は何であったか。かつての細川・羽田非自民連立政権が、八カ月余しか続かなかった理由は、野党となった自民党の強い政権復帰願望と非自民連立政権内部の造反派の謀略によるもので、それによって細川・羽田政権が負けたときとは異なっていた。

鳩山政権が総辞職した直接の原因は、沖縄基地問題であった。五月末、鳩山首相がこだわっていた米軍普天間基地の県外移設を断念、麻生自公政権時代の日米合意を容認したことであった。もっとも沖縄基地問題だけでなく、鳩山首相の政策判断が、政権内部の理想と現実の狭間で起る諸問題を解決できなかったことによる。

総選挙のマニフェストが国民に期待され、実現を迫られる状況がある一方で、現実の政治では、特に財源問題が鳩山政権の悩みの種となる。官僚の中には不作為なサボタージュを行う者もでるようになる。そして若くして政府の権力を握った民主党のエリート議員たちは、政治の本質も知らず形式論理だけで統治が可能と思い込んでいた。政権運営に馴れていないと同情する見方もあったが、為政者として、基本的人間観と歴史観に欠けていたことが問題の背後にあった。

やがて鳩山政権は、政策協議から官僚を遠ざけようとするグループと、官僚と妥協し利用し合うグループが、牽制しながら行政を進めるようになる。さらに財務大臣に起用した藤井裕久（元大蔵省官僚）らは、鳩山内閣に対する財務省の影響力を強めていく。鳴物入りの「事業仕分け」も、財務省のシナリオで、本格的な予算組替えとは別のものであった。平成二十二年度総予算は、財源不足のなか小沢幹事長が「予算重要要点」を政府に伝え、なんとか編成できたが、平成二十二年が明けると、さらなる難問が待っていた。

平成二十二年一月六日の正月早々、藤井財相は健康上の理由で辞任し、後任に菅副総理が就任する。菅は経済財政相を兼務したが、国家戦略相は仙谷行政刷新相に譲った。この時点で仙谷大臣は財務官僚と意を通じ「消費税増税」について発言を始めている。一方、最初、菅財務相は、財務官僚に取り込まれない姿勢であったが、次第に財務省の「財政再建最優先論」に先脳され、マニフェスト否定論に進んでいく。

民主党に政権交代して、初めての通常国会、第百七十四回国会の召集日、一月十八日の直前、同月十五日に民主党政権にとって大問題が起った。東京地検特捜部は、前年の西松事件に絡んで、小沢一郎民主党幹事長の政治資金団体「陸山会」の捜査を執拗に続けていた。一月十五日夜、小沢幹事長の元秘書で衆議院議員の石川知裕等が「政治資金規正法の虚偽記載容疑」で逮捕された。

一月十三日、東京地裁の大久保秘書に係る公判で、検察側証人の西松建設元総務部長が「西松関係の政治団体はダミーではない」と検察側立件を否定する証言をし、大久保起訴の根底をくつがえした。また、石川議員関係の陸山会土地購入問題も、特捜が要請していた小沢個人の資金が原資であったことを証明する資料を提出し、陸山会問題は収拾すると関係者は確信していたときであった。翌十六日は民主党大会、十八日通常国会召集日で、特捜のねらいは、小沢幹事長の政界からの排除だと、常識ある専門家たちは論を張った。

巨大メディアと特捜の身内化したヤメ検テレビタレント弁護士が、小沢の「政治と金」を特捜のリークで、国民を洗脳していった。国会では野党だけでなく、民主党内の反小沢グループは「小沢排除」に熱を上げた。「水谷建設の裏金」に血道を上げた特捜は、小沢本人の事情聴取・立件に挑戦したが、起訴することはできなかった。石川議員は「虚偽記載」で起訴されることになる。

小沢幹事長が政治生命を賭けて、検察と対峙しながら、鳩山首相を支えていくには限界があった。沖縄基地問題にせよ、司令塔のなさと個人プレーの競争となり、最悪の事態を迎える。鳩山首相の退陣については、さまざまな憶測と自己都合の情報が溢れているが、私が直接、小沢幹事長に関わる真実について説明しておく。

五月末になって小沢幹事長が最優先したのは、七月の参議院選挙で勝利して民主党で過半数を得ることであった。両院で過半数の議席となれば、「国民の生活が第一」の政治が実現できるからだ。そのためには謀略であったとはいえ、自分の政治資金問題、鳩山首相の政治資金問題が支持率低下の原因であること、さらには沖縄普天間基地問題で鳩山首相が、県外移転の公言を変更し、麻生自公政権案と同じ県内移転に戻したため、社民党は政権から離れ、国民からの批判も急増した。自身（小沢）も幹事長を辞めるので、鳩山首相も退陣し、新しい陣営で参議院選挙に臨むよう、鳩山首相を説得することを考えていた。

鳩山首相を説得するのに数日を要したが、六月一日に決意するに至り、翌二日の両院議員総会で退陣を表明した。この時点で小沢幹事長は、通常国会の会期末でもあり、代表選挙は国会議員だけの投票とし、早急に挙党体制で参議院選挙に勝利できる政権をつくろうとした。その頃の小沢幹事長の私への相談事から推測すると、菅代表・首相による挙党体制であった。ところが、四日と決まった代表選挙に出馬して当選が確実と読んだ菅直人は、立候補の記者会見で「小沢幹事長は国民の不信を招いたことについて、少なくともしばらくは静かにしていただいた方が、ご本人にとっても、民主党にとっても日本の政治にとってもいい」と発言し、小沢排除を看板にして、代表選と参議院選挙に臨むことを明らかにした。

菅政権

菅直人の「小沢排除発言」で、代表選挙は一挙に緊迫したが、小沢グループはこれに対応する時間がなく、自主投票となる。世間はこれを「脱小沢クーデター」と言った。六月四日の代表選挙には樽床伸二が立候補したが、菅の圧勝は変わらなかった。同日、首班指名が行われ、第九十四代首相に菅直人が指名された。

菅首相は、昭和二十一年山口県生まれ（東工大卒）。弁理士で市民運動から昭和五十五年の衆議院総選挙に当選し政界入りをする。社民連に属した後、新党さきがけで「自社さ」橋本内閣で厚生大臣となる。民主党を結成し代表等となり、鳩山内閣で副総理、財務大臣であった。菅首相は官房長官に仙谷由人、幹事長に枝野幸男、政調会長に玄葉光一郎といった「小沢排除グループ」を就任させ、参議院選挙に向っていく。

平成二十二年七月十日に行われた参議院通常選挙の結果は、民主党が目標とした単独過半数に必要な六十議席どころか、四十四議席と惨敗であった。連立を組む国民新党と合わせても、過半数に遠く及ばなかった。自民党は改選三十八議席から五十一議席と勝利し、みんなの党は初めての参議院選挙で十議席を獲得した（臨時国会召集日現在の各派議員数、民主党＝新緑風会一〇六、自民党八三、公明党一九、みんなの党一一、共産党六、たちあがれ日本＝新党改革五、社会民主党＝護憲連合四、国民新党三、各派に属しない議員五）。

民主党の敗因は、菅首相の「消費税一〇％発言」にあると、大方の専門家は指摘した。政権交代の総選挙で、民主党は「消費税増税は衆議院議員の任期（四年間）の間行わない」と政権公約したことに対する国民の怒りであった。惨敗の原因はこれだけではなかった。選挙が始まると各党首脳の政治討論が、テレビなどで行われた。多くの国民は、菅首相と枝野民主党幹事長の議論の姿勢に、議会政治家と異質なものを感じたことが、敗因の背景にある。

この参議院選挙では、自民党と公明党の党本部間の選挙協力合意は行われなかった。ところが、テレビ討論を聴いた自民党や公明党関係者は、民主党首脳の発言に議会民主政治の危機を感じ、党本部の指示なく、地方一人区を中心に強力な選挙協力を行った。二九の一人区での自民党圧勝が、民主党の敗因であった。

民主党は参議院選挙の惨敗の責任を誰もとらなかった。政権交代した民主党のあり方が国民的に批判されるなかで、任期満了による代表選挙が行われることになる。八月に入り、国際経済は米国のFRBの国債買取り拡大措置で、円高ドル安が進み、日銀が追加金融緩和措置をやったが効果がなかった。「菅政権はモラトリアム状態だ」といわれるなかで、悩んだのは小沢一郎元代表であった。

民主党代表選挙に菅首相の対立候補がなく、菅代表を無投票で再選させてよいかどうかという問題であった。そうなると政権交代した意義や「国民の生活が第一」というマニフェストは、国民を騙したことになるとして、小沢は代表選に出馬し民主党のあるべき方針を、国民に訴えると決断した。この時期、小沢は、検察が不起訴とした「政治資金の虚偽記載共謀」を、東京第五検察審査会が「起訴相当」と議決し、二度目の審査会が予定されていた。強制起訴の可能性がある政治家が、首相を前提とする代表選に出馬すべきでないと、巨大メディアを中心に批判が起った。

代表選挙突入前夜、鳩山前首相が挙党体制を菅首相に提案し、いったんは了承したが、菅支持派が抵抗し、党内対立を激化させた。代表選挙の結果は、菅代表の勝利となったが、選挙の管理などに疑惑が発生し、後味の悪さを残した。選挙中の九月七日、沖縄の尖閣列島沖で中国漁船の船長逮捕問題が起る。菅政権は対中国関係を考慮して船長を釈放するが、その方法が菅首相の政治判断でなく、那覇地検の処分保留という手続となる。外交判断を地検にさせた菅首相の責任回避と批判が噴出した。憲法政治を知らない菅・仙谷・前原体制の失政であった。

代表選挙に敗れた小沢元代表に災難が続く。十月になって、第五検察審査会が二度目の「起訴相当」を議決していたことが発表された。政治家が「強制起訴」されるのは初めての例。小沢が「強制起訴」になる経過には、法制度の乱用といった問題があったが、小沢は「法は法、制度は制度だ。それに問題があったとしても、自分は制度の中で無罪を勝ち取っていく」との方針をとることになる。

しかし、岡田克也民主党幹事長は、小沢に対し「政治倫理審査会」に出席して、身上表明するよう要請する。小沢は「裁判の段階に入った問題を、政治の場で言及することは筋違いだ」と応じない。民主党内には「小沢排除」と「小沢支援」の対立が先鋭化する。菅首相と岡田幹事長は、小沢を党員資格停止の処分とする方針を決める。

党内対立が深まるにつれ、菅政権の統治能力は劣化する。第百七十六回臨時国会になって尖閣列島問題の後遺症で、参議院は仙谷官房長官と馬渕国交大臣に対する問責決議案を可決する。

平成二十三年が明け、第百七十七回通常国会召集（一月二十四日）の直前、内閣改造で仙谷・馬渕両氏は閣僚を辞任する。二月十七日には、菅首相と岡田幹事長の党運営と、政権交代の原点を棄てた政治に反発して、小沢グループの一回生十六名が「民主党会派離脱届」を提出し、党内の混乱が本格化する。二十二日の民主党常任幹事会は、小沢一郎元代表を「党員資格停止」とすることを決めた。

三月十一日、朝日新聞（都内版朝刊）は「菅首相に違法献金の疑い、在日韓国人から」と、衝撃的特ダネを報道した。この日参議院決算委員会は、ＮＨＫがテレビ中継を行っていた。野党がこの問題を厳しく追及し、次の週には菅首相退陣という見方が強くなっていた。ところが同日午後二時四十六分頃、東日本で巨大地震と大津波が発生した。さらに福島第一原子力発電所が爆発・メルトダウンするという、有史以来の最大で初めての大惨事となった。

「国家非常事態宣言」を国会決議すべし、とか「非常事態対策院」を設置しろ等々の国民的意見を、菅首相は無視し、財務省のシナリオに影響をうけ、予算を抑えた災害復旧にこだわった。原発事故にともなう放射能物質の被害は、日本を越え国際問題となった。菅首相の危機管理能力が問われ、退陣要求が民主党内外から出るようになる。

六月一日には、野党から衆議院に菅内閣不信任決議案が提出され、民主党からも、可決できる数の造反者が出る動きとなった。民主党は分裂の危機となり、それを避けたい連合などが、鳩山前首相に働きかけ、六月二日の衆議院本会議の直前、民主党両院議員総会で菅首相が「自発的退陣」を表明した。それにより、内閣不信任案は可決に至らなかった。近々、菅首相の退陣があると信じた造反組が、反対の投票をしたことによるものであった。

ところが、菅首相は退陣の表明はしていないとして、民主党内は混乱する。そのため大震災の被災者対策も遅れ、国民から批判を受けるようになる。八月になって、岡田幹事長執行部も菅首相の退陣について目途をつけざるを得なくなり、八月中旬には月内退陣を表明し、代表選挙を八月二十九日に行うことになる。

野田政権

民主党代表選挙は、野田佳彦（財務相）・海江田万理（経産相）・鹿野道彦（農水相）・前原誠司（元代表）で争われた。小沢グループが推した海江田氏が有利といわれたが、決選投票で鹿野・前原票を得た野田氏が勝利した。この代表選挙も健全なものではなかった。巨大メディアが一体となって「小沢叩き」を展開して、海江田側を不利にしたこと。さらに財務官僚が民主党国会議員に、予算の箇所付を野田支持への誘いに使ったことである。

官僚が首相となる与党の代表選挙に干渉するという、議会民主政治を否定する不詳事があった。巨大メディアがこれを見て見ないふりをするという状況のなかで、細川元首相の応援もあって、野田代表が誕生する。八月三十日、両院で首班指名が行われ、第九十五代の首相に就任した。野田首相は昭和三十二年千葉県生まれ。早稲田大学卒、松下政経塾の一期生、千葉県議会議員を経て、平成五年の衆議院総選挙で日本新党から当選。民主党国対委員長、鳩山内閣の財務副大臣、菅内閣の財務大臣となる。首相就任に当って、自らを「泥鰌《どじょう》」と称し、庶民性をアピールした。

野田政権は、幹事長に参議院議員会長の輿石東を起用し、閣僚に小沢グループから二人を選び、国民から「一応バランスのとれた人事」と評価された。九月十三日、第百七十八回臨時国会が召集され、野田首相の所信表明と代表質問だけを行う予定であったが、野党側からの強い要求で会期延長を行い、予算委員会を開き、野田政権の政治姿勢や政策が議論された。これらの論議から政策では、ＴＰＰ

（環太平洋経済協定）や消費税増税が菅政権の継承であることがわかった。特に消費税増税を推し進めようとする政治姿勢が目立ち、財務省政権と揶揄された。

国際会議に出席した際、「平成二十四年に消費税法案を国会で成立させた後、衆議院を解散して民意を問う」と国際公約した。このやり方が野党のみならず、与党内からも反発をうけた。議会政治や国民主権を冒瀆するものであった。

野田政権が本格的に政策に取り組んだのは、十月二十日召集された第百七十八回臨時国会であった。主要なテーマは震災復興に向けた第三次補正予算と関連法案をはじめ、郵政改革法案、国家公務員給与法案、衆議院議員の一票格差問題など、重要課題があった。震災復興関係では野党の協力もあり成立したものの、それ以外の議案については成立に至らず、政府提出法案三十八件のうち成立したのは十三件で、成立率三四％と臨時国会では最悪となった。

この国会審議の低調ぶりを、衆参「ねじれ国会」を原因とすると、政府与党は主張した。形の上ではそう見えるが、実態はＴＰＰ問題や消費税増税の税率と実施時期を年内に決めようとする野田首相の方針に、民主党内に抵抗する勢力が多数あることも、野党が協力しない要因のひとつである。

さらに、野田首相の閣僚人事にも問題があった。十二月九日の会期末、重要案件を成立させるため会期延長すべしとの主張もあった。一川防衛大臣の国会答弁、さらに山岡国務大臣の政治姿勢を野党側が追及し、会期最終日、参議院は両大臣に問責決議案を提出、可決した。そのためもあって会期延長を行わなかった。民主党が公約した「国家公務員の給与カット」もできなかった。

折から、平成二十四年度予算編成の時期となり、税制改革や社会保障改革をめぐって議論がクライマックスとなった。野田政権から発信されるのは、増税と負担増ばかりである。国民から「政治の機能不全・福祉の崩壊」と悲鳴が聞こえるようになった。野田首相は十二月九日、会期終了日に記者会見し、「年内に消費税増税の素案をまとめ、来年三月末までに法案を提出する道筋を示し、それを実現するに不退転の決意だ」と発言した。

消費税増税問題が、これらの政治や政局の中心議論となろう。残念なことに与野党とも、税率などの技術的議論ばかりで、本質的議論が皆無だ。社会保障と一体ということで増税を正当化しようとしているが、最大の問題は日本という国家社会の骨格をどうするか、という議論なくしては一時しのぎの政策にすぎない。

米国のマネーゲーム資本主義で、日本の政治や経済などを運営しようとする政治勢力が、TPP参加論や消費税の性急な増税論を展開している。この勢力が、わが国の議会民主政治を形骸化し崩壊させてきたといえる。平成二十三年十二月九日で第百七十九回臨時国会は、多くの国民に後味の悪い、これからの政治への不安感を高めて終った。与野党の全国会議員は、この状況を十分に反省すべきである。

百二十年の歴史を経て、わが国の議会政治が停滞から崩壊へと進む事態を、全身全霊をもって止めようとした西岡武夫参議院議長が、平成二十三年十一月五日逝去されたことが残念でたまらない。

◇結　び──議会民主政治再生のために──

本書は、「議会政治の誕生」（第一編）、「帝国議会」（第二編）、「国会」（第三編）と、幕府の議会政治導入論から始まって、二十一世紀・平成二十年代のわが国の議会政治の概要を通史として整理したものである。

明治二十三年に発足した日本の議会政治は、さまざまな苦悩を経て百二十年という歴史を刻んできた。平成時代になって、国家の安寧と国民の福寿のため、真の議会民主政治を確立を目指し、政権交代を可能とする政治改革に政治生命を賭けてきたのが、小沢一郎という政治家であった。

議会政治の崩壊

平成二十一年八月三十日の衆議院総選挙は、国民の意思による政権交代という歴史的改革を成し遂げた。しかし、同時に起ったことは、百二十年続けてきた「議会政治の原理」の崩壊であった。その前兆は平成十二年四月、小渕首相が脳梗塞で入院した際、医師団の公式記者会見も拒否して、自民党派閥首領たちが談合して、森喜朗政権を樹立した時期から始まっていた。

議会民主政治、なかんづく国民主権に対する国家権力の露骨な弾圧は、衆議院議員の任期が平成二十一年九月に満了の半年前、政権交代が確実視されるなかで行われた。それは民主党代表・小沢一郎の政治資金団体「陸山会」に係る政治資金規正法違反の強制捜査であった。

同年三月三日、大久保秘書逮捕から始まり、翌二十二年一月十五日には、元秘書・石川知裕衆議院議員らを逮捕、いずれも「収支報告虚偽記載」という形式犯であった。ねらいは小沢事務所への「裏金」を捏造して、政治家・小沢一郎を政界から排除しようというものであった。約一年半という長い時間と莫大な経費、検察の総力を挙げた強制捜査にもかかわらず、「裏金」の捏造すらできなかった。

検察は小沢本人を秘書の「虚偽記載」に「共謀」したとして、起訴しようとしたが、論理構成できるはずはなく、不起訴処分となった。その検察が不起訴処分とした「虚偽記載共謀」を、制度改正で実権をもった「検察審査会」が、二度にわたって「強制起訴」と決定した。麻生政権は、小沢民主党代表の「政治と金」を強制捜査することで、政権交代を狙止しようとしたが、国民はそれに乗らなかった。ところが、歴史的政権交代を果した民主党政権のなかに、小沢一郎を排除して政治を行おうというグループがあった。

検察審査会を利用した小沢の強制起訴には、行政・司法を含む国家権力の影を感じる。また、菅政権になってからの異常な「小沢叩き」は、これに呼応した可能性すらある。小沢を排除した政権交代後の民主党政権は、国民と約束した政治理念や基本政策をことごとく放棄し、官僚支配による政治に逆戻りした。菅政権に続いた野田政権の実態は、憲法下の国会制度は形だけで、幕末以来、先人たちが血と汗で創り上げた議会政治を崩壊させたといえる。

平成二十三年十月六日、東京地方裁判所は検察審査会が強制起訴した小沢氏の第一回公判を開いた。そこで政治家小沢一郎は、これまでの沈黙を破り、「この裁判は直ちに打ち切るべだ」で始まる陳述を行った。ここで述べた見識は、現代のわが国の議会政治の実態を見事に糾弾したものである。その要点を紹介しておこう。

① 私が虚偽記載に共謀したことは断じてない。本件の捜査における検察の対応は、特定の意図により国家権力を乱用し、議会制民主主義を踏みにじったという意味において、日本憲政史上の一大汚点として後世にのこるものだ。

② なぜ私のケースだけが単純な虚偽記載の疑いで何の説明もなく、突然現行法の精神と原則を無視して強制捜査を受けねばならぬのか。平成二十一年の政権交代が予想されていた総選挙の直前に、証拠もなく検察当局は捜査・逮捕権を乱用して、野党第一党の党首たる政治家・小沢一郎を標的にして強制捜査を開始した。

③ この総選挙は、各種世論調査でも戦後半世紀ぶりの本格的な政権交代が十分予想された特別なものであった。総選挙の行方を左右しかねない権力の行使が許されるならば、日本はもはや民主主義国家とは言えない。議会制民主主義とは、主権者である国民に選ばれた代表者たる政治家が自由な意思により、その良識に基づいて、国民の負担に応え、国民に奉仕する政治である。

④ 日本は戦前、行政官僚、軍部官僚・検察・警察官僚が結託し、財界、マスコミを巻き込んで、

国家権力を乱用し、政党政治を破壊した。その結果は、無謀な戦争への突入と悲惨な敗戦という悲劇であった。昭和史の教訓を忘れて今のような権力の乱用を許すならば、日本は必ず同様の過ちを繰り返すに違いない。

⑤　東日本大震災からの復興はいまだ本格化できず、東電福島第一原子力発電所の事故は安全な収束への目途すら立たず、加えて欧米の金融・財政危機による世界恐慌の恐れが目前に迫ってきている時に、これ以上政治の混迷が深まれば、国民の不安と不満が遠からず爆発して偏狭なナショナリズムやテロリズムが台頭し、社会の混乱は一層深まり、日本の将来は暗たんたるものになる。

そうした悲劇を回避するため、まず国家権力の乱用を止め、政党政治への国民の信頼を取り戻し、真の民主主義、議会制民主主義を確立する以外に方法はない。

この「小沢裁判」直前の平成二十三年九月二十六日、東京地方裁判所の登石郁郎裁判長は、小沢一郎氏の政治資金管理団体をめぐる政治資金規正法違反事件で、虚偽記載罪に問われた元秘書三人に対して、それぞれ有罪の判決を言い渡した。問題は有罪とした理由で、検察が背景事情として説明した「水谷建設からの裏金一億円」について、証拠に基づく実証がまったくなく、状況証拠に推定に推定を重ねて、事実として認定したのである。

これは、憲法の原理を崩壊させる重大な問題であり、わが国裁判史上これほど司法権の機能を逸脱し、かつ破廉恥な判決は始めてである。こういう方法で司法権が政治に干渉してくることを許せば、議会民主政治をわが国で機能させることは不可能となる。これらの問題の根本は「立法権」と「司法権」のあり方にある。この問題はわが国の議会政治の劣化は構成する国会議員や政党の問題でなく、「司法権」のあり方にも問題があることを顕在化した。

国会の再生には、まず国会に設けている「裁判官の訴追・弾劾制度」が適切に機能しているかどうかの問題がある。私は登石裁判長の「憲法の諸原理」を冒瀆した「裁判官の暴走」を具体的に指適して、国民の基本権である「裁判官訴追請求」を訴追委員会に行った。ところが訴追委員会は、「裁判官の自由心証主義」を盾に憲法上の機能させようとしないのである。

その原因は、訴追委員会事務局が作成した『訴追請求の手引』にある。そこには「判決など裁判官の判断自体の当否について、他の国家機関が調査・判断することは、司法権の独立の原則に抵触するおそれがあり、原則として許されません」という説明がある。憲法とその附属法である「裁判官弾劾法」は、裁判官の判断に間違いや異常性、暴走などがあることを前提としている。この説明文は違憲違法なものであり、こういう形で議会民主政治の機能が発揮できないのが、わが国の実態である。これらについての改革が早急に行わなければならない。

健全な議会政治の再構築

議会民主政治を健全に機能させるためには、国会議員の地位や権限が、適切に機能することが基本である。そのためわが国の諸制度には多くの欠点がある。

第一は、選挙や政治資金についての管理や運営を健全かつ適切に行われていないことである。わが国では、いずれも行政府である総務省の所管になっている。しかも、違反行為について、検察権や警察権が直接に行使される仕組みである。世論では、公職選挙法や政治資金規正法を「ざる法」と揶揄しているが、実体は戦前の「治安維持法」の手法による違法性の構成要件もなく、取締側の都合の良い判断でどうにでも運用できるようになっていることを知る人は少ない。

小沢氏関係の政治資金規正法違反の場合、これまでの規正法運用を突然に変更して、誤りがあるとすれば総務省の指導で訂正していたことを強制捜査したわけである。ねらいは「裏金捜査」の別件捜査で、政権交代を阻止する「政治捜査」であった。一年半と巨額な経費を使って検察挙げての強制捜査の結果、裏金の証拠は無かった。証拠のない犯罪を世論とか庶民感情がどうだとかというレベルで、裁判が行われているわけである。

健全な議会民主政治を確保するためには、選挙や政治資金制度を適切に運営するため、独立した第三者機関を設置して違法行為については、この機関の告発を条件に検察など強制権力が関与する制度を整備すべきである。国税庁や公正取引委員会の役割を参考とすればよい。

第二は、情報社会化した現代を支配しているのは、国権の最高機関の国会ではない。既得権に胡座をかく「巨大メディア」である。かつては第四権力といわれ、社会の木鐸として社会正義を守る役割を持っていた。最近では時代の変化への改革を怠け社会心理的暴力装置になったり、時には、政権側に媚を売り不況で減収する広報費を、政府等の広報費―税金に依存する姿は、現代の妖怪といえる。

巨大メディアだけでなく、立法行政司法の組織・政党・宗教団体・労組など二十世紀の経済成長既得権で生きてきた組織・団体が妖怪化し、憲法の原理だけでなく人の道まで狂わせている。しかも、彼らは相互に談合関係で社会悪を増進させている。国会こそこの構造を改善すべき責任があるはずだ。その議会政治が二十世紀の既得権の中で漂流しているのが現実である。

そこで提案したいのは、国会に「憲法オンブズマン機関」を設置することだ。国家社会を動かしている団体組織等の著るしい、憲法原理違反行為に対して、国民からの提起にもとづいて、調査・審議・勧告などを行うことである。二一世紀の国家社会のあり方について、国民的コンセンサスづくりに役立とう。

第三は、なんとしても「人づくり」が急務である。平成二十四年一月二十四日、国会における野田首相の施政方針演説は、歴史認識の欠如において最悪であった。「我が国の政治過程において、今、俎上に上っている諸課題は、幸いにして世界各地の民主主義国家で顕在化しているような、深刻なイデオロギーや利害の対立をはらむものではありません」と述べている。

たしかに、資本主義対共産主義とか、宗教上の厳しい対立は、わが国にはない。しかし日本の国家社会全体を真剣に深く総合的に観察した場合、新しいイデオロギーといえる深刻な対立が存在している。これに気がつかない、これを理解しない政治家・有識者・経営者等が大勢いることがわが国の悲劇といえる。それは、二〇世紀の資本主義が崩壊したという認識にもとづいて、二一世紀の資本主義をどうするかということである。わが国は深刻格差問題があり、家族の崩壊、地方の衰退、肉親の殺し合い、自殺者の増加などは世界の中でも目立っている。

それは、「マネー・ゲーム資本主義」を続けていくのか。「国民の生活が第一の資本主義」に改革していくかという対立が背後にあるのだ。これは資本主義という国家のあり方の基盤に対する対立であり、イデオロギーの対立である。民主党への政権交代は「国民の生活第一」の国家社会の実現であったはずだ。

菅首相に続く野田首相の国家像と基本政策は「マネー・ゲーム資本主義」を前提とし、それを展開することを目的に国民を裏切って変更した。「TPP」も「消費税増税」も、マネー・ゲーム資本主義を前提としている。国政のトップにあたる政治指導者の政治認識と行動が、この分裂状態では国家運営はできるはずはない。

わが国で現在もっとも必要なことは、国政に参加する国会議員の歴史観・人間観そして議会政治の基本についての理解が欠けていることである。いや、これらのことを重要なことだと思っていない感性が問題なのである。現在の国会議員にこれらのことを学べといっても、その必要性すら理解する人は多くない。

「急がば廻われ」という格言があるように、健全な議会民主政治の定着と発展のためには、義務教育課程からの議会政治教育が必要である。有名大学に入学するため過激な進学競争の中で、人間・歴史・社会教育を軽視し、問題を単純化し思考を停止した偏差値教育の弊害が政治の世界では確実に起きている。

議会政治を導入して、一二〇年を超えた日本で、憲法の見直しも含め「新しい議会制度」を創造する発想での取り組みをしなければ、二一世紀の情報社会にわが国は存立さえ危くなる。これら国会の抜本的改革について論ずべきであるが、別の議会に譲ることにしたい。その理由は、国会議員をはじめ政治に関わる学者・マスコミの人々が、議会政治の危機について歴史的認識がないからである。何を論じても何を警告しても、いまの国会議員の大多数は、これらの問題についての考える感性を持ち合わせていないからだ。

平成二十四年一月二十四日、第百八十回通常国会が始った。野田首相は、先の臨時国会の参議院で問責決議を受けた一川防衛大臣と山岡国務大臣を辞任させるための内閣改造を行い、消費税増税に生命を懸けると岡田克也氏を副総理として、「暴走政治」を施政方針演説で宣言した。「国家統治の形と性格が、税制度によって決る」という格言を理解していないらしい。三%から始った消費税を三倍以上の一〇%に上げ、国税の主力税制とするためには、国民から真に信頼される政治・行政・司法体系を整えることが絶対条件である。

社会保障・議員定数・公務員給与と引き換えるという条件で容認できる次元のものではない。まず、「マネーゲーム資本主義」の継続の思考を反省すべきだ。その上で、国民の生活を第一とする「共生資本主義」を創ることを宣言すべきだ。その上で、新しい国家体制―地方分権と国民の自立―を組み立て、国民が納得する消費税―「安心と安定」のため、公正で公平な負担を組み立てるべきである。「任期の四年間に消費税を増税しない」とのマニフェストは、「消費税増税の法律を制定しないことではない」とは詐欺師の政治だ。国会が国民の敵となることをなんとしても阻止しなければならない。

〈著者紹介〉

平野貞夫（ひらの さだお）

1935年高知県生まれ。1960年、法政大学大学院政治学専攻修士課程修了後、衆議院事務局に就職。園田直副議長秘書、前尾繁三郎議長秘書などを経て92年、参議院議員初当選。自由民主党、新生党、新進党、自由党などを経て2003年民主党に合流。議会運営と立法過程に精通する政治家として評価される。2004年、政界引退。『昭和天皇の「極秘指令」』『公明党・創価学会の真実』など著書多数。ジョン万次郎研究者としても知られる。

議会政治の誕生と国会
――崩壊・再生への道――

2012(平成24)年2月24日　第1版第1刷発行
6063-2：013-020-010-002=3200e

著　者　©平野貞夫
発行者　袖山貴・稲葉文子
発行所　株式会社 信山社
編集第2部
〒113-0033 東京都文京区本郷6-2-9-102
tel 03-3818-1019　fax 03-3818-0344
info@shinzansha.co.jp
東北支店 〒981-0944 宮城県仙台市青葉区子平町11番1号
メゾン・ド・サンパティ208・112
笠間才木レナウ支店 〒309-1611笠間市笠間515-3
Tel 0296-71-9081　fax 0296-71-9082
笠間来栖支店 〒309-1625笠間市来栖2345-1
Tel 0296-71-0215　fax 0296-71-5410
出版契約 No.2012-01-6063-2-01010
Printed in Japan, 2012,　p.400

印刷・亜細亜印刷(本文・付物)／製本・渋谷文泉閣
ISBN978-4-7972-6063-2 C3332 ¥3600
分類 01-310.400国内政治-d001

赤坂幸一・奈良岡聰智 編著

◆◆オーラル・ヒストリー◆◆

国会運営の裏方たち

衆議院事務局の戦後史

今野彧男 著

◆◆オーラル・ヒストリー◆◆

立法過程と議事運営

衆議院事務局の三十五年

近藤誠治 著

◆当事者から語られるリアリティー◆

待望のオーラル・ヒストリーシリーズ 刊行開始!!

◆実践的視座からの理論的探究◆

国会運営の法理

衆議院事務局の視点から

今野彧男 著

信山社